国家文化贸易学术研究平台
首都对外文化贸易研究基地
学术论丛

文化贸易发展论

张佑林　陈朝霞　著

ON CULTURAL TRADE
DEVELOPMENT

社 会 科 学 文 献 出 版 社
SOCIAL SCIENCES ACADEMIC PRESS (CHINA)

总　序

这是一支致力于中国文化"走出去"的研究团队，以文化贸易研究为特色，在中国文化"走出去"中发挥着独特作用。自 2003 年以来，其研究成果直接服务于政府决策，推动了国务院《关于加快发展对外文化贸易的意见》出台；直接服务于国际化复合型文化贸易人才的培养；直接服务于中国文化企业对外贸易的促进；直接服务于中华优秀文化遗产的传承与发展。

1964 年周恩来总理在结束访问亚非欧十四国回京的飞机上即确定要建立第二所外国语大学，培养既懂得外国语言又懂得外国文化的外交外事人才；1981 年改革开放之初，对外贸易部在北京第二外国语学院设立了国内第一个对外经济合作专业，培养适应我国对外开放，既懂得国际贸易规则又有外语能力的国际经济合作人才；2003 年文化体制改革初年，北京第二外国语学院的一支研究力量自觉自愿自发地开展对外文化贸易研究，2007 年开始率先培养既懂得文化贸易规则又熟悉国际文化市场规律的国际化复合型文化贸易人才。2010 年，文化部文化体制改革工作领导小组办公室与北京第二外国语学院共建国家文化发展国际战略研究院，2014 年又受文化部对外文化联络局的委托牵头组建国家文化贸易学术研究平台，形成以国家文化发展国际战略研究院这一实体机构为统领的、独立开放的文化贸易研究服务平台，汇聚国内外大学、研究机构等 34 家，其中有韩国文化产业振兴院、塞尔维亚国家文化发展研究中心以及英国、美国、澳大利亚等 17 国 20 家海外合作伙伴。以学术牵头，吸引国内外政产学研各界近百名专家学者搭建沟通交流平台，向影视、演艺、出版等核心领域延展深化，作为综合性学术服务平台为推动文化贸易全面发展发挥着独特而不可替代的作用。

首都对外文化贸易研究基地成立于 2015 年 7 月，是基于北京第二外国语学院在文化贸易领域十余年的科研探索与积累，以国际文化贸易理论与实践研究为特色的北京市哲学社会科学应用对策研究基地。研究基地依据我国发展对外文化贸易的总体战略要求，凝练科研方向，汇聚优势资源，以国际文化贸易理论与实践研究为特色，聚焦首都对外文化贸易发展应用对策研究，内容主要包括国际文化贸易基础理论建构研究、首都对外文化贸易战略政策措施体系研究、北京文化的国际市场培育与对外贸易拓展研究、首都文化企业跨国经营与国际化发展研究等。

北京第二外国语学院国家文化发展国际战略研究院承担了国家文化贸易学术研究平台和首都对外文化贸易研究基地的秘书处工作。上述学术机构密切联动，以学术研究与人才培养为抓手，逐步成为文化"走出去"理论的探索者与构建者、"走出去"实践的学术先行者、政府决策咨询的建议者和推动者、人才培养模式创新的领航者、文化遗产传承与发展的护航者、产业贸易促进的倡导者和服务者。

本论丛基于国家文化贸易学术研究平台和首都对外文化贸易研究基地多年学术积累与培育，造就了开放融合的国际文化贸易学术服务平台，以期吸引更多专家学者关注国际文化贸易的理论探索与实践创新，构建中国特色的文化贸易理论与实践体系。

是以为序。

李小牧　教授
国家文化贸易学术研究平台首席专家
首都对外文化贸易研究基地负责人
中国服务贸易研究院院长
2019 年 10 月

前　言

随着人们生活水平的提高，对精神生活的需求越来越多样化、高端化。作为满足人们精神追求的主要载体，近年来，文化产业发展迅速，从多方面满足了人们的精神享受。但是，追求生活品质的人群，已经不仅仅满足于国内的文化消费，需要在国际范围内寻求自己的生活乐趣，由此诞生了文化贸易这样一种新的服务贸易形式。目前，文化贸易正以前所未有的增长与发展速度扑面而来，成为国际贸易新的增长点。但是，与其他的国际贸易类型相比，文化贸易因为其与文化的天然联系，而呈现出千姿百态的色彩；文化贸易也因为其浓厚的文化色彩，而散发出独特的人文魅力与书卷气。

文化贸易具有悠久的历史。从历史上看，我国古代的丝绸之路、郑和下西洋等，都可以说包含着大量的文化贸易的成分。但长期以来，研究文化贸易的学者，多局限于从推动文化贸易增长与发展的生产要素如资金、技术、人才等方面去寻找原因，而对作为文化贸易发展大背景的历史、文化等因素，则很少作深入的探讨。重实物轻文化，是目前文化贸易学研究的基本特点。目前，文化贸易学研究面临着某种难以体系化和深化的困境，而导致这种困境的原因之一，就在于人们忽视了历史、文化等长期影响文化贸易发展的内在因素。

有鉴于此，本书将影响文化贸易发展的核心因素即文化因子纳入现代服务贸易分析框架，试图在一个多元文化发展的背景下，从贸易文化对文化贸易发展主体形成的影响、制度文化对文化贸易市场环境形成的影响、物质文化对文化贸易产业形成与发展的影响三个方面，对文化影响文化贸易发展的作用机理展开深入探讨，力求通过对文化核心层次的深入剖析，解决文化贸易长期可持续发展的动力源泉问题，赋予文化贸易经济学以历史穿透力，为完善文化贸易发展理论提供一个新的研究思路和可靠合理的切入点。

目　录

第一章　概论

文化贸易是国际贸易的重要组成部分，文化贸易主要是指文化产品和文化服务的贸易，包括文化商品贸易和文化服务贸易。国际文化贸易是指世界各国（或地区）之间所进行的以货币为媒介的文化交换活动。它既包括有形商品的一部分，例如音像制品、纸质出版物等，也包括无形商品，例如版权，关税等。它是文化经济链条上的相关环节，如果说文化产业直接关注产品的生产，那么文化贸易则关注文化产品的下游，关注与文化产品制造紧密连接的文化产品的流通、交易与销售领域。

第一节　问题的提出

文化贸易作为 21 世纪新的贸易方式，其发展速度越来越快、发展规模越来越大。根据联合国教科文组织 2016 年 3 月 10 日发布的《文化贸易全球化：文化消费的转变——2004～2013 文化产品与服务的国际流动》报告的数据，2013 年世界文化产品贸易总额达到 2128 亿美元，几乎是 2004 年贸易额的两倍，这充分证明了文化贸易在国际贸易中扮演的角色越来越重要，成为国际贸易新的增长点。以上数据说明，文化贸易作为一种新型的贸易形式，已经成为当代国际贸易的重要组成部分，成为现代服务贸易不可忽视的新的增长点。国际文化贸易的发展具有深厚的社会发展背景，即随着世界经济的增长，人们生活水平的提高，世界范围内的消费结构正在发生深刻的变化，即由传统的追求物质生活消费向追求精神生活消费转化，人们已经不仅仅满足于吃饱穿暖的物质享受，而是热衷于更高的生活品质享受，即精神享受，由此推动以文化消费为特色的文化产业的蓬勃发展，而伴随着文化产品走出国门，世界范围内的文化贸易正在兴起与大发展，并且这种趋势目前刚刚处于发展的起点，具有广阔的发展前景。

但是，文化贸易的发展呈现出不平衡的趋势。从整体上看，以欧美日为首的发达国家和地区，文化贸易呈现出加速增长的趋势，代表着文化贸易发展的大方向；而以中国为代表的广大发展中国家，文化贸易则发展相对缓慢，在与发达国家的贸易中，长期处于文化贸易逆差的不利局面。从文化贸易发展的模式看，文化贸易发展得好的国家，无一例外都是当今世界的文化大国或文化强国。以美国为例，美国是当今世界经济最发达的国家，同时也是世界文化大国，其打着民主自由的文化旗号，在世界各地贩卖其普世价值原则，其主要手段就是利用美国影视大片等文化贸易产业，占领世界文化市场。欧洲的英法等国，充分利用其悠久的历史文化资源，大力发展文化创意产业，发展成为文化贸易大国；南欧的意大利、希腊等国，也是充分利用其西方文明发源地的历史文化地位，大力发展文化旅游产业，从而取得了不俗的国际文化贸易业绩。东亚的日本，通过深入挖掘其历史文化资源，大力发展动漫产业，成为世界动漫生产和输出大国；韩国尤其重视对其本国民族文化的挖掘，大力发展文化创意产业，形成"韩流"文化品牌，并且风靡世界文化贸易市场。

从发展中国家整体来看，与发达国家相比，其文化产业与文化贸易无疑处于相对落后的地位，但并不排除其文化产业与文化贸易的一些亮点。例如，埃及就是利用以金字塔为代表的古埃及文化，大力发展文化旅游产业，在世界文化贸易领域占有重要的一席之地；东南亚的泰国，利用其深厚的佛教文明，成为深受大众欢迎的文化旅游胜地；中国文化贸易虽然在总体上还处于贸易逆差，但也不排除文明在局部取得的一些文化贸易成就，如我国的文化旅游市场，就已经是世界上最大的文化贸易市场之一，我国的孔子学院已经在全世界发展到近400所，我国的许多民族歌舞已经走向世界市场，并且取得了不俗的业绩，等等。

从世界整体来看，具有悠久历史文化传统的国家、文化资源丰富的国家，文化贸易呈现出加速增长的趋势。英国、法国、中国、韩国、日本、埃及等都是世界历史文化传统悠久的国家；美国虽然历史不长，但也属于文化强国，由此可以得出结论：文化是影响文化贸易发展的基础，是文化贸易发展的源泉。

基于以上的认识，本书将文化与文化贸易的关系作为研究对象，重点研究文化与文化贸易兴起与发展的内在联系，探讨文化对文化贸易发展影响的作用机制与路径问题，力求通过对文化及其不同类型的解剖以解决文化贸易的动力源泉问题。

第二节 研究目的、方法与体系框架

一 研究目的

文化贸易学作为一门新兴的边缘性学科，虽然在理论研究方面已经取得了一定的成就，但就目前的研究方法及研究成果而言仍然存在着明显的局限，即使在发达国家，其理论体系至今也还没有完全成熟。而在我国，进入 21 世纪后才开始重视对这一学科的研究，现在尚处于引进、探索和起步阶段，存在不少理论上的"空白点"，需要结合国际国内文化贸易发展的实际加强在这些方面的研究。

鉴于此，本书将以目前方兴未艾的文化贸易作为研究对象，从文化经济学的视角，探讨不同文化及其文化资源构成类型，以寻求文化产业与文化贸易产生与发展的动力，并对传统文化及其资源进行改造与创意，对个地区的文化贸易的可持续发展将起到基础性作用。

同时，作为具有五千年历史的世界文明古国和文化资源大国，中国通过文化创新来推动文化贸易发展的经验，对于其他具有悠久文化传统的发展中国家发展文化贸易将具有普遍性的指导意义。

二 研究方法

全面考察文化贸易发展理论，我们可以发现，传统经济学的研究已经从生产要素理论转向更深的层次，即创意、历史、文化以及制度等所谓的非经济因素日益受到经济学者的重视。在这样的前提下，要想将文化贸易的源泉问题解释清楚，只有采用系统的分析方法，才能把握贸易发展的实质和进程。因此，系统论的研究方法，是本课题最重要的研究方法。

将文化与文化贸易发展理论有机地结合起来进行研究，涉及很多方面的知识，包括哲学、文化、历史、社会心理以及经济学等多种学科，这是一项非常繁杂的系统研究工程。鉴于此，本书将不固守在经济学的理论阵营中，而是立足于国际贸易相关理论，大胆地吸收文化地理学、人类文化学、社会心理学、哲学、历史学等有关学科的研究成果，对文化贸易发展理论进行综合研究。本书将采用历史唯物主义的研究方法，把文化贸易学中的创意精神与文化资源利用有机地结合起来进行探讨，力求通过对文化类型及文化资源的解剖以解决文化贸易的动力源泉问题。

本书还将运用区位理论分析方法，将区域文化作为内生变量引入文化贸易系统内，在此基础上形成以区域文化为基础的文化贸易发展模型，并从理论上阐明区域文化精神、文化资源以及文化贸易三者之间的内在关系。

本书将国际国内文化贸易发展成功典型案例作为分析模本，运用实证主义和比较分析方法，重点分析文化对文化贸易发展的积极作用。因此，实证主义的研究方法也是本课题的重要研究手段之一。

三 主要研究思路、体系框架

本书主要研究思路是：首先，提出问题，在对国际文化贸易现状及特点进行总结的基础上，说明文化贸易大国大都是历史文化渊源深厚的国家或现代文化大国，说明文化对文化产业与文化贸易的发展具有重要的影响，然后对有关文化与文化贸易产生与发展的关系理论作系统的介绍和评述。在此基础上，对文化与文化贸易发展的关系问题进行分析，探讨文化影响文化贸易发展的路径和作用机理，从而为实证分析作理论和方法上的准备。然后，分别从贸易文化与文化贸易发展、制度文化与文化贸易发展、文化资源与文化贸易发展等三个层面，全面论述文化对文化贸易的影响。在此基础上，以国际国内大量的典型案例作为分析模本，对本书创立的文化贸易发展理论进行实证分析和检验。最后，结合"一带一路"建设发展目标，重点探讨"一带一路"建设中的文化依赖性，说明文化贸易在"一带一路"建设中具有先导性作用。按照这个研究思路，本书的体系结构安排包括9个部分：

第一章：概论。阐明问题研究的背景，研究目的、方法与体系框架。

第二章：对文化与文化贸易发展关系的理论进行较系统全面的考察和评述，这不但可以厘清各门学科关于文化与文化贸易发展关系理论研究的现有成果及结论，而且可为后面的实证分析提供研究的理论基础。

第三章：文化与贸易关系历史回顾。从全球贸易的视角出发，选取文化与丝绸之路贸易，文化与郑和下西洋贸易，西学东渐与东西方贸易等典型案例，全面总结文化对国际贸易的影响，说明文化对贸易的产生与发展具有全方位、内源性的影响。

第四章：文化影响文化贸易的作用机理。在对文化与文化贸易的概念进行界定的基础上，对文化影响文化贸易的作用机制与作用路径进行全面研究，力争从理论上厘清文化影响文化贸易产生与发展的作用机理，为后面的研究展开奠定基础。

第五章：贸易文化与文化贸易发展。在对贸易文化进行界定与分类的基础上，重点研究贸易文化对文化贸易发展的影响，得出贸易文化对文化贸易的产生与发展具有内源性的影响的基本结论，最后围绕着典型案例对贸易文化影响文化贸易进行实证分析。

第六章：制度文化与文化贸易发展。在对制度文化的概念进行界定与分类的前提下，重点研究制度文化对文化贸易的影响，说明制度文化对文化贸易产生与发展大环境的形成具有重要的影响，最后对制度文化影响文化贸易发展进行实证分析。

第七章：文化资源与文化贸易发展。在对文化资源的概念进行界定与分类的基础上，重点对文化资源影响文化贸易发展的路径进行深入研究，说明文化资源是文化贸易产生的源泉，是文化贸易发展的基础，最后对文化资源影响文化贸易发展进行实证分析。

第八章：文化影响文化贸易发展的案例分析。结合文化贸易发展理论，对文化影响文化贸易发展的典型案例进行系统总结。首先以美欧、日本、韩国等作为研究对象，对文化贸易国际案例进行全面分析；然后以中国文化贸易发展得比较好的地区作为研究范围，对国内国际贸易成功案例进行分析，力图证明文化对文化贸易发展的核心影响力。

第九章：文化、文化贸易与"一带一路"建设。在对"一带一路"倡议提出的时代背景进行描述的基础上，重点探讨"一带一路"建设中的文化依赖性，说明文化贸易在"一带一路"建设中具有先导性作用，在此基础上，重点研究以文化贸易推进"一带一路"建设的路径及体制创新。

第二章 文化、文化产业与文化贸易 发展关系文献综述

文化产业与文化贸易产生的历史很长,从人类进入文明社会以后,就出现了文化生产与文化产品的交换关系。但是,文化产品的国际交易,则是从我国汉唐丝绸之路开通之后,随着我国的丝绸、瓷器等高端产品进入西方之后,才开始兴盛起来。而现代文化贸易的发展,则是随着西方发达国家进入后工业化社会后,人们对精神产品需求的增加而蓬勃发展起来的。作为一种新的国际贸易形式,文化贸易在学术界引起关注的时间不长,相关论述不多,这里主要对文化、文化产业与文化贸易发展关系等相关方面的研究成果进行全面梳理。

第一节 文化产业发展文献综述

本雅明(1935)在《机械复制时代的艺术》一书中强调技术进步对自由的提升,认为艺术品的复制可以把艺术从宗教意识的古老传统中解放出来。阿多诺与霍克海默(1944)合著的《启蒙辩证法》中第一次系统性地、分析批判性地提出"文化工业"(Culture Industry)这个词,对文化工业进行了深入的描述和剖析,批判了资本渗透和运作下的大工业生产方式将文化包括文学、艺术、报刊、广播、电影等所有文化存在形态完全推向市场,把文化彻底商业化,即文化从生产到消费完全等同于一般物质商品。本雅明与阿多诺、霍克海默对于文化工业的不同观念开启了文化资源产业开发和文化产业发展的激烈争论。雷蒙·威廉姆斯(1979)在他的《文化与社会》一书中提出,文化研究不应只关注部分文化,还应当关注整个文化的生产过程,这是文化与文化产业发展研究的一个重大进步。斯图亚特·霍尔(1980)研究了典型的大众传媒如电视文本和传媒受众,他发现大众对文化产品的消费过程并不是一个既定意义的简单接受过程,而

是一个意义选择和重构的复杂过程,这是文化产业研究的重大转折,由前期的批判性研究转向对大众传媒的具体研究。F. 詹姆森把大众文化作为后现代社会的文化模式,认为大众文化是从现代主义的语言中心转向后现代主义的视觉中心的文化样式,大众文化的发展是实现人类自身全面发展必不可少的条件之一,因此,大众文化的产业化,也就是发展文化产业就是必要的。约翰·费斯克(1989)则另辟蹊径,把"文化经济"作为区别于"金融经济"的特殊现象加以经济学的解释,对文化的产生、消费及价值的实现和文化产业的基本特征进行了说明,为文化产业理论提供了一条新的思路。尼古拉斯·加纳姆(2002)认为文化产业采用了特有的生产方式和行业法人组织来生产和传播符号,这些符号的表现形式不是一律作为商品,但都是文化商品和服务。查尔斯·兰蒂(2003)将经济学上的"价值链分析"引入了文化产业,提出了文化产业整个过程的五个阶段,包括文化产品的创意、产生、流通、传送与最终接受。安迪·C. 普拉特则认为,文化产业与以文化形式出现的材料生产中所涉及的各种活动有联系,在全球化条件下构成一个巨大的产业链,包括创意、生产、再生产和交易四个环节,形成一个庞大的文化产业体系。J. 威廉姆斯对美国和欧洲文化产业政策进行了梳理后发现,美国侧重于艺术的经济效益的定量研究,强调政府的自主和支持对文化产业的重要性,而欧洲侧重于定性研究,关注艺术、文化和媒体行业的高等教育政策项目,目的是认识不同的价值观、做法以及构成多样性社会性质的诠释框架。

周平远(1998)在《文化工业与文化策略》中提出,作为一种市场行为,文化产业自然要讲究经济效益,并因此而对"复制"什么有所选择,这种市场导向会影响到创作,但并不能从根本上取消艺术家的创作个性。他还论证了资本的全球化和高科技的发展使文化产业高速发展,并可能导致新的文化革命。柯宁(2001)在《文化工业论》中认为,文化是社会的产物,离不开与生产方式的联系。在当代,特别是资本的全球化与高科技联系十分紧密的情形下,应该根据新的条件进行新的解释和运用,而不能以自己的社会标准去衡量其他社会文化的优劣。单世联(2003)的《寻找文化产业的中国论说》一文中提出了关于中国文化产业非常值得思考的两个问题:一是文化产业区别于其他产业的是其更具有价值和政治意义。在现行的制度框架下,文化的产业化应当不应当受到一些限制?意识形态的规范与文化市场的要求是否会通?二是产业确实需要通过媚俗来扩展市场，商品逻辑之于它显然是第一位的。董海生（2009）在《齐鲁文化与山东文化产业的发展》一文中分析了齐鲁文化及其基本精神，认为齐鲁文化对山东文化产业发展起到了精神动力、行为规范和文化资源三方面的积极影响和消极影响，提出了通过开发儒家文化资源和创新观念体制来促进山东文化产业发展的结论。胡惠林（2005）在《区域文化产业战略与空间布局原则》中提出，我国区域文化产业布局战略主要有四种价值取向：一是空间布局重组与结构性调整相结合战略；二是文化战略与相关产业附注项协调战略；三是非均衡发展与区域一体化相兼容战略；四是增加极建构与分阶段布局相呼应战略。卫兴华（2005）在《发展文化事业和文化产业的一些思考》中提出，建设文化强省（市），需要从两个层次上考虑，一是由于各个省市的民俗风情、自然景点、人文历史、交易水平等各有不同，因而建设文化强省（市）的内容应有侧重点的不同，不应该强求一律；二是建设文化强省强市，要以各地特色为基础，实行整体推进。赵冰（2004）提出用神经网络来评价区域文化力，认为神经网络模型可以对区域文化进行定量分析。向勇、喻文益（2007）在《区域文化产业研究》中系统总结了区域文化产业发展政策、文化资源、文化产品与文化市场四大框架问题，建立了区域文化产业问题组合分析与定位分析方法。叶朗（2004）主编的《中国文化产业年度发展报告》对新闻出版业、广播业、音像业、文化旅游业等十四个行业进行了详细分析研究。周鸿铎（2000）著的《传媒产业经营实务》分印刷媒介产业经营、广播产业经营、电视产业经营、邮电媒介产业经营、传媒产业管理体制五个部分阐述了传媒产业的经营实务。

综上所述，国内外关于文化产业的研究已经取得了一定进展，其中文化产业的基础理论开始与社会学、经济学结合起来，运用这些学科的研究方法对文化和文化产业进行研究。文化产业的应用研究开始深入文化产业链的构造和内部机制的研究中，研究其具体的运行规律。文化产业的外延也在不断扩大。但是，从目前的成果看，对文化与经济发展的关系研究还存在几个方面的不足：第一，文化产业研究缺乏相对成熟的理论体系和研究框架。文化产业的含义和内容尚无统一的界定，各国各研究者基本根据自己的理解和研究需要对文化产业进行内涵界定，使得各国文化产业包含的内容差别很大。文化产业指标体系不健全，相关的统计数据缺乏。第二，经济学研究的视角比较少。多数研究仍然以社会学、文学、艺术等学者为主，所采用的研究方法也主要以这些学科的方法为主，定性分析较多，经济学的研究方法还没有得到广泛的应用，尤其是对文化产业的产业特性及其运作规律研究还很少，从产业经济学角度进行的研究处于边缘位置。

第二节　文化资源产业化文献综述

一　文化资源产业的思想渊源

马克思提出了文化生产力理论，认为生产力包括两种，一是物质方面的生产力，二是精神方面的生产力。文化生产力具有独特的生产方式，也创造人类"文明的果实"，因此，文化生产是可以产业化的。布迪厄提出"文化资本"的概念，认为它与经济资本、社会（关系）资本共同构成了资本的三大形态。文化资本有三种存在形式：身体形态、物化形态、制度形态。福山强调文化资本具有经济价值，能引起物品和服务的不断流通，并将其称为除物质、人力、自然资本以外的第四种资本，是文化产业持续发展的基础和源泉。

二　文化资源产业化的基础理论

许柏林（1991）将文化产品分为精神产品Ⅰ和精神产品Ⅱ，其相对应的生产为精神生产Ⅰ和精神生产Ⅱ，论述了精神生产的产业性质、目的性、社会性，提出了基于现代精神生产方式理论的文化管理学体系。《评价文化：文化资源评估与文化产业评价研究》是我国第一本专门研究文化资源评估和文化产业评价的著作，其以产业化为主线进行文化资源的评估和文化产业的评价。周正刚（2004）在《论文化资源的可持续开发》中指出，"文化资源必须开发，只有开发才能转化为文化生产力。资源并不等于生产力"。"文化资源的合理配置问题、文化资源的保护利用问题、文化资源开发的效益评估问题，是可持续开发中要解决的重点"。李书文、尹作升（2004）的《文化产业化与传统文化资源的开发》指出，"国人需借鉴现代资源经济学和可持续发展的理念、体制、机制和方法，创建科学的历史文化资源概念，探寻弘扬中国传统文化的现代途径"。吕庆华博士（2006）的《文化资源的产业开发》，综合运用经济学、管理学、文化学、社会学等理论对文化资源的产业开发进行学理研究和实践探讨。同时他还将文化资源分为文化历史资源和文化现实资源，认为文化现实资源是文化资本开发的关键。哈利·希尔曼·沙特朗（2004）运用 SCP 分析法，对美国艺术产业的创作周期、版权研发市场、文艺绩效等做了专门探讨。

三 文化资源开发理论

程恩富（1994）在《文化生产力与文化资源的开发》中提出，文化资源的开发指的是通过对文化资源内涵文化和经济价值的认识，采取让文化得以产业化的措施和活动，将其内涵文化和经济价值转移到文化生产的成果——文化产品中，以便文化资源内涵价值的实现。开发的实质就在于发现文化资源，认识到其内涵价值，通过劳动加工和产业化过程使其成为具有文化价值和经济价值的文化产品。吴圣刚（2002）在《文化资源及其特征》中提出文化资源是人类生存发展需要的、以一切文化产品和精神现象为指向的精神要素。文化资源具有无形性、传承性、稳定性、共享性、持久性、效能最大性、递增性等特征。文化资源对人类社会的发展起着方向性、支撑力、凝聚力、推动力的作用。张彩凤（2005）在《论我国文化资源的产业化开发》一文中认为，我国文化资源的产业化开发想要取得明显的经济效益和社会效益，就需要做到能科学认知文化资源的产业价值，能准确把握本区域文化资源的独特优势，能强有力地整合文化资源，同时能有一批高素质人才精心开发文化资源。

丹曾（2006）在《发展文化产业与开发文化资源》中指出文化资源是一种动态的、非独占的、可再生的精神财富，但文化资源优势并不能天然地转化为文化产业发展的优势，创新、创意能力的强弱才是决定文化资源占有多寡和开发利用成效大小的关键。王永章（2008）在《如何将文化资源转化为产业资源》中提出，要使文化资源转化为产业资源，第一位的任务是大力提高文化资源的"挖掘、开采、利用、再生"能力，因为对文化资源来说，谁占有它并不重要，重要的是谁率先将其开发成文化产品和服务，谁才真正拥有了它，掌握了它的主动权。

张胜冰（2008）在《产业化视角下的文化资源开发：问题及其解决方案》一文中主张文化资源的开发利用要纳入生态学的视野，在有效实施文化资源保护的基础上循序进行。在当代大力发展文化产业的背景下，应当正确处理好文化资源保护与开发利用的关系，促进文化资源的可持续利用和永续利用。

檀文茹、徐静珍（2009）认为文化资源直接为人类的生产活动提供了加工对象，提升了人力资源素质，为产品增加了文化附加值，优化了社会经济环境，并起到了提高企业和地方形象以及知名度的功能。只有充分认识文化资源的功能，才能更好地开发和利用文化资源，最终促进经济和社会的发展。姜长宝（2010）指出文化资源是一种特殊的资源，能够为人类利用和开发并可以直接转化为经济效益，对文化资源市场化运作能够带来文化资源潜在经济价值的实现，文化经济就是文化资源高度利用的结果。但他同时指出，文化资源的存在不直接等于其经济价值的实现，需要人的创造性转化，辅之产业化开发以及市场化的运作，使之最终进入市场环节，通过市场使文化资源优势转化为文化经济优势，从而推动经济的发展。

厉无畏（2010）在《历史文化资源的开发利用》一文中提出要通过创意和市场将文化资源转变为经营资本，不仅能推动经济增长、产业结构优化及促进经济全面协调可持续发展，而且还可以打造民族文化品牌，弘扬民族文化，进而提高自身的综合竞争实力。刘贵华、张瑶（2010）认为，文化资源与文化产业之间存在密切的关系，文化资源是文化产业发展的基础与前提，文化产业是文化资源的发展与延伸。但丰富的文化资源并不是文化产业发展的充要条件，要将资源优势转化成产业优势，而这一过程中需要对文化资源进行客观评价，同时还需要有创意、高新技术与现代化的商业运作方式的支撑才能推动文化产业发展。姚伟钧、任晓飞（2010）认为文化资源在文化经济中发挥着基础性的作用，我们要充分挖掘和发挥文化资源的这一基础性的功能和效用，促使文化资源转化为文化资本，进而转变为文化产业实力，使我国丰富的文化资源优势转化为我国的文化产业优势，以坚实的文化资源基础打造强大的文化产业竞争力。

四　文化资源产业化发展的区域和行业发展

查尔斯·兰德利介绍了伦敦为保持其作为世界性文化大都市的地位、增强城市竞争力、促进城市进一步发展所实施的文化政策，分析了文化遗产保护与城市改造之间的关系，探讨了作为一座创意城市所应具有的文化资本，并强调文化产业和文化活动的重要性。阿兰·高特列波概括道，提高城市国际竞争力除了在经济上的主导地位和比较优势，还要拥有多元的文化发展。奥力甘以澳大利亚的昆士兰为例，强调了文化旅游业对农村发展的重要性，认为农村在发展文化产业的过程中，可以利用其文化旅游和文化遗产方面的优势，把城市带到农村从而消除城乡差距。刘家志、朱海林（2001）在《西部民族文化资源综合开发与产业化的思考》一文中认为，要扎实开展文化资源的调查工作，实施文化资源保护性开发战略，建立良好的文化生态环境，坚持"有效保护、合理利用、加强管理"的原则，正确处理好抢救保护与开发利用的辩证关系。夏国英（2002）在提出全球化进程中区域文化产业策略的同时，首次提出了对区域文化产业要素的分析讨论。他认为区域文化产业要素可分为区域文化和区域经济两个方面：区域文化要素包括区域文化资源、区域文化价值体系、区域文化实际运作系统，以及区域文化象征体、区域文化意识和区域文化行为规范等。区域经济要素主要有区域经济实体、区域经济结构、区域经济力量，以及区域经济体制、区域经济意识和区域经济方式等。郑桓嘉、王清荣（2004）的《整合配置文化资源发展城市文化产业》指出，"文化产业不仅可以成为国民经济的支柱产业，而且物质产品和服务行业中的文化含量，也可以直接转换为品牌效益和无形资产。运用市场手段整合配置文化资源，发展城市的文化产业，将会给城市经营带来巨大的影响和新的发展空间"。张廷兴、艾思同（2004）的《山东文化资源开发和利用》，针对山东省地方文化资源进行综合分析，提出产业开发具体策略。黄永林（2008）的《论民间文化资源与发展文化产业的主要关系》提出，在利用民族民间文化资源发展文化产业的过程中，只有正确处理好民间文化资源的保护与开发、社会效益与经济效益、传统民间文化与现代文化产业、政府管理与市场运作等多种关系，才能实现民间文化保护传承与文化产业发展壮大的双赢。

五 评述

由上述关于文化资源产业开发的理论研究可得出以下结论：第一，文化资源产业开发的内涵及其行业外延的界定尚不明确。各国说法不一，文化资源产业化开发的研究视野从文学、舞蹈、美术、音乐、电影、出版等传统产业到旅游、体育、互联网、版权、创意等产业，没有一个权威的说法。第二，国内外对文化资源产业化开发的具体侧重点不一。国外主要侧重实践层面的问题研究，关注改善就业、发展城市经济等，而中国的研究主要集中在经济型层面，对意识形态、价值观念、国家安全等非经济层面的问题关注比较欠缺。第三，学者们指出文化资源的产业化能带来经济效益和社会效益双重效益，文化资源是文化产业的基础，文化产业是文化资源的延伸，因此我们要充分开发利用文化资源，将其转变为文化产业资源和文化生产力。但文化资源到文化产业是一种趋势，如何将文化资源转化为文化生产力，文化资源产业化的具体路径是什么，学者们尚未给出明确的答案。第四，对农村和地方的关注较少。中外文化资源产业化开发的研究重点主要集中在城市，对于中国这样一个亟须缩小城乡差距的国家来说，需要更多地开发农村文化资源，在推进文化事业的同时大力发展农村文化产业，消除城乡二元经济结构。

第三节　文化贸易发展文献综述

邱继洲（2005）认为随着网络化和信息化的发展，以第三产业为主要创富手段的发达国家，在国际文化贸易中凭借其在资金、技术、创意上的比较优势和文化产业异军突起，与发展中国家在文化产品上的价格差异逐渐变大，最终导致文化产品由本国流向发展中国家。

周成名（2006）认为，文化贸易是国际贸易的组成部分，但它又区别于国际贸易中的一般货物贸易，属于一种特殊的服务贸易。因为它不单纯是货物本身的贸易，是与知识产权有关的文化产品和文化服务的贸易活动。而作为文化产品和服务，它具有一般货物商品所不具备的双重属性，即同时具有商品属性和文化属性。

李怀亮、闫玉刚（2007）指出，国际文化产品贸易是指世界各国（各地区）之间进行的以货币为媒介的文化交换活动，它既包括有形商品的一部分，例如音像录音制品、纸质出版物等，也包括无形商品，例如版权、关税等。

赵有广（2007）分析了我国文化产品对外贸易的地域结构、消费结构和产品结构，可以看出，欧洲和美国市场是我国文化产品的主要贸易方向，其主要原因包括以下几个方面：第一，随着我国综合国力的提升、影响力的逐渐增大，越来越多来自西方国家的人开始重视中国，而且十分想要了解中国；第二，随着祖国的日益强大，来自庞大移民群体的向心力也随之逐渐增强起来，他们对中国文化产品的需求量也逐渐增加。此外，关于我国文化产品的结构，特别需要加大对内容产品的开发，而且需要提升我国文化产品的质量。

张帆（2007）认为文化贸易的实质是不同民族和国家之间实现了对文化认同的接受，对文化认同资源的争夺最终引起文化贸易的顺差和逆差。在全球化的背景下，通过主动参与国与国之间的文化竞争，并逐渐成为国际文化贸易规则的制定者，来改变不利的贸易条件，实现本国文化贸易的平衡，最终有效地捍卫本国的文化权益。

魏婷、夏宝莲（2007）从我国影视文化贸易长期存在逆差的角度，通过与美国等世界影视贸易大国的对比，初步探讨了我国影视文化贸易逆差的原因。对中国如何发展影视文化贸易，扩大影视产品出口，分别从政府和影视文化产业的角度提出了相应的对策建议。即：加大对影视文化产业的扶持；影视文化产业要尽快提高竞争力。

龚晓莺（2008）认为文化商品和服务是中高档消费品，某些甚至是具有较高需求收入弹性的奢侈品，是典型的异质产品。文化贸易呈现出产业内贸易的特征，若消费者之间拥有相似的文化背景，那么他们就比较容易理解并接纳彼此的文化产品和服务。

李小牧、李嘉珊（2010）认为，国际文化贸易是指文化产品（产品范畴）与文化服务（服务范畴）在国际上的输入和输出，是国际服务贸易中很重要的组成部分。伴随着文化产业的国际化经营，出现了文化产品和服务的跨境贸易。

李雍（2009）认为，要想提升我国文化产业的地位，缩小我国文化贸易日益凸显的逆差现象，宏观层面需要国家制定一些相应的政策；微观层面，企业和个人的观念需要有一些转变和提升。通过各个部门和领域的密切配合，我国文化贸易逆差的现状才会得到很大改善。

韩骏伟、胡晓明（2009）从产业融合角度认为，传统的文化产业和新技术融合后创造出的文化产品具有较高的附加值，它们可以作为对传统文化产品的补充，通过满足不同消费者的偏好来扩大消费群体。

黄娟（2009）基于林德模型，通过实证分析和经验分析相结合的方式，检验林德需求相似理论在我国文化贸易中的适用性，得出中国文化贸易发生在收入水平差距较大的国家之间，即偏离林德需求相似理论的实证结果，并研究了产生这种结果的原因，提出了相应政策建议。

赵有广（2009）依据重叠需求理论设计出别国对我国文化产品需求的六种影响因素，并得出我国文化产品贸易重叠度的大小受这六种因子总的影响。曹麦（2012）基于影响因素的视角，梳理了国内外对文化贸易特征的研究，并综述了建立在文化贸易特征基础上的文化贸易的影响因素。

张银霞等（2009）通过分析我国文化贸易的现状，我国发展文化贸易的原因，得出我国发展文化贸易的战略对策，即实施品牌战略，开拓国际市场；转变观念，大力发展文化的"软件贸易"；完善相应的支持政策体系。

林丹虹（2010）通过对我国文化贸易当前的状况、原因、竞争力、支持政策和发展战略等方面的简单论述，得出我国文化贸易未来应采取循序渐进的发展战略，即先是有所突出地、而后再全面地推进文化产品的出口，加快文化产业与其他相关产业的结合，最终实现文化与经济全面结合、协调发展，打造强势文化经济，将文化内涵渗透到其他的货物贸易和服务贸易中，从而增加它们的附加值。

刘晓旭（2009）从竞争力角度研究证明，为了尽快解决我国文化贸易在国际上竞争力弱的问题，需要挖掘我国文化资源在国际贸易中的比较优势，从而生产出在国际上具有竞争力的产品；要充分利用我国商品贸易在国际上的优势，构建出我国对外文化贸易的战略；加强对我国体制机制的创新力度，充分发挥政府在推动文化企业及其文化产品"走出去"上的突出作用；充分发挥我国在人力资本上的优势，加强对文化贸易人才的培养，最终使文化产业在我国成为具有国际竞争力的主导产业。

戴翔（2010）以标准的垄断竞争模型为基础，通过构建分析创意产品贸易决定因素及其对双边总贸易影响的计量方程，并采用 PPML 估计法进行实证分析。结果表明，创意产品的贸易具有偏好"传染性"，从而对后期创意产品的贸易具有促进作用；此外，创意产品贸易的发展对双边总贸易的发展也具有明显的带动作用，在后危机时代短期内外需持续低迷的情况下，大力发展中国创意产品出口贸易并提升其国际竞争力，不失为稳外需、保出口增长的有效措施之一。

张璇、王传刚（2010）认为在文化贸易变得日益重要的今天，一国文化资源丰厚是一国文化发达的基础，在文化资源丰富的基础上借鉴和创新使得文化产业和文化贸易得以发展，此外，转变观念是发展文化贸易的前提，建立起完善的相关产业政策体系是发展文化贸易的制度环境，同时以国际市场为指南，按国际市场需求对文化产品进行加工和调整，以满足消费者的需求，从而能够促进文化贸易的发展。

刘建华（2011）认为文化贸易具有历史性，是人类社会发展到一定阶段的产物，也是经济社会发展的必然，其必然性是一定经济发展程度、全球化进程、技术革新与国家文化软实力建设。

曲如晓、韩丽丽（2011）利用毕达哥拉斯理论合成方法对中国与41个主要贸易伙伴国的文化距离进行测度，然后以1992~2009年中国与41个国家和地区的双边文化贸易数据为样本，通过扩展的引力模型，检验文化距离是否以及在何种程度上对中国文化产品贸易的流量产生影响，结果表明：文化距离对文化产品的贸易流量具有显著的负面影响，与贸易对象国之间较大的文化距离会阻碍中国文化产品的出口。

张皥（2011）基于PEST宏观环境分析框架，分别从政治、经济、社会及技术四个角度分析我国文化贸易所面临的优劣势、机遇及挑战。通过借鉴各国文化产业和贸易发展的经验，提出政府支持、人才培养和中介组织或公共服务平台的建立是现阶段我国文化服务贸易发展的现实选择途径。

许亚群（2012）基于后金融危机时代的视角，论述了我国文化贸易所面临的机遇和挑战，认为文化贸易是文化产业运作的根本手段，得出了发展文化产业和文化贸易在当前的必要性，最后分析了后金融危机时代，政府应该采取的应对文化贸易的措施：以行政手段为依托，进一步促进文化产业集团优化升级；致力实施系列工程，通过开展项目合作拓宽营销渠道；改革政府文化贸易管制方法，切实强化文化监管与立法；加强人才培养，通过多种渠道吸收培育文化类人才。

花建（2012）在《文化强国理应是文化贸易大国》中指出，世界大国在国际文化贸易方面的竞争，不仅是技术和资本的竞争，更重要的是发展模式之争，谁的文化软实力模式更具有前瞻性，谁就能吸引更多的追随者。一个世界文化强国必然是一个全球文化贸易的大国，这是由文化软实力的本质和全球化竞争的潮流所决定的。

李亚亚（2012）在《我国核心文化贸易竞争力研究》中指出文化产品具有高附加值的特点，因而使得文化贸易相较其他货物贸易有较高的利润，并且文化贸易具有较强的关联性，能同时带动文化和相关产业的发展，还可以增强其他国家对本国文化的亲近感和认同感，提升国际形象，对一个国家影响深远。同时，我国文化资源丰富、国内市场大、海外华人多，具备发展文化贸易的条件。

田晖、蒋辰春（2012）在引力模型中引入 Hofstede 的国家文化维度，选取 1995～2009 年中国与 31 个国家和地区的贸易数据，研究文化距离对我国对外贸易的影响。研究显示，国家文化距离对中国对外贸易的影响并不是单单在一个方面，而是存在两方面的影响。若将文化距离作为一个整体的变量，得出它对中国对外贸易的影响是负面的；若将文化距离作为一个组合的变量，得出它对中国对外贸易的影响是正面的。

许亚群（2012）基于后金融危机时代的视角，论述了我国文化贸易所面临的机遇和挑战，认为文化贸易是文化产业运作的根本手段，得出了发展文化产业和文化贸易在当前的必要性，最后分析了后金融危机时代，政府应该采取的应对文化贸易的措施：以行政手段为依托，进一步促进文化产业集团优化升级；致力实施系列工程，通过开展项目合作拓宽营销渠道；改革政府文化贸易管制方法，切实强化文化监管与立法；加强人才培养，通过多种渠道吸收培育文化类人才。

施劲华（2012）提出发展文化贸易的核心问题是提高我国文化贸易的国际竞争力。针对当前影响我国文化贸易的因素，得出相应的对策建议：充分利用城市的辐射作用，提高一个地区的城市化水平；进一步提高国民的人均收入水平，从而提高人们对文化的消费水平；通过文化企业数量的不断增加，实现规模经济；通过增强对专业人才的培训，提高劳动生产率；充分发挥外资的"溢出效应"，实现文化贸易的跨越式发展。

范中原、刘长喜（2012）采用灰色关联方法，从经济发展、产业规模、市场需求和科研创新四个方面选取 14 个指标，对上海文化产业及贸易发展的影响因素进行了实证分析。结果表明，城乡居民家庭人均可支配收入等因素对上海文化产业发展有重要的关联影响，而人均生产总值和互联网用户普及率等因素对上海文化贸易有重要的影响。

曹麦（2012）基于影响因素的视角，梳理了国内外对文化贸易特征的研究，并综述了建立在文化贸易特征基础上的文化贸易的影响因素。

综上所述可见，目前有关国际文化贸易的理论大都来源于传统的国际贸易理论，基于文化贸易和一般货物贸易的区别，提出了与文化贸易密切相关的一些理论概念，如文化折扣、文化例外、产业内贸易等。经济学者对文化贸易的研究主要集中在以下几个方面：对文化贸易影响因素的研究；对文化贸易逆差现象的研究；对文化贸易竞争力的研究；对文化贸易现状的研究；对文化贸易方向的研究和对文化贸易特征的研究。大家普遍认为文化贸易在国际贸易中的地位日益提升，也是一国软实力的体现，倡导大力发展国际文化贸易，提升本国在国际竞争中的地位。上述学者的理论研究给我们指明了发展方向，但却没有明确地提出路径选择。

本书在文化及其分类的基础上，对文化与文化贸易的关系、文化影响文化贸易的具体路径及运行机制等核心问题展开深入研究，力求从文化的视角，解释文化贸易产生与发展的动力源泉问题。

第三章　文化与贸易关系历史回顾

历史上，文化对贸易发展的促进作用，主要体现在三次大的历史事件上，即华夏文明的崛起对丝绸之路贸易的促进作用，郑和下西洋对东南亚、中东乃至于扩展到非洲东海岸的贸易活动，最后是伴随着哥伦布、麦哲伦的航海大发现，西方文明向全世界扩散，促进全球性贸易时代的到来，其中尤其是开创了东西方大规模的文化交流与国际贸易的展开。本章主要围绕这些事件，探讨文化与世界贸易发展的关系，说明任何时代国际贸易的展开，都是在文化交流的基础上发展起来的。

第一节　文化与丝绸之路贸易

涉及文化与文化贸易研究主题，丝绸之路，这条起始于古代中国，连接亚洲、非洲和欧洲，贯穿了亚非欧大陆的举世闻名的古代商业贸易通道，是首先必须要提及的。19 世纪 70 年代，德国地理学家李希霍芬（F. Von Richthofen）在他的《中国》一书中，把"从公元前 114 年到公元 127 年间中国与河中地区（指中亚的阿姆河与锡尔河之间的地带）以及中国与印度之间，以丝绸贸易为媒介的这条西域交通路线"，叫做"丝绸之路"（德文作 Seidenstrassen，英文作 The Silk Road）。其后，德国历史学家赫尔曼（A. Herrmann）在 1910 年出版的《中国和叙利亚之间的古代丝绸之路》一书中，根据新发现的文物考古资料，进一步把丝绸之路延伸到地中海西岸和小亚细亚，确定了丝绸之路的基本内涵，即它是中国古代经由中亚通往南亚、西亚以及欧洲、北非的陆上贸易交往的通道，因为大量的中国丝织品经由此路西传，故此称作"丝绸之路"。

从现有典籍记载来看，丝绸之路形成于公元前 2 世纪至公元 1 世纪之间，直至 16 世纪仍保留使用，是一条东方与西方之间经济、政治、文化交流的主要通道。丝绸之路有狭义上的丝绸之路和广义上的丝绸之路之分。

狭义上的丝绸之路通常指陆路上的丝绸之路，而广义上的丝绸之路则包括陆上以及海上丝绸之路两条。不同历史时期，由于使用功能不同以及沿线国家政治纠纷的影响，丝绸之路出现不同的路线。陆上丝绸之路以长安为起点，经河西走廊，越过帕米尔高原，穿过中亚、西亚地区直到地中海沿岸的欧洲地区的贸易通道称为"西北丝绸之路"；从四川出发，经过云南、缅甸直至印度的商道称为"西南丝绸之路"，西北、西南统称为"陆上丝绸之路"；从我国的东北、华北起到蒙古高原，再穿过西伯利亚森林地带的大草原最后到咸海、里海一带，横贯欧亚大陆草原地带的东西交通线称为"草原丝绸之路"。海上丝绸之路分布范围较广，主要是指从我国东南部的连云港、明州、泉州、广州等沿海港口出海，到东南亚、斯里兰卡、印度，再通到波斯湾、红海地区的通道称为"海上丝绸之路"。丝绸之路随着沿线各国往来的加深，文化交流越来越频繁，交流范围也愈加广泛，使之发展成为一条中外文化交流与传播的重要通道，它不仅带动了整个亚非欧经济贸易的发展，更对中华文明与世界文明的交流起到了至关重要的作用。

一 陆上丝绸之路贸易

1. 西汉东汉时期

西汉时期，阳关和玉门关（今甘肃省敦煌市西南）以西即今新疆乃至更远的地方，被称作西域。此时的匈奴阻断了西汉与西域联络的道路，并多次对西汉进行劫掠。建元二年（前139），汉武帝派遣张骞从长安带队出使西域，意图联络西域的大月氏共同讨伐匈奴。不料张骞使团在途中被匈奴俘获，关押了10年之久，后寻机逃脱到达大月氏，但劝说大月氏共同伐匈并未成功。张骞在西域待了一年多启程返回大汉，途中又被匈奴扣留一年之多，最终于元朔三年（前126），返回到大汉，并受到汉武帝的热情接待。张骞此次西行之旅，前后共计十余年，虽然并没有达成最初的目的，但其已初步打通西行通道，形成了西行的基本干道，首次开拓了丝绸之路，这次出使被司马迁称为"凿空之旅"，意为这一历史空白首次被描上浓重的一笔。后西汉霍去病、赵破奴等将接连战胜匈奴，逐渐打开了西汉与西域各国之间的通行要道。元封六年（前105），李广利攻破大宛都城（今乌兹别克斯坦），通往西域的"丝绸之路"至此畅通。反击战争扩大了汉朝疆域，使得中原文化大规模地向原匈奴所占据的河西走廊地区扩展，同时投降汉朝的匈奴也将自身的游牧文化向中原渗透，实现了中原文化与少数民族文化的交流与融合。西域都护府的设立维护了西域的安定，保障了丝绸之路的通畅，也促进了中原文化与西域文化的交流。张骞也因其巨大的历史贡献，而被封为博望侯。公元前101年，西汉朝廷第一次在西域设置官吏，管理屯田事务。公元前60年，匈奴日逐王先贤掸臣服于汉朝，新疆地区开始隶属于中央，成为中国领土不可分割的一部分。此时的丝绸之路，东起西汉都城长安（今西安），西至大宛，已经真正成为一条中原地区和西域贸易往来的通道，极大促进了中原和西域的经济、政治与文化交流。

尽管此时的丝绸之路已初具规模，但还是局限于亚洲各国之间的贸易往来。公元16年，由于中原政权更迭局势混乱，丝绸之路被迫中断，长达58年之久。公元73年，东汉著名军事家、外交家班超随从大将军窦固出击北匈奴，先后说服鄯善、于阗，重新打通了隔绝58年之久的丝绸之路。公元94年，在班超的外交与军事双管齐下的压力下，西域五十余国皆归属东汉，此时连接中原与西域的丝绸之路完全打开，双方贸易数量及规模日渐增长，此时中国和欧洲直接进行贸易交往的条件开始成熟。东汉和大秦作为当时国际上最为强盛的大国，双方都渴望摆脱安息商人对双方之间贸易通道的控制和垄断，直接进行贸易往来。公元97年，班超派遣使节出使大秦，一直到达条支海（今波斯湾）边，这是双方贸易首次突破安息国的阻拦，将丝绸之路从亚洲延伸到了欧洲。公元166年，古罗马大秦王安敦派使者到达洛阳，朝见汉桓帝，东西方两大帝国外交关系正式建立，标志着中西方文化交往的开始。

2. 魏晋南北朝时期

魏晋南北朝时，中国与东罗马民间往来频繁，丝绸之路沿线出土的罗马金币和玻璃器表明，该时期自西域东来，经由河套地区的北方丝路贸易繁盛。经该路线传入中国的还有中亚、西亚的装饰品。

南北朝时，北方政权采取了一系列措施以促进丝绸之路上的贸易往来，陆上丝绸之路的路线在原有基础上向北向南扩展。与此同时，立足江南的六朝政权积极发展海外关系，使海上丝绸之路逐渐向南海、东海延伸，与波斯、南亚、大秦（东罗马）、东南亚、朝鲜、日本等地区和国家都建立了密切的贸易往来关系。

北魏文成帝太安元年（455），在直接的交往断绝了很长一段时间后，波斯与统一了中国北方的北魏王朝建立了直接的联系。《魏书》记载了十个波斯使团为中国带来了玻璃制品工艺。《洛阳伽蓝记》记载了当时丝绸之路上来往的商贩的繁盛情况："自葱岭以西，至于大秦，百国千城，莫不款附。商胡贩客，日奔塞下。"北魏王朝还在洛阳城南的伊洛之间设四夷馆、四夷里招待丝绸客商。波斯的使者也顺着丝绸之路深入南朝。中大通二年（530），波斯国遣使献佛牙。五年（533）八月，遣使献方物。大同元年（535）四月又献方物。波斯之通使南朝，走的是西域经吐谷浑境而南下益州（今四川一带）再顺长江而下到建康（今南京）的道路。这一时期，中西之间的交流主要体现在政治、经济、文化三方面。这种交流，在政治上，促进了东西方之间的联系与交流；在经济上，促进了双方之间经济贸易、生产技术的交流；在文化上，促进了中国佛教的兴盛和礼乐文化的发展。

3. 隋唐时期

随着历史不断地前进，丝绸之路也在不断地发展壮大，直到隋唐时期到达顶峰。西北丝绸之路（又叫绿洲丝绸之路或沙漠丝绸之路）、西南丝绸之路（又叫永昌丝绸之路）和海上丝绸之路三条丝绸之路的繁荣发展，带动着东西方贸易往来和文化交流的不断兴盛。

大业年间，隋炀帝遣使侍御史韦节出使西域各国，韦节回国后撰写了《西蕃记》一书，大大增加了中原地区对西域政治文化的了解，打破了中原地区与西域持续多年的隔绝状态，使得西域各国的文化开始在中国社会中留下了印记。韦杰出使西域后不久，隋炀帝再遣裴矩前往大邺去搜集西域信息。裴矩亲自编撰了《西域图记》，共三卷，详细记载了西域诸国的山川地理、风俗特产等诸多情况，同时还记下了通往西域的三条最主要的道路，也就是后世常称的西域三道：北道、中道以及南道。裴矩对西域多年的苦心经营，保证了丝绸之路的畅通与稳定，在这期间，西域与中原间的交流无时无刻不在进行之中。隋炀帝大业六年（610），征四方奇技异艺在洛阳举行盛会，其间西域诸多酋长、使节和胡商参加，西域的诸多音乐舞蹈及娱乐文化传入中原，与中国民间艺术进行了极大的互动交流，对中原文化也产生了很大的促进作用。陆海丝绸之路的空间扩展，扩大了文化交流的空间范围，并使文化交流内容更加宽泛。这一时期，通过丝绸之路中国的养蚕缫丝技术传入西方，国外一些先进技术也逐渐传入中国，如埃及的玻璃制造技术，实现技术文化层面的交流。隋炀帝曾亲自西巡开拓疆土，打通丝绸之路，还在张掖举办了万国博览会，各国商人、使臣云集，使之成为一次各国文化交流的盛典。

到了李唐时期，唐朝政府继续加大对丝绸之路的开发力度，继续扩大与西方交往的范围，拓宽与中西亚各国的贸易渠道，中外文化交流达到鼎盛。来自西域的胡乐、胡舞、胡服、胡食在中原地区特别是长安广为流行，马球、赛马、射箭等体育活动更为人们所喜爱。各地留学生、学者、游历者、传教士在此聚集，各地文化融合于此，长安一时成了中国乃至全世界最繁荣的城市。唐中期，陆上丝绸之路由盛转衰，海上丝绸之路得以发展，尤其对宗教文化交流产生了重要影响。隋唐大运河的投入使用，使得中国南北方贸易往来增多，同时带动东西方贸易的发展。在此阶段，中国对丝绸之路的拓展也在不断进行，开始与更加靠近欧洲的中亚诸国进行大量贸易往来。贞观十四年（640），粟特人的葡萄酒酿造技艺传入中国，丰富了中国的酒文化。就连坐落于东洋岛屿之上的日本，也因为丝绸之路而获益颇丰。公元8世纪，众多日本遣唐使归国，带了很多在中国采购的西域文物回到了当时的日本首都奈良，这些文物至今仍在奈良正仓院保存，成为历史文化研究领域的宝贵资料。

4. 蒙元时期

在蒙古西征之前，中亚腹地范围内的国际商队贸易就有一定规模。成吉思汗为了征服亚欧大陆，除了以武力掠夺邻近外族财富，还大力借助商队的长途贩运来筹措军饷。他曾多次派遣一些商队前往中亚各国进行贸易。1218年，一支由蒙古帝国出资组织的450人的商队，装运大批毛皮、丝绸、金银制品前往中亚花剌子模贸易，但花剌子模却劫夺了这批货物，这次事件成为蒙古大军第一次西征的导火线。随着蒙古多次西征与南征，丝绸之路也再度繁荣起来。据史料记载，君士坦丁堡、波兰、奥地利、捷克、俄国、意大利、威尼斯、热那亚以及早期北欧汉撒同盟等地商人、西域蒙古诸汗国及其后裔统治的西亚、中亚地区的商人以及中国色目商人等，都通过丝绸之路进行相互之间的贸易往来。在此期间，文化领域交流也在快速发展，诞生了许多描写丝绸之路上中外交流的名著，比如《马可·波罗游记》《通商指南》《柏朗嘉宾蒙古行记》《卢布鲁克东行记》《大可汗国记》《马黎诺里游记》《鄂多立克东游录》等，都详细描写了当时中外关系以及文化交融的盛况。

元朝不但陆上丝绸之路十分发达，而且海上丝绸之路也很兴盛，出现了陆海丝绸之路交流两旺的可喜局面。著名的旅行家马可·波罗就是元朝时来到中国的。他在中国生活了17年，其著作《马可·波罗游记》详细描述了中国航海事业的盛况，称赞中国的船体最大、装备最佳，中国商人遍布东南亚和印度各港口，中国经济在当时的世界经济中占有举足轻重的地位。

5. 明清时期

明朝时，以郑和七下西洋为标志，中国的航海事业达到极盛，首次远航28000人，62艘商船，沿途经过爪哇、苏门答腊等地。后来几次航行更远，最远到达波斯湾、红海入海口和非洲东海岸，足迹遍布30多个国家和地区，将丝绸之路的路线进一步拉长，打通了从中国到东非的航路，将亚、非的广阔海域连接起来。中国商品、中国技术、中国文化随着商船传播出去，增进了中国与亚非各国的联系与交流。

清朝时，茶马古道与西南丝绸之路相接，马帮为中原、西南、印缅文化的相互交流、融合创造了条件，使得楚文化、巴蜀文化、青铜文化、佛教文化在交流中得到沉淀。英国东印度公司、瑞典东印度公司通过海上丝绸之路与中国进行茶叶、丝绸、瓷器贸易，促进了中国与欧洲国家的文化交流。我国当代学者曾经分析了明清繁盛的妈祖信仰，认为这是明清时期通过丝绸之路周边国家进行文化交流的一个实例。

二 海上丝绸之路贸易

历史上的"海上丝绸之路"，是指中国与世界其他地区之间的海上交通路线。"海上丝绸之路"以中国为起点，东通日本、朝鲜半岛，西经东南亚、印度洋地区，直至西亚和东北非。"海上丝绸之路"由两大干线组成，一是由中国通往朝鲜半岛及日本列岛的东海航线，二是由中国通往东南亚及印度洋地区的南海航线。在时间演变上，"海上丝绸之路"最早兴起于西汉时期，汉武帝灭南越国后，凭借海路拓宽了海贸规模。据史料记载，东汉时期曾与罗马帝国通过海上贸易产生了交流。而三国时期的三足鼎立，其中吴国为了对抗蜀魏，更是大力发展水军，大大促进了整个中国的造船及航海技术的发展，为日后海上丝绸之路的繁荣发展打下了良好的基础。

魏晋之后，海上丝绸之路正式形成。以广州为起点，经海南岛东面海域，直穿西沙群岛海面抵达南海诸国，再穿过马六甲海峡，直驶印度洋、红海、波斯湾，对外贸易涉及 15 个国家和地区，丝绸、瓷器是主要输出品。自此之后，海上丝绸之路正式成为中西方贸易交流的一条常规路线。到了后来的唐、宋、元直至明朝，海上丝绸之路不断发展壮大，各种新的航海技术和海事法律的诞生，大大地提高了海运的安全性和持续性，海上丝绸之路发展也进入了真正的鼎盛时期。直至 1842 年鸦片战争爆发后清朝的没落，海上丝绸之路才开始逐渐告别了历史舞台。

在中国几千年的历史发展过程中，唐朝是中外文化交流最频繁的朝代，而长安一直是各国留学胜地，各国客商也云集长安、广州、扬州、泉州等港埠。波斯、大食（阿拉伯）、东罗马都有大批商旅、传教士和艺术家来中国；中国的丝织品、工艺品等货物，造纸工艺、冶炼工艺、蚕桑丝织等技术，也通过丝绸之路传到中东、欧洲和非洲东部。安史之乱后，大唐痛失西域，外国客商和留学人员只好取道海上，东方大港扬州、南方大港广州，成为大唐帝国最为繁忙的港埠。宋朝的造船业和航海业相当发达，在只有一条海路的情况下，大力发展海上通商，并逐步取得了在东亚和东南亚的海上优势。尤其是瓷器，中国崛起了一大批著名瓷窑：北方的邢窑、定窑、汝窑、均窑，江浙一带的越窑、哥窑、龙泉窑，更为庞大的瓷都景德镇，都生产令西方人惊奇艳羡的精美瓷器。由于瓷器易碎，陆路交通工具无法运输，所以，总是用海船运往亚非欧美，对促进世界文明和发展做出了巨大贡献。

海上丝绸之路虽然并没有像陆上丝绸之路那样涉及国家之多，影响区域之广，贸易活动之繁荣，但是其重要性却没有丝毫减少。最主要的原因就是亚非欧大陆经常战火纷飞，陆上丝绸之路总是被打断甚至隔绝，此时海上丝绸之路很好地弥补了由于陆上丝绸之路封闭而被阻隔的贸易。很多国家通过海运，绕过了陆上丝绸之路，继续着东西方之间的贸易往来。

而在通过海上路线进行经济交往过程中，中国丝织品是最名贵、最畅销的商品之一。1877 年普鲁士学者李希霍芬（Fendinand Von Richthofen）将海上通道称为"海上丝绸之路"（Silk Route），得到国际学术界的广泛认同。此外，中国陶瓷、茶叶，西方与中东、日本的金银货币，也是海洋贸易的重要商品和通货。所以，又有学者将海上丝绸之路称为"陶瓷之路"、"茶叶之路"、"白银之路"。

在地理转变上，蓬莱、扬州、宁波、福州、泉州、漳州、广州、北海等八个中国最主要的海上丝绸之路城市，因地理位置不同，各自历经地位兴衰转变。汉武帝结束了秦始皇的封闭政策，大举对外经商交往，《汉书·地理志》记载，中国出口船舶"自日南障塞，徐闻合浦开航"，这是海上丝绸之路最早的记载，徐闻、合浦就成为中国汉代海上对外经商交往最早的港口。从 3 世纪 30 年代起，广州取代徐闻、合浦成为海上丝绸之路贸易主港；宋末至元代时，泉州超越广州，并与埃及的亚历山大港并称为"世界第一大港"。明初海禁，加之战乱影响，泉州港逐渐衰落，漳州月港兴起。清代闭关锁国，广州长时间处于"一口通商"局面。

不难看出，古代海上丝绸之路，就像一个金色的枢纽环节，紧密连接着亚非欧地区的经济、文化、礼仪贸易，驱动各地区的沟通和经济、政治、文化的发展，维护人民的共同利益，以及沿途地区人民的共同愿景，为国际经济和文化交流发展奠定了良好的基础。

三 丝绸之路对文化交流的促进作用

古代世界文明一直都在亚洲的中国、印度，阿拉伯地区、地中海和爱琴海地区以及非洲北部的古埃及地区，而陆海两条丝绸之路恰恰把全世界这些文明区域连接成一个整体。两条丝绸之路不仅是物质交流、货物贸易之路，而且有利于世界文明发展的进程。丝绸之路反映了古代东西方文化交流与融合的历史过程，反映了西方文明与中国东方文明的互动、融合过程，具有多民族、多文化特色。当时的汉朝与东罗马大秦帝国，一个代表东方文明，一个代表西方文明，两大文明古国的交往，无疑会促进世界文明的传播与发展。汉唐时期的京畿地区，外国商旅成群，留学生比比皆是。汉武帝时设了诗、书、礼、易、春秋五经十四科博士，唐朝的国子监总设七个学馆——国学馆、太学馆、广文馆、四书馆和律、书、算三馆，也各置博士。不仅中国士子求学者众，外国留学生也都愿意到中国来留学，学习中国的宗法制度、管理经验和先进技术，他们归国后成为传播中国文明的使者。中国文化和文明之所以能够传遍全世界，尤其是对日本和南洋各国产生深远影响，都是两条丝绸之路所赐。如果没有陆海两条丝绸之路，文化交流就无从谈起，世界文明的进程就难以想象。国际考古学界在丝绸之路途经埃及、两河流域、伊朗高原以及中亚细亚等地，出土过大量丝绸类文物，反映出当时西方各国对东方丝绸织物的喜爱，印证了丝绸之路的繁荣。同时，在我国西安（古长安）等地，也发掘出很多波斯帝国和东罗马帝国的钱币，证实了当时通过丝绸之路进行商品交换和文化交流，已经极为普遍和广泛。

不仅如此，唐代丝绸之路的畅通繁荣，也进一步促进了东西方思想文化交流。随着东西方贸易的不断增加，对以后相互之间的社会和民族意识形态发展，产生了积极、深远的影响，很多宗教形态也由此诞生。祆教是最早传入西域的外来宗教，据考证，传入的时间约为公元前4世纪，之后沿丝绸之路传入内地，敦煌以东、肃州、甘州、凉州、金城到长安，都有祆教徒及拜火祠，10世纪以后逐渐在各地消失，虽失传但某些固定的信仰习俗保留至今。印度佛教首先为位于丝绸之路上进入中国关口位置的贵霜王朝所接受，然后传入今新疆地区，纪元前后至1世纪传入中原汉地，传播路线是经过新疆沿南北两道由敦煌入关。而道教是中国汉族主要宗教之一，产生于东汉中叶，隋唐至宋达到鼎盛时期，随着信仰道教的汉人在西域的活动传入西域，虽传入时间不确定，但可以肯定魏晋时已在高昌和西域其他地区流行，与佛教和儒家思想相互融合。中国境内丝绸之路上曾出现过佛教、基督教、伊斯兰教、摩尼教等各种宗教文化，而中国的道教、儒家文化、民间信仰等也通过丝绸之路向外传播。但由于受中国传统观念的影响，中国的宗教文化向外传播不够主动，在这众多宗教中，对中国影响最深的莫过于佛教文化的传入。

佛教最早诞生于距今三千多年的迦毗罗卫国（今尼泊尔境内），由王子乔达摩·悉达多所创，后经古印度发扬光大。原始佛教内部由于对教义的理解不同，发生分裂，进入部派佛教时期，主要分为上座部和大众部，南传佛教主要是上座部诸派，盛行于斯里兰卡，并传遍东南亚地区，后传入中国云南。东汉永平十年（67），汉明帝派遣使者通过丝绸之路至西域广求佛像及经典，并迎请迦叶摩腾、竺法兰等僧至洛阳，在洛阳建立第一座官办寺庙——白马寺，并于此寺完成我国最早传译的佛典《四十二章经》。丝绸之路上的商人是佛教最初的传播者，后来随着各国往来的密切，逐渐出现传教士、弘法僧、求法僧，穿梭于丝绸之路沿线各国，成为宗教文化传播的使者。至南北朝时期，随着丝绸之路贸易的逐渐繁荣，中国佛教也随之进入兴盛发展阶段。此时，不断有西域诸国佛教信徒通过丝绸之路往来于中原和西域地区进行教派互通，北魏《洛阳伽蓝记》记载洛阳城中寺庙鼎盛时达到1367所，而北方的长安僧尼过万，南方的建业（今南京）也有佛寺数百座。

而到了隋唐时期，是我国佛教真正鼎盛之时，中国佛学也逐步开始发展壮大。隋朝大力发展佛教，而到了李唐时期，虽然道教被奉为主流，但朝廷并未打压其他宗教，反而鼓励佛教的发展，这一时期也是佛教在中国发展历史中的鼎盛时期，涌现了三藏法师、鉴真高僧等闻名海内外的佛学大家。与此同时，和中国隔海相望的日本，也受到了佛教的渲染。遣唐使的归国带去了佛教思想，鉴真六次东渡日本，在日本弘扬了佛法，使得佛教最终成为日本最大的思想教派，也促进了文化的传播与交流。正是通过丝绸之路，佛学才得以在东亚扎根发芽，真正地弘扬光大。

随着佛教文化在中国的兴起，同时产生深远影响的还有各种艺术形式。从历史记载来看，魏晋南北朝时，外来乐舞如龟兹乐、天竺乐、西凉乐借助佛教的传播，沿丝绸之路大规模进入中原，广为流行，这些在丝绸之路沿线的石窟壁画上留有生动的形象资料。犍陀罗艺术是印度佛教中的一种艺术文化，从贵霜王国东传，之后从中国敦煌、云冈沿路演变，发生较大的变化。公元前60年，西汉设立西域都护府，中原乐舞随商人、边疆将士、移民、游牧民族的流动迁徙传向西方。敦煌乐舞作为中国乐舞的一部分，从汉晋开始形成5次文化传播的高峰。汉晋时，自张骞出使西域，中国乐舞与世界展开交流，至唐代中国乐舞文化达到高峰，中原乐舞深受西域乐舞的影响。之后又由长安、洛阳传入敦煌，使得敦煌乐舞成为中西乐舞交流的结晶。

宋元时期海上丝绸之路兴起，中国乐舞向海外各地传播，阿拉伯、埃及、非洲等地的乐舞也传到中国；而明清时敦煌乐舞文化则以壁画的形式通过基督教传教士和俄、英、美、法、日等国探险家掠夺的方式进行传播。由此可见，丝绸之路虽以丝绸贸易为开端，但其意义却远远超过了贸易的范畴，它不仅把世界各地的文明古国如希腊、罗马、埃及、波斯和中国联系在一起，而且把世界文化的源泉如埃及文明、两河流域文明、印度文明、美洲印加文明和中国文明等联系在一起，形成了一条连接亚、非、欧、美的大动脉。在这条动脉之上，中外文化交流频繁，多种文化相互融合，呈现一片欣欣向荣之象。

而除了宗教礼乐的交流，中西方技术交流也是一个重要的内容。中国的养蚕制丝技术在很长一个时期内都为我国独有，后由远嫁的和亲公主传入西域，公元4世纪，自西域传入波斯。公元6世纪，长期生活在中国掌握了养蚕制丝技术的印度僧人将之传到东罗马地区，公元12世纪传入意大利，大约又过了100年后，传入西欧各国。隋唐时，中国的瓷器由于不易输送，主要通过海路向外传播，今天在中亚撒马尔罕及伊朗、伊拉克、约旦、叙利亚境内都发现了中国唐代的瓷器。季羡林在对中印文化交流研究中指出，中国的纸和造纸术先传到西域地区，经过西北丝绸之路传到印度。

关于养蚕技术通过丝绸之路传播的故事，在藏文经典《于阗国史》、《新唐书·西域传》和《大唐西域记》等书中均记载过一个有趣的故事。约在十六国至北朝时期，通过和亲，中原的养蚕缫丝技术传入于阗。《大唐西域记》卷第12《瞿萨旦那国·麻射僧伽蓝及蚕种之传入》载："王城东南五六里，有麻射僧伽蓝，此国先王妃所立也。昔者此国未知桑蚕，闻东国有也，命使以求。时东国君秘而不赐，严敕关防，无令桑蚕种出也。瞿萨旦那王乃卑辞下礼，求婚东国。国君有怀远之志，遂允其请。瞿萨旦那王命使迎妇，而诫曰：'尔致辞东国君女，我国素无丝绵桑蚕之种，可以持来，自为裳服。'女闻其言，密求其种，以桑蚕之子，置帽絮中。既至关防，主者遍索，唯王女帽不敢以验。遂入瞿萨旦那国，止麻射伽蓝故地，方备仪礼，奉迎入宫，以桑蚕种留于此地。阳春告始，乃植其桑。蚕月既临，复事采养。初至也，尚以杂叶饲之。自时厥后，桑树连阴。王妃乃刻石为制，不令伤杀。蚕蛾飞尽，乃得治茧。敢有犯违，明神不佑。遂为先蚕建此伽蓝。数株枯桑，云是本种之树也。故今此国有蚕不杀，窃有取丝者，来年辄不宜蚕。"这段故事详细描述了当时丝绸之路上的国家为了获取中原地区的养蚕技术而耗费的心神。这在一定程度上反映了当时中西方文化的一个互动过程。

综上可见，商品贸易不仅通过人与人之间的交流进行文化传播，其本身也是文化的载体，蕴含着创造者所代表的精神文化。而丝绸之路的开通无疑为中外文化进一步交流与传播建立了桥梁。秦汉、魏晋南北朝、隋唐、明清是中国历史上沿丝绸之路进行文化交流的重要时代。从不同文化在丝绸之路上交流与传播的时空演变来看，物质文化交流与传播主要通过贸易进行，受不同历史背景和商品特质的影响，沿用不同的路线；其中艺术文化以宗教传播为手段进行传播者众多，为了使所扩散区更容易接受，扩散过程中会借鉴本地的文化并加以融合。作为文化传播的媒介，丝绸之路记载着中外文化交流史，是一条既为有形又为无形的文化传播之路，蕴含着丰富的文化内涵，在我国与世界文化交流中占有无比重要的历史地位。

第二节 文化与郑和下西洋贸易

中西文化交流，源远流长。陆路已有著名的"丝绸之路"传播中华文化连接亚欧；海路自秦始皇命徐福入海求仙至日本始，至汉朝时已通贸易到南海及印度洋上，并逐渐开辟了一条"海上丝绸之路"；唐朝时更从广州经过越南南岸，在马来半岛南端过马六甲海峡，一直到印度尼西亚的爪哇、斯里兰卡和印度；宋元以后，由于造船技术的进步，指南针应用于航海，通过海道进行的文化交流更加频繁。而明初郑和七次下西洋，时间之长、规模之大、航程之远、范围之广都是前所未有的，不仅在政治、经济和军事上对海外诸国有重大影响，在促进中西文化交流上成绩更为卓著。

一 郑和下西洋贸易的发展历程

郑和下西洋时，正值明朝的强大时期，此时的明朝在明成祖朱棣统治之下。明成祖朱棣足智多谋、英勇善战，他在朱元璋统治政策的基础上，继续采取了强有力的措施，巩固了国家的统一，加强了经济的发展，使明朝制度更加完备，经济得到了恢复和发展，农业产量和国家财政收入大幅度提高，手工业得到迅速发展，技术水平不断提高，其中尤为突出的为纺织业、造船业、制造业、制瓷业、开矿业、冶铁业。这种政治制度上的完善，经济上的财富积累，使得明朝足以有实力组织大规模的舰队出洋。在此种背景下，永乐帝为了达到取得民心、提高个人威望，"耀兵异域，示中国富强"，以求万邦朝贡的盛景，恢复发展与海外诸国的关系，以及寻找建文帝的下落等目的，派遣宦官郑和率领当时世界上最先进、最完备的远洋舰队六下西洋（第七次为明宣宗派遣）。

永乐三年（1405）六月，明成祖朱棣派遣三宝太监郑和率领200多艘海船、2.7万多人从太仓的刘家港起锚（今江苏太仓市浏河镇），至福州闽江口五虎门内长乐太平港驻泊伺风开洋，开启了郑和下西洋的壮举。从公元1405年开始到1433年结束，郑和船队先后七次远航南洋，横穿西太平洋和印度洋，共计访问了30多个国家和地区，其最远时抵达东非和红海。关于西沙群岛海底的两次调查都发现大量明代青花瓷器和铜钱，学界认为这些铜钱很可能就是郑和船队中的一艘在这里触礁沉没留下的遗物。海南岛西北部海域打捞出一批青花小罐，也是明代沉船中的外销瓷器。广州东山明代太监韦眷墓出土三枚外国银币，等等，这些都是南海区域各国各民族文化交往留下的重要文物，这些文物都在向我们述说着当年郑和的壮举。

郑和下西洋是中国古代规模最大、船只最多（240 多艘）、海员最多、时间最久的海上航行。郑和的宝船每次都载了许多宝物，作为"礼物"送给每一个访国之国王。并且许多国家也都派使者或皇帝本人，乘郑和宝船并带了其国之特产珍奇，来中国进贡。这些外国使者来中国后，过些时候要郑和船送他们返国，并带回更多的"礼物"。所以永乐年间，海外朝贡国家由洪武帝年间之数国，增至三十余国。郑和船队每到一国，首先向当地国王或酋长宣读诏书，举行隆重的册封典礼，赏赐宝物。除了建立藩属关系，郑和还奉命调解海外各国之间的纷争，饱受强国欺凌的满剌加国，就是在郑和的帮助下获得独立的。郑和率领的庞大船队，就其活动的性质来说，既不是一般的商船队，也不是一般的外交使团，而是由封建统治者组织的兼有外交和贸易双重任务的船队。郑和船队是明代初期海外贸易的主要执行者。郑和的船舶，名曰"宝船"。所谓"宝"，主要指船上载有珍珠、瓷器、丝绸、金银、漆器、麝香、樟脑、果品等。这些商品单目并不是随意开列的，而是在总结唐宋以来海外贸易特点的基础上提出的。正因为如此，郑和宝船深受各国欢迎。其中，以丝与瓷为代表的中国物品，最受各国人民的喜爱。船队用所带商品换回了大量西洋各地土特产和手工艺品，如象牙、染料、香料、胡椒、硫黄、宝石等。郑和七下西洋，主要目的地大体是三大块。第一段中心区在东南亚和南亚各国，是第一次到第三次远航的主要目的地。古里是此阶段的最远港。第二段是以古里为前进基地，航至整个阿拉伯半岛。第三段则是东非沿岸，郑和从第三次下西洋开始，便逐步访问东非，从不同方向到达伊朗湾的霍木兹（忽鲁谟斯），红海东岸的吉达（秩达），还有非洲东岸的蒙巴萨（慢八撒）。法国学者弗郎索瓦·德勃雷在其著《海外华人》序言中，对郑和在发展亚非国际贸易上获得的巨大成就给予很高评价："皇帝的旗帜飘扬在南洋各处，从菲律宾到印度，从爪哇到阿拉伯甚至非洲的摩加迪沙，中国的商业获得巨大的发展并且和众多国家进行持久和均衡的贸易往来。正是这一时期，印度的港口开始了巨大的繁荣。"

郑和下西洋的政治目的主要是播扬国威，怀柔海外诸邦，提高明朝德政的声望，加强文化交流，扩大国际影响，以吸引四方诸侯前来朝贡。郑和以一种积极进取的精神，不畏艰难险阻，创造了七次率领庞大的远洋船队下西洋的奇迹，体现了一个和平友好使者的形象。从明朝永乐三年（1405）至宣德八年（1433），郑和率领船队七下西洋，以明王朝强盛的综合国力为后盾，规模庞大，历时28年之久，"涉沧溟十万余里"，遍及亚非30多个国家和地区。这种壮观的远航充分证明，中国作为当时世界上最强大的海上力量，走在了古代世界的前列，在人类文明交汇史上树立了一个民族间友好交往的典范。

二 文化与贸易的相互影响

15世纪初，郑和出使亚非各国时，中国已是经济繁荣、文化昌盛的强大国家，而此时在亚非不少国家还处于相当落后的原始状态，在历法、刑法和政教风俗等方面表现得尤为突出。在中国历代与周边各国的交往过程中，中国文化通过中西文化交流，对这些亚非欧各国文化也产生了深刻的影响。其中尤以郑和七次下西洋，对亚非各国文化发展影响最为深远，所以说"西洋之迹，著自郑和"之称不无道理。明代费信在其《星槎胜览·序》中也有"际天所覆，极地所载，莫不归于德化之中。普天之下，率土之滨，莫不悉归于涵养之内。太宗文皇帝德泽洋溢乎天下，施及蛮夷，舟车所至，人力所通，莫不尊亲"这样真情实感的描述。

郑和下西洋规模之大、地域之广阔、次数之多，在世界航海史上都是空前的。在此过程中"耀兵异域"虽是既定的手法之一，但郑和为了实现既定的目标而严格遵守朝廷训诫，即"有为患于中国者，不可不讨，不为中国患者，不可辄自兴兵"，所到之处采取的都是和平友好的怀柔手法。据记载，郑和每次下西洋都以强大的军事实力为后盾，而在其七下西洋的过程中却只有三次用兵的记录。这种手法与西方的地理大发现远航所到之处以掠夺、战争、殖民、暴力为手段谋取经济利益的手法截然不同，彰显了中华文明热爱和平、不以武力欺侮弱小的特性。船队所到之处，所做的第一件事就是宣读大明皇帝的诏书，"若有撼诚来朝，咸赐皆赏"。接着赠送礼物，大行赏赐，以"宣德化"。其中，"宣德化"的一项重要内容，是"所至颁中华正朔，宣敷文教"，所谓"正朔"即中国历法。"颁正朔"是将中国历书赠送给各朝贡国。而历书内容极为丰富，不仅包括中国人在实践中积累的对季节、气候的规律性认识，还包含许多伦理道德、礼仪习俗等人文关怀，集中体现着中华农业文明的精髓。因此，郑和船队一路传播的是中国古代的先进文化。郑和大规模船队的访问，对这些地区形成不小的文明冲击，以至形成一股学习中国的风气。这正如《明成祖实录》所说，当时"愿比内郡依华风"，经常出现"仰慕中国衣冠礼仪，乞冠带还国"之类的事情。在"依华风"热潮中，各国纷纷遣使来华，国王亲自率团来华访问者也有数次。其中，浡泥国王麻那惹加纳乃因病客死中国，临终上表，愿"体魄托葬中华"，对中华礼仪文明倾慕之心至死无悔。在郑和远航涉及的文化范围内，主要有三种文化系统：一种是儒家文化系统，朝鲜、日本等国认可并接受了这种文化传统；第二种是佛教文化系统，如泰国、柬埔寨等；第三种是伊斯兰教文化系统，这在西亚一些国家十分流行。郑和本人信奉伊斯兰教，对佛教及民间信奉的神，如东南沿海的海神天妃，也并不排斥。针对这三种文化系统并存的特点，郑和采取诸教并举的策略。对那些已接受儒家思想的国家，按照儒家文化处理；对那些信奉佛教或伊斯兰教的国家，则各自按照他们的宗教风俗交往。这一做法既尊重当地人民的信仰风俗，又把中国传统文化的儒家思想以及礼乐文明传播进去，促进了儒、佛教与伊斯兰教之间和平共处，使这些地区的人民把郑和作为真正的朋友看待，从而缩短了相互之间的距离，减少了隔阂和敌意，建立起一种平等相处的文化精神。与西方殖民主义者远洋航行以占领他人土地、掠夺他人财富为目的，不惜进行种族灭绝的残酷杀戮不同的是，郑和下西洋始终与所到国家和地区进行和平交往。为促进友好交往，郑和不仅尊重各国风俗，同时更尊重各国人民的宗教感情。例如在第二次航程中，他在锡兰加异勤寺院设立了布施碑。在同一块碑上以三种宗教为对象，以三种文字镌刻的碑文，反映出郑和对各主权国人民的尊重和宗教宽容性。在增强中华文明与亚非大陆各民族的了解与友谊当中，郑和远航起了积极的促进作用。

关于郑和下西洋贸易对文化的传播，不得不提的就是妈祖文化。起源自中国东南沿海区域民间文化的妈祖海神，象征着保佑船事航行安全。郑和下西洋人员中很多人信奉妈祖，在郑和的船队进行贸易的同时，妈祖文化也随之传播开来。因为访问西洋各国有七次之多，妈祖信仰借助此航行，广泛传播到南洋诸国。这是下西洋文化方面最值得提及的，也是影响至今的。现在的东南亚诸国，如越南等，仍保留有海边城市祭祀大海女神的习俗，各地都可看见明显的海神雕像，这也是郑和下西洋对中外文化交流做出巨大贡献的一个佐证。

总体来看，郑和下西洋贸易对文化交流做出的贡献，主要从两个方面同时进行：一是传播与接纳宗教信仰，不但弘扬了中华大国之威，还缓解了所到之处当地民族社会矛盾与冲突的风险，可谓是一项功德之举。二是以商业沟通加强各国的友好往来，尽管拥有强大军事实力，却不轻易诉诸武力，为世界和平做出了巨大贡献，也使得沿途各国对东方大国崇尚和平、不侵凌弱小的文化底蕴有了很深的了解。商品贸易与文化交流并进，是郑和下西洋壮举的一个显著特征。

第三节　西学东渐与东西方贸易

西学东渐，是指从明朝末年到近代的西方学术思想向中国传播的历史过程，亦可泛指自上古以来一直到当代的各种西方事物传入中国，但通常而言，是指在明末清初以及晚清民初两个时期之中，欧洲及美国等地学术思想的传入。"西学"一词在中国出现，始于晚明，也就从那时开始，有了西学东渐的说法。当时，由于地理知识的增长，西方人对世界有了新的认识，在他们的印象中，东方国家简直是神话般的"黄金国度"，对他们有着巨大的诱惑力。1477 年，《马可·波罗游记》在欧洲出版，并传到了法国，由此揭开了东方中国神秘的面纱，中国成为几个世纪以来众多西方人的不懈追求，同时他们也有了可供航海的大海船和指南针，在这样的条件下，西方人急不可耐地开始了探索新大陆的活动。

在这个时期，以来华西人、出洋华人、书籍以及新式教育等为媒介，以我国通商口岸以及日本等作为重要窗口，西方的哲学、天文、物理、化学、医学、生物学、地理、政治学、社会学、经济学、法学、应用科技、史学、文学、艺术等大量传入中国，对中国的政治、经济和社会思想都产生了重大影响。

一　西学东渐与东西文化交流

1. 西学初入——明末清初耶稣会传教士的到来

明万历年间，随着耶稣会传教士的到来，对中国的学术思想有所触动，此时的西方科学技术开始迅速发展，而中国这时科学技术的发展较缓慢，相对落后于同时期的欧洲。传教士在传播基督教教义的同时，也传入大量科学技术，当时中国一些士大夫及皇帝接受了科学技术上的知识，但是在思想观念上还是尊崇儒教，基本没有受到影响。这一阶段的西学东渐，由于雍正的禁教，加上罗马教廷对来华传教政策的改变而中断，但较小规模的西学传入并未完全中止。此时的西学传入，主要以传教士和一些中国人对西方科学著作的翻译为主。1605 年利玛窦辑著《乾坤体义》，被《四库全书》编纂者称为"西学传入中国之始"。当时对中国的影响主要在天文学、数学和地图学方面，由于只在少数的士大夫阶层中流传，而且大部分深藏皇宫，没有得到普及。

由于东西方文化的差异，以及中国儒教传统的根深蒂固，对与中国的传统文化迥然不同的基督教，国人根本不感兴趣。万般无奈之下，传教士只好采取学术传教，即在传教的同时传播西方的科学知识。这一招果然灵妙，为更多地获取科学知识，许多人受洗入教，并与传教士进行广泛的交流、探讨，当时的许多士绅文人都与传教士关系密切。这段历史在持续近两个世纪后，因国内顽固势力的反对，加之东西方两种文化在某些方面难以磨合，互不让步，终以乾隆帝下令禁教，耶稣会被解散而告终。但是，中国的有识之士却从这段中外交往历史中得到了许多启迪，认识到了西方在某些方面先进于中国，尤其是西方的自然科学知识，令他们眼界大开，东西方的差距也显露无遗。这部分先知先觉的知识分子痛感造成这种差距的原因在于教育的空疏无用，以及对自然科学知识的忽视，因此，他们开始译介西书，著书立说，大力倡导西方的自然科学知识，抨击封建教育的空疏无用，掀起了沸沸扬扬的"经世致用"思潮，并为以后的教育革新提供了启迪。近代初期的"实学"思潮就是这一思潮的传承与延续。

2. 西学大举进入——鸦片战争前后直到五四运动前后

从 19 世纪中叶前后开始，西方人再度进入中国，并以各种媒介带来西方的新知识。侵略者以汹汹来势，用坚船利炮强行撞开中国国门，而由于鸦片战争及英法联军的刺激，清朝政府在 19 世纪 60 年代开始推行洋务运动，也促使西方的科学技术再一次传入中国。当时的洋务人士，主要采取"中学为体，西学为用"的态度来面对西学，主要关注的是西方的先进武器以及相关的器械运输等，而未试图对西方的学术思想加以学习。这期间学术思想方面的传入，主要借由西方传教士创办的报纸，以及洋务机构中为军事目的顺道译介的书籍。

甲午战争以后，中国面临着国破家亡的命运，许多有识之士开始更积极全面地向西方学习，出现了梁启超、康有为、谭嗣同等一批思想家。他们向西方学习大量的自然科学和社会科学知识，政治上也要求改革。这一时期大量的西方知识传入中国，影响非常广泛。许多人以转译日本人所著的西学书籍来接受西学。进入民国时期，对政治的不满又进一步使知识分子们提出全盘西化的主张，在五四时期这种思想造成了很大的影响。

3. 西学的传入方式

东西方文化交流传播贯穿整个东西方文明史，其中最主要的传播途径包括以下几个方面。

（1）宗教传播

16 世纪欧洲开始宗教改革，新教的出现使天主教在欧洲失去大量信徒，天主教会急于在欧洲之外扩大地盘，以求发展。一批天主教耶稣会会士怀抱传教热情来到东方，他们是西方文化在东方的第一批传播者。另外，老牌殖民帝国如葡萄牙、西班牙等多是天主教占统治地位的国家，所以，18 世纪以前到东方传教的主要是天主教的传教士。18 世纪后随着新的殖民帝国的崛起，新教各派纷纷派遣传教士来东方传教，形成基督教东传的新高潮。纵观历史不难发现，各种宗教传播是东西方文化传播的重要推手。

1582 年，耶稣会士利玛窦和罗明坚通过澳门来到中国肇庆传教，是最早进入中国大陆的传教士。之后，西方传教士纷纷来华。万历四十一年（1613）耶稣会葡萄牙传教士曾德昭到达中国南京，1636 年返回欧洲，途中完成了《大中国志》；安文思，耶稣会葡萄牙传教士，1640 年来华，先到四川，1648 年抵达北京，著有《中国新史》（又名《中国的十二特点》）；鲁德照，耶稣会比利时传教士，他把利玛窦用意大利文写作的回忆录手稿《基督教远征中国史》翻译成拉丁文，改名为《利玛窦中国札记》，并作了补充和润色，1615 年该书在奥格斯堡出版，轰动欧洲；卜弥格（Michel Boym，1612～1659），天主教耶稣会波兰传教士，曾代表南明永历皇帝出使罗马教廷和西欧；1736 年，法国耶稣会教士杜赫德（J. B. Du Halde，1674～1743）综合百多年欧洲传教士有关中国之调查报告，编纂刊印《中华帝国通志》。这一个个名字代表着一次次的东西方文化交流。由此可见，宗教之于文化的影响力是非常重要的。

到明朝末年，中国的天主教徒达到 3.8 万人，并有徐光启、李之藻等朝廷大臣信教。清朝初年，传教活动仍被准许。至 18 世纪初，中国已有教徒 30 万人。后来由于皇帝与罗马教皇在中国基督教徒是否可以拜孔祭祖的问题上发生分歧，皇帝下令禁止传教。鸦片战争以后，基督教在中国的传播进入新高潮。在日本，德川幕府最初对西方传教士的活动是欢迎的，一些沿海地区诸侯因贪图从与西方人的贸易中获利而皈依了基督教，并允许传教士在自己的领地内传教，因此基督教在日本的传播很快，到17世纪初，信徒已达50万人。1542年著名的耶稣会士方济各·沙勿略以教皇使者的名义到印度果阿传教，有数以千计的印度低等种姓群众改信天主教。但由于印度本土的印度教和外来的伊斯兰教势力强大且根深蒂固，基督教在印度的传播比较缓慢。印度沦为英国的殖民地后，殖民政府大力扶持传教活动，基督教在南亚才有比较大的发展。传教士在中东地区的西学东渐中也起了一定的作用。17世纪初，奥斯曼属地之一黎巴嫩的统治者法赫丁二世首先向西方敞开大门。在他统治期间，传教士在贝鲁特、大马士革等大城市和黎巴嫩的许多乡村建立传教中心。到18世纪末，西亚北非地区的波斯、土耳其和阿拉伯国家都有西方传教士在活动。

（2）商业贸易与留学生互访

从西汉开始，中国历代王朝都与丝绸之路沿线各国建立有官方友好关系，互通使节，加强联系。这些官方使节的往来，表面上是物质文化的交流，其实还包括深层次的文化传播，如张骞出使西域、郑和七次下西洋，让东西方文化互相有了初步的认识。与此同时，自唐朝起，已有众多国外留学生来到中国进行学习交流。作为文化传播的使者，与普通人员交流的不同之处在于留学生在异国停留的时间较长，可以更深入了解异域文化，而且留学生一般都具备一定的文化素质，更有利于传播本国文化并接受新文化。唐朝的国子监曾接纳大批外国留学生，他们在中国学习传统文化典籍，接受正规的中国教育，成为中华文化传播的骨干力量。

（3）旅行者与移民

最早来中国的旅行家是大食商人苏莱曼，他在唐大中五年（851）来中国旅行，著有《中国印度见闻录》（一译《苏莱曼东游记》），报告过中国海船和中国茶叶；14世纪英国作家约翰曼德维尔根据马可·波罗和鲁不鲁乞的游记，幻想创作了《约翰·曼德维尔爵士航海及旅行记》，介绍中东、中亚、印度和契丹（中国）；1322年，方济各会修士鄂多立克（和德理）从意大利抵达中国旅行，经泉州入中国，游历福州、杭州、金陵、扬州、明州、北京等地，取道西藏回国，后在病榻上口述东游经历，由他人笔录成书《鄂多立克东游录》；1500年，波斯旅行家赛义德·阿里·阿克巴尔·哈塔伊游历中国，于 1516 年在当时奥斯曼帝国首都君士坦丁堡，用波斯语写成《中国纪行》一书，作为礼物奉献给土耳其素丹赛利姆一世；1757 年苏格兰建筑师威廉·钱伯斯根据他在华的考察，出版《论中国人的建筑、家具、服饰、机械和生活用具》；1804 年，马戛尔尼访华使团约翰·巴罗（John Barrow）出版《中国旅行记》（*Travels in China*），描写了中国的建筑、语言文字、科学、宗教、妇女、家庭乃至行政、司法等方面内容。还有众多对中西文化交流做出重大贡献的旅行者，难以一一列举。其中历史上著名的意大利旅行家马可·波罗在中国任职 17 年，其间游历了40 多个城市。他的著作《马可·波罗游记》对中国及丝绸之路上的西亚、中亚等部分国家地区进行了翔实描述，使欧洲人对中国的了解从道听途说上升到更具体的层面，同时吸引了更多西方人来到中国，对中华文化的向外传播起到了重要的作用。

（4）战争征服和殖民统治

近代西方人到东方，一开始就抱着殖民的目的，数百年中从来也没有停止过殖民侵略活动。1600 年英国东印度公司成立并取得东方贸易的特许状，不久，荷兰、法国、丹麦、瑞典等国也成立了类似的机构。英国、荷兰等国的公司还被授予作战、缔结条约、获得领土和建筑要塞等权力。这样一来，这些公司已经不是一般的贸易机构，而成为庞大的战争和殖民征服的工具。英国的东印度公司利用印度国内的各种矛盾攫取一块块领土，又凭借英国的国家实力和海上霸权，将其他欧洲势力从印度挤走，最终于19 世纪初将印度全部侵占。到 19 世纪中叶，亚非绝大多数国家沦为殖民地或半殖民地。殖民地国家的西学东渐主要由殖民政府强制推行，包括施行西方式教育，推行宗主国语言等，从一定程度上来说，这是西学向东方拓展最有影响力的一个途径。

二　东西方贸易

明末及整个清朝时期，我国的对外贸易政策产生了极大的转折，东西方之间的贸易往来受到了诸多限制。清王朝的对外贸易，在鸦片战争前二百年间，以禁海闭关为其政策支柱，其基本形势是：西方殖民主义国家以所谓"开放贸易"为其原始积累的手段，清王朝则以限制乃至停止贸易为防范外国侵略的武器。在防范外国商人的非法活动方面，制定了严格的管理制度；在商品的进出口方面，施行了许多限制措施。这时，中国的自给自足经济结构还很牢固，西方产业也不够发达，中外贸易虽然有一定的增长，但只能维持比较小的速度和规模。中国对友邻国家，特别是对南洋群岛和东南亚国家的和平贸易，有悠久的历史传统。清王朝为防范西方的侵略，对这一部分民间的和平贸易也加以限制。尽管如此，在这二百年中，东西方贸易仍然有所发展。从事这些贸易的华侨，在缺乏本国政府保护的情况下，对中外关系的增进，做出了自己的贡献。

1. 清王朝的禁海闭关政策

鸦片战争以前，清王朝禁海闭关的时间并不很长。比较严格的禁海闭关，只有从顺治十二年（1655）至康熙二十三年（1684）这三十年的时间，其他都是部分的、临时的禁闭。康熙五十六年（1717）至雍正五年（1727）对南洋一度禁海，乾隆二十九年（1764）至四十九年（1784）恰克图中俄贸易曾三次停闭，除此之外，对外贸易基本上是开放的。尽管如此，禁海闭关的宗旨和政策作为加强国防、防止外国入侵的手段，却贯彻始终。

从内容上看，清王朝禁海闭关政策大体上有三个方面：一是对商人出海贸易的禁止和限制，二是对通商口岸的停闭和限制，三是对出口商品的禁止和限制。

（1）关于中国商人出海贸易的禁止和限制

中国商人出海贸易，有长期的历史传统。但是，清王朝统治中国以后不久，就开始在这方面采取了一系列的禁止和限制措施。从顺治十二年到康熙十一年的十七年中，清王朝颁布私人出海的禁令，先后凡五次之多。为了严格执行这一禁令，清王朝在顺治十七年（1660）、康熙元年（1662）和康熙十七年（1678）曾三次下令内迁沿海居民，还禁止私人"擅造两桅以上大船"，从各方面杜绝私人出海。

清代初期实行严格的禁海政策，还只是为了防止沿海人民和台湾郑成功政权发生联系，目的主要在于镇压台湾的反清斗争。但是在清王朝统治台湾以后，这个政策仍然不时加以运用，作为防止西方殖民主义国家入侵的手段。康熙五十六年（1717）颁布出海禁令时，距台湾统一已经34年，私人出海贸易的禁令，早已在康熙二十三年（1684）取消。康熙帝已经察觉到西班牙和荷兰殖民主义者的海盗行径，需要预加防范。这个禁令，实际上只维持了十年，但是在以后的岁月中，它仍为清王朝对付西方殖民主义者的一个防卫措施。乾隆六年（1741），由于荷兰殖民主义者在爪哇屠杀华侨，中国福建当局曾一度禁止私人到南洋贸易。

（2）关于通商口岸的停闭和限制

中国和西方国家的贸易有海、陆两个方面：陆路贸易，主要是对沙俄；海上贸易，则是对沙俄以外的西方国家。在清王朝统治初期，当中国实行禁海时，英国、荷兰就不断入侵广州和福建沿海，公开或秘密进行贸易。康熙二十三年（1684）开放海禁以后，清王朝正式在澳门、漳州（厦门）、宁波、云台山先后设置海关，开放对外贸易。其中宁波是传统的对日贸易港口，厦门是中国和南洋的贸易中心；云台山则是中国沿海贸易的港口，并非对外，只有澳门是专为对西方国家的贸易而设。由于葡萄牙殖民主义者把澳门看作自己的势力范围，排斥其他国家船只的进入，西方国家对中国的海上贸易，才由澳门转移于广州。广州也因此成为中国对西方国家贸易的一个中心。

但是，西方殖民主义国家并不以此为满足。他们要求扩大和丝、茶产区邻近的厦门和宁波的贸易，甚至企图深入丝、茶产区，建立贸易据点。这不能不引起乾隆帝的警惕，因此在乾隆二十年（1755）发生洪任辉入侵定海的事件以后，清王朝便在乾隆二十二年（1757）下令关闭广州以外各口岸，只许西方商人在广州贸易。从此以后，除厦门还允许偶尔由吕宋开来的西班牙船只进口以外，广州一口贸易制度基本上维持到鸦片战争爆发，没有改变。

（3）关于出口商品的禁止和限制

清王朝对出口商品的限禁，首先是出于政治上的原因。火炮、军器是绝对禁止出口的，制造火炮、军器的原料，如硫黄、铜、铁，也禁止出口。而在"尺铁不许出洋"的禁令下，甚至铁锅也不许出口。显然，从军火到铁锅的限禁，都不是出于经济上的考虑。同样，粮食在有清一代也是禁止出口的，这里当然有经济上的考虑，即"保障民食"，但政治上的原因仍居首位，即防止所谓"接济奸匪"。出口商品的限禁，在对付西方殖民主义国家的入侵活动中，也是一个重要的手段。18 世纪 80 年代后半期，大黄出口的禁止就是一例。大黄一向是对俄国的一项重要出口商品，沙俄对大黄的贸易特别重视。在乾隆四十七年（1782）以前，一直由沙皇直接掌握，私商根本无从染指。乾隆四十九年（1784）恰克图第三次停市以后，清廷禁止所有通商口岸的大黄输出，连广州也不许出口，以免辗转输入俄国。这样严格的限禁，对遏制沙俄的违法行为，产生了一定的效果。

乾隆五十七年（1792）恰克图贸易重新恢复以后，中俄边境维持了一段比较长的平静时期。

总体来说，清王朝的禁海闭关，主要着眼于国防的安全，防止外国的侵略。而其所以可能，则是由于中国当时仍然是自给自足的封建经济。乾隆五十七年（1792）恰克图重新开市以后，在当年签订的恰克图市约中，开头就说，"恰克图互市于中国初无利益"。一年以后，乾隆帝在给英国国王的信中也说："天朝物产丰盈，无所不有，原不借外夷货物，以通有无。"一直到鸦片战争前夕，道光帝仍然说："天朝天丰财阜，国课充盈，本不借各国夷船区区货物以资赋税。"因此，西方侵略者要打开中国大门，单纯凭商品是不够的，还得在商品之外，再加上大炮。中国要抵御外国的侵略，单靠禁海闭关，也是不行的，还得在此以外，也加上大炮。清王朝固然有禁海闭关的手段，却缺乏抵御外国大炮的力量，它纵能禁拒于一时，终究不能摒侵略者于国门以外。

2. 清王朝的对外贸易管理政策

清王朝在对外贸易的管理上，也体现了禁海闭关政策中的限制原则。在中俄陆路贸易中，康熙三十二年（1693）就规定：俄国商队每四年才能来北京通商一次，每次人数不得超过二百，在北京停留至多八十天，不许超过。而在广州的海上贸易中，规定更加严格。那里的外国船只，最初只许停泊澳门，不许进入广州。康熙二十五年（1686），始准停泊距广州四十里外之黄埔。澳门的船只，则限定在二十五只以内，不许增添。所有外商船只，必须连环保结，一人犯法，各船负连带责任。在入港之后，必须卸除船上军火炮位，方准贸易。护货兵船，只许在距广州一百六十里的虎门以外的洋面停泊，不许进入虎门要塞。外国商人在销货、办货完毕以后，必须依限回国，不许滞留广州。间有因事滞留，亦应离开广州去澳门居住，事毕回国。其在广州居住期间，必须寓歇行商馆内，受行商管理稽查，不得自由行动。

其次，还对中外商人相互关系做出了明确的规定，其中尤以以下三个方面最为严格：（1）外国商人只能和中国官方指定的商人进行贸易；（2）外国商人不得和中国内地商人进行任何联系；（3）外国商人不得和中国商人发生资金上的借贷关系。

但是，尽管设立了严格的规定，但在清朝时期并不都能得到认真的执行和贯彻。在中俄陆路贸易中，俄国商队不仅违背四年一次北京互市的规定，而且在每次互市中，也不遵守双方规定的条件。商队人数按规定不得超过二百人，实际上在康熙四十三年（1704）以前，每次人数都超过二百人，有时甚至将近千人；商队在北京停留时间，按规定不得超过八十天，实际上每次都在百天或百天以上。而在广州的海上贸易中，有些规定几乎形同虚设。起卸军火炮位的规定，在清初顺治年间，名义上即已开始执行，但是直到乾隆元年，来到广州的外国商船炮位，却仍"听其安放船中"。对外商行动的限制，更是不起作用。尽管清王朝对在广州进行贸易的外国商人规定了居住的时间，不许长期逗留，但外国商人往往置之脑后。英国东印度公司驻广州的大班，在18世纪60年代由临时的、季节性的组织，变成长期的、永久性的机构。18世纪初，还只是发生小量的、偶然的借贷关系。30年代，外商向行商垫款购买丝、茶便已成惯例。50年代，开始出现因积欠外商货款而破产的行商。至80年代，单是行商所负的外商债款，亦即通称的"行欠"，就达到四百四十万元之巨。

由此可见，以禁海闭关为支柱的对外贸易政策，在鸦片战争前的二百年间，面临西方资本主义国家的步步进逼，已处在节节后退之中。乾隆二十二年（1757），广州一口通商以后，历任广东督抚和海关监督，都把制定防范外夷的条例当作头等大事。但是对于已在迟暮之年的清朝政府，想要抵挡西方文明加大炮的双重侵入，已经很难做到了。随着贸易自主权的一步步丧失，西学也大举进入，对东方文化产生了巨大的冲击，造成了深远的影响。

三 对文化交流所产生的影响

西学东渐对东方社会文化的现代转型起了非常重要的积极作用，然而，几个世纪的西学东渐，也在东方各国引发了大规模的、持续不断的东西方文化的碰撞和冲突。发生碰撞和冲突的原因很多，但首先是由两种文化的不同性质所决定的。

一般来说，东方文化具有多元互补的传统，有很强的包容性，应该能够接纳西方文化，但由于殖民主义对东方采取了毁灭性的进攻方式，使东方社会和文化不得不奋起抵抗，从而导致了西学东渐过程中东西文化的剧烈冲突。文化的碰撞表现在许多方面，包括宗教信仰、政治体制、伦理道德、教育方式、生产方式等，由于东西方文化的碰撞伴随着东方的社会文化转型，所以激烈的碰撞冲突往往表现在最具有本质性的领域。

由于近代以来的西学东渐是以基督教的东传开路，所以东西方文化的碰撞也首先在宗教领域表现出来。一方面宗教是一种终极性的信仰，一般都具有排他性；另一方面，宗教是一种文化的象征，不同文明的差异性往往通过宗教的形式表现出来。另外，亚洲不同于非洲和美洲，非洲和美洲土著的文明程度较低，宗教形态比较原始，没有能力抵抗殖民主义者的宗教武器。而亚洲各国的文明程度不低于欧洲，有发达的佛教、印度教、伊斯兰教和儒教文明，足以与基督教相抗衡。有的传教士能够适应东方的文化传统和风俗习惯，传教效果比较好。如17世纪初耶稣会士诺贝利在印度传教，他注意学习印度语言，钻研印度典籍，翻译教理回答，并用回答的方式向听众讲解天主教教义，结果，许多印度教的婆罗门也成了这位"罗马婆罗门"的信徒。但他的这种传教方式却遭到了罗马教廷的反对。再如到中国传教的利马窦等人，一方面以自己的一技之长为中国朝廷服务，从而获得支持，另一方面注意研究中国文化，与文人士大夫交往，对他们的传教活动起了重要作用。后来发生了中国的基督教徒是否可以祭祖拜孔的"礼仪之争"，在华的传教士比较了解中国文化，基本上同意基督教徒作为一种礼仪（而不是信仰）祭祖拜孔，但不了解中国文化的传教士和罗马教廷坚决反对，致使康熙皇帝下了禁教令。基督教在日本的情况有些类似，是传教士和日本的基督教徒的非法活动，导致德川幕府的锁国禁教。

在鸦片战争以前，由于清政府实行闭关锁国政策，所以中国人通过商业贸易接触西方文化的机会不多。鸦片战争后特别是洋务运动期间，商业贸易在文化传播中的作用不断增强。日本的西学东渐主要受惠于商业贸易，对日本思想界发生显著影响的"兰学"，是日本人在与荷兰商人贸易接触的过程中，从荷兰文书籍和百科全书中获取的西方近代科学知识和各种学问，涉及医学、军事、地理学、物理学、天文学等学科。南亚和西亚北非地区与西方的商业贸易也比较频繁，通过这一渠道接触西学的机会比较多。从19世纪末开始，法国文学作品就被大量翻译和介绍到中国。孟德斯鸠、卢梭、莫里哀、雨果、福楼拜、莫泊桑、法朗士、大仲马、梅里美等人的主要著作先后在中国出版，大受读者欢迎。20世纪30年代和40年代，译介法国文学的范围进一步扩大。巴尔扎克、司汤达、波德莱尔、左拉、纪德、都德、罗曼·罗兰等作家也被介绍到中国，当时中国很多进步作家都曾受到法国文学的影响。

除了宗教、自然科学以及文学，制度文化包括社会形态、政治制度、法律体系和经济体制，作为文化的另一个重要层面，也在西学与东学的交流中产生了很大的融合。这一文化层面的普遍性比较强，主要是遵循人类社会发展的规律而不断发展。东西方文化在政治体制和国家观念方面的碰撞，实质是资本主义和封建主义的碰撞。东西方文化在其他领域也存在着碰撞和冲突，如在伦理道德方面，有西方的个人主义与东方的家族主义和义理人情冲突；在教育方面，东西方有重道德修养和重科学知识的不同，等等。由于西学东渐的渠道和方式多种多样，因而东西方文化冲突中的西与东、新与旧、善与恶、先进与落后等问题非常复杂，不能一概而论。碰撞过程是痛苦的，往往伴随着许多困惑和失误，但文化的碰撞也是文化转型的契机。例如近代东方文明这种"被动开放"既是坏事，从某种意义上来说，也是好事，因为闭关锁国、坐井观天封闭贸易的局面终于被打破，异质文化伴随着贸易掠夺而蜂拥而入。在争抢资源的贸易战以及坚船利炮与长矛大刀的较量中，带动的不仅仅是世界贸易总量的大量增加，同时也让东西方文化进行了一次全面的正面交锋。这种文化伴随贸易，又超出贸易范畴，先进的文明征服落后的文明，是历史发展的必然，任何个人都无法左右。

第四章　文化影响文化贸易的作用机理

文化贸易作为一种新型的对外贸易方式，是建立在对文化资源充分利用的基础上的一种贸易形式；同时，文化贸易也受到一个国家文化制度、人们文化观念的影响，因此，文化对文化贸易发展的影响是全方位的、长期的。

第一节　文化与文化贸易的概念界定

一　文化的概念

文化是一个非常广泛的概念，给它下一个精确定义是一件非常困难的事情。不少哲学家、社会学家、人类学家、历史学家和语言学家一直在努力，试图从各自学科的角度来界定文化的概念。然而，迄今为止仍没有获得一个公认的、令人满意的定义。据统计，有关"文化"的各种不同的定义至少有二百多种。从哲学角度解释文化，认为文化从本质上讲是哲学思想的表现形式。哲学的时代性和地域性，决定了文化的不同风格。一般来说，哲学思想的变革引起社会制度的变化，与之伴随的有对旧文化的镇压和新文化的兴起。

从存在主义的角度看，文化是对一个人或一群人的存在方式的描述。人们存在于自然中，同时也存在于历史和时代中；时间是一个人或一群人存在于自然中的重要平台；社会、国家和民族（家族）是一个人或一群人存在于历史和时代中的另一个重要平台；文化是指人们在这种存在过程中的言说或表述方式、交往或行为方式、意识或认知方式。文化不仅用于描述一群人的外在行为，文化特别包括作为个体的人的自我的心灵意识和感知方式。

关于文化的概念，目前学术界公认的意见认为，被称为人类学之父的英国人类学家爱德华·B. 泰勒，是第一个在文化定义上具有重大影响的人。他在《原始文化》一书中说："文化或文明，就其广泛的民族学意义来讲，是一个复合整体，包括知识、信仰、艺术、道德、法律、习俗，以及作为一个社会成员的人所习得的其他一切能力和习惯。"很显然，这个定义将文化解释为社会发展过程中人类创造物的总称，包括物质技术、社会规范和观念精神。国内学者普遍认为文化由物质、精神两个层面组成。杜辉（1996）从广义上分析认为，区域文化是一个区域物质文明和精神文明建设成果的总和。从物质上讲，它包括一个区域的自然景观、工业水平、产业构成、建筑所体现出的区域建设水平和风貌；从精神上讲，它包括一个区域的人口素质、科技水平、历史传统、风俗习惯、价值标准以及社会生活方式所体现的精神风貌。区域文化就是一个区域整体的文明状态。胡建国（1996）将区域文化概括为人类群体在区域社会实践中所创造的物质财富和精神财富的总和。它渗透于城市活动的各个领域和各个方面，包含极为复杂的多元结构，是经济文化、政治文化、管理文化、商业文化、校园文化、艺术文化等多种社会亚文化成分相互融合的综合体。向德平（2004）在其《城市社会学》专著中就论到城市文化的内容相当丰富，具体总结出十三个方面的内容，包括城市公益文化、城市人文景观（也称城市环境文化）、城市观念文化、城市制度文化、城市娱乐文化、城市演出文化、城市专题文化、城市休闲文化、城市群体文化、城市科普文化、城市企业文化、城市校园文化、城市军营文化。

笼统地说，区域文化是一种社会现象，是人们长期创造形成的产物。同时又是一种历史现象，是社会历史的积淀物。确切地说，区域文化是指一个区域或民族的历史、地理、风土人情、传统习俗、生活方式、文学艺术、行为规范、思维方式、价值观念等。

二 文化的分类

从发生学上看，文化首先是该民族对传统文化长期选择的结果。在一个社会整体中，在它的全部活动中，文化传统可被看作对先人的持续选择和重新选择。这种文化选择就是将不利于民族生存和发展的文化因素剔除出去，而将那些优秀的积极因素保留下来和吸收进来。

文化哲学把文化结构区分为物质文化、制度文化、精神文化三个层面。作为文化的总体概念，应当是三个层次的统一。最外层为物质文化，实际上就是指社会生产力发展水平和物质文明层次，是人在物质生产活动中所创造的全部物质产品，以及创造这些物品的手段、工艺、方法等。中间为制度层文化，是指同器物层文化相适应的社会政治法律制度和组织结构与形式，它是精神文化的外显、对象化为物质文化的中间环节，是深层文化心理结构在规范层次上的体现，是人们为反映和确立一定的社会关系进行整合和调控而建立的一整套规范体系。内圆为观念层文化，是指一个民族特定阶段的价值准则、指导思想和传统文化。观念文化也称为精神文化，是以心理、观念、理论形态存在的文化，它包括两个部分：一是存在于人心中的文化心态、文化心理、文化观念、文化思想、文化信念等。二是已经理论化、对象化的思想理论体系，即客观化了的思想。

1986 年，庞朴提出了"文化结构三层次说"，他认为，广义的文化结构包括物质、心理和心物结合三个层面。显露在外面的是物质文化层，这是一种对象化了的劳动，即马克思所说的"第二自然"；中间层是心、物结合部分，他又称之为"理论、制度文化"，包括隐藏在外层物质里的人的感情意识和那些未曾或不需要体现为外层物质的精神产品，以及各种制度和政治组织等；心理层面居于文化结构的里层或深层，包括价值观念、思维方式、审美趣味、道德情操、宗教情绪、民族性格等。庞朴认为："文化的物质层是最活跃的因素，它变动不居，交流方便；而理论、制度层，是最权威的因素，它规定着文化整体性质；心理层次，则最保守，它是文化成为类型的灵魂。"

文化结构三层次的提法普遍为理论界所接受，但在各个层面的具体内容划分上则存在歧义。不少人都主张把庞朴划入文化中层结构的思想意识部分和精神产品划到文化深层结构中去，因而深层文化被他们称为"精神文化"或"观念文化"；中层文化只保留制度和政治部分而被称为"制度文化"或"社会规范文化"等。

在广义文化三层次的基础上，许苏民把精神文化又进一步划分为文化心理和社会意识形态两个部分，并着重对文化心理进行结构分析。他认为文化心理结构如同广义文化一样，也可分为表层、中层和深层三个层面。其表层结构是指"特定时代浮现在社会文化表面、笼罩和散发着感性色彩和光辉的某种意向、时尚或趣味，它包括人们的情感、意志、风俗习惯、道德风尚和审美情趣等要素"。中层结构主要是"经济、政法、道德、艺术、宗教、哲学诸方面的观念因素，是文化心理中的理性积淀层面"，它直接制约着文化心理的表层结构，并与之结合起来，使表层诸要素体现着感性与理性具体的历史的交融统一。深层结构即所谓"原始—古代积淀层"，它根源于每个民族由野蛮时代跨入文明时代所走的不同路向，是对人类心灵深处所包含的五对永恒矛盾（入世与出世、情感与理性、个性与类、理智与直觉、历史与伦理）的解决方式的总和。并由此构成不同民族的基本人生态度、情感方式、思维模式、致思途径和价值尺度，成为文化心理的精神本质层面，制约着文化心理的中层结构和表层结构。同时，文化心理结构还具有民族性、历史性和时代性。作为文化心理深层结构的"原始—古代积淀层"体现了文化心理的民族性，但民族的"风神琴"只有在时代的风雨打击它的弦的时候才鸣响起来，使得任何古老民族心理都不能不具有它所处的那个时代的特色，呈现出特殊的时代风貌。上述三层次相互交织，共同存在于物质文化、制度文化与精神文化之中。

人们在讨论文化结构时，往往言及文化各要素之间的相互作用。主要包括三种意见：一是精神文化本体论。庞朴认为，在他所概括的文化三层次中，文化心理层面是整个文化结构中最稳定的部分，是整个文化的灵魂。如果要用本末分解文化，说物质技术是末、制度理论是本的话，那么文化心理则是本中之本，是大本。陈伯海亦持类似看法，他认为，在特定的社会结构中，观念形态的东西属于上层建筑，它是社会经济基础及其政治关系的反映。然而，从文化构成的角度看，观念却是特定文化形态及其结构模式的核心。缺乏健全的核心，就难以形成一种有强大凝聚力的文化系统。所以器物和制度的变革最终还必须落脚到观念建设上来。还有人强调，从大文化看，政治、经济仅仅是文化的较浅层次的表现，许多现象在那里还很难看清本质，只有深入文化的精神心态层次，才能更好地解决本质问题。二是物质本位说。一些论者以物质决定精神、经济基础决定上层建筑的基本原则出发，认为在文化三层次中，物质文化是基础，是人类文化的基本创造物，是决定其他文化现象的东西；关系文化（即制度文化）、观念文化都以此为基础逐步发展起来。关系文化是物质文化与观念文化发生联系的主要中介，其基本性质主要是由物质文化所决定。观念文化直接是以关系文化为基础发展起来的，而且主要是以关系文化为中介反映物质文化的，但也常常与物质文化发生直接的关系。第三种意见介于上述二者之间，既强调物质文化是"基础"又强调制度文化是"关键"，精神文化是"主导"。

三 文化贸易概念及其特点

文化贸易主要是指与知识产权有关的文化产品和文化服务的贸易，包括文化商品贸易和文化服务贸易。国际文化贸易是指世界各国（或地区）之间所进行的以货币为媒介的文化交换活动。它既包括有形商品的一部分，例如音像制品、纸质出版物等，也包括无形商品，例如版权，关税等。它是文化经济链条上的相关环节，如果说文化产业直接关注产品的生产，那么文化贸易则关注文化产品的下游，关注与文化产品制造紧密连接的文化产品的流通、交易与销售领域。

文化贸易是与知识产权有关的文化产品的贸易活动，是文化产业国际化经营的必然。文化贸易不仅有商品属性还有精神意识形态的属性，它包含四种模式：过境交付（Cross-border Supply）、境外消费（Consumption Abroad）、商业存在（Commercial Presence）和自然人流动（Movement of Personnel）。其中的文化产品包含文化商品和文化服务两个部分。文化商品包括图书、报刊、电影、视听节目，网络游戏、网络视听、动漫等文化娱乐项目；文化服务包括出版、发行、视听（电影发行、电视广播）服务，表演（剧院、交响乐团、杂技团）服务，文化旅游服务和著作权、创作权、制作权等产权的跨国转让服务，以及近年来出现的文化会展服务、文化中介服务、文化咨询服务等新型服务。

文化贸易表面上看主要对象是文化产品和文化服务，实际上是产品和服务背后隐藏的"文化"。未来综合国力的竞争是文化的竞争，而文化贸易承载着传递一个国家特有文化的使命。

1. 文化贸易既有经济属性也有文化属性

"一个国家或地区的文化贸易，不仅具有经济价值，而且具有外交、外宣的功能，传播了它的意识形态和价值观念。"从这句话中我们可以知道文化产品具有物质性、形象性的同时，也具有抽象的意识形态性，也就是说文化贸易既有经济属性也有文化属性。经济方面，文化贸易通过加快积累国民财富来促进一个国家或地区的经济发展。同时，优秀的文化产品和服务，还可以增加第一产业、第二产业甚至第三产业等相关产业的附加值，不仅提高这些产业产品的价格，而且使生产出来的产品具有人文关怀感，使人们更容易接受，并为其外贸出口打开广阔的市场；文化方面，文化产品本身或多或少地带有的表现生产者的精神、思想、行为方式的艺术内涵，使文化产品具有意识形态性。在文化产品的贸易和消费过程中，其所承载的意识性元素会有意或无意地由生产者向消费者传递，培养了国外消费者对贸易国文化的认同度，对消费者产生潜移默化的影响，使其对产品承载的文化观念产生某种信任感、亲切感甚至依赖感，对其思想意识产生影响。正是文化贸易经济和文化的双重属性，使文化贸易在一国中的地位越来越重要。

2. 文化贸易具有整合效应和辐射效应

消费者对一个国家特有文化的亲近感和认同感，可以使文化贸易在出口国的产业之间形成巨大的整合效应和辐射效应。可以形象地理解为文化贸易在一个国家经济发展的过程中起到"火车头"的作用，带动一国或地区其他非文化产品的出口，从而对增强一国或地区的整体经济实力起到巨大的拉动作用。以美国好莱坞的电影产业为例：电影产业作为美国经济发展的"火车头"，它本身可以不赚钱，但它可以带动与电影业相关的其他产业的发展。在好莱坞电影中，票房收入一般只占一部电影全部收入的1/3，其主要的收入则是来自电视的版权贸易和与服装、书籍、主题公园等有关的电影后续产品开发的收益。文化具有很强的交融性，它几乎融入所有的产业领域，总的来说，文化贸易的"火车头"作用应该包括两个层面：从某一产业领域来说，文化产品影响的是整个相关产业价值链的形成，本身所带动的是与文化贸易有关的相关产业的发展。如在一个国家或地区，随着一些基础文化设施的建设，相关的制造业和建筑业也被带动起来；那些成功的影视业，促进了后期相关游戏软件的开发，拉动了音像制品的生产，进而提高了家电、通信设备的贸易；通过对一个地区文化品牌的开发，可以带动相关旅游业的发展，外地的游客又带动了本地餐饮业、宾馆住宿、交通的发展；文化因素在服装业、制造业等产业的渗透，将提高相关产业的附加值，进一步促进产业的发展。从整个国家的经济和对外贸易战略角度来说，文化贸易这一"火车头"至关重要的作用并非仅仅是对某一产业价值链的带动作用，它还可以带动整个国家经济和对外贸易的增长，提高一个国家的综合竞争力。

3. 文化贸易存在"文化折扣"现象

"文化折扣"（Cultural Discount）的概念是由希尔曼·埃格帕特（Seelmann Eggebert）提出的，是指由于国家或地区之间文化差异的存在、人们对文化的认知程度有所不同，当向消费者出售文化产品时，其对文化产品的兴趣和理解能力等方面都会大打折扣的现象。"文化折扣"是文化产品在贸易过程中区别于其他商品的主要特征之一。以电影产业为例，其文化折扣是指电影在贸易过程中出现影片价值损失的现象，该现象产生的主要原因在于进口市场的观众对出口国影片中传递的文化内容难以认同。因此，在影片的制作过程中，要考虑到观众所在国的文化背景和习俗，将"文化折扣"降到最低。可以通过取材进口国历史和现代文化资源的方法，制成文化认可度较高的影片。以美国的电影《花木兰》为例，影片正是取材于我国有关花木兰的故事情节。我国电影的海外出口有十分成功的案例，如《卧虎藏龙》和《英雄》。也有在国内市场热销但在海外市场遭受冷遇的电影，如《泰囧》。相比之下，美国的影片在全球拥有较为广阔的市场，以《阿凡达》为例，这部影片凭借其在海外票房接近 20 亿美元的收入，居全球电影票房之首。

4. 现代文化贸易是产业内贸易

产业内贸易（Inter-industry Trade）是产业内国际贸易的简称，是指在一段时间内，一个国家或地区，同一产业部门既进口某种产品，同时又出口同一种产品的现象。比如我国向韩国出口手机、电脑等电子类产品，同时又从韩国进口手机、电脑等电子类产品的现象。产业内贸易不仅包括制成品之间的贸易，还包括对中间产品的贸易。产业内贸易中所提到的产品主要是由产品的异质性引起的，而且所贸易的产品是按国际贸易标准分类至少前三位数相同的产品。

国与国或地区之间的文化贸易存在着产业内贸易的现象，比如影视、音乐、动漫、游戏等有关文化产业的进出口。为了更准确地分析文化贸易，可以用产业内贸易指数来对文化贸易进行衡量，得出文化贸易的产业内贸易水平。

第二节　文化影响文化贸易发展的作用机理研究

一　文化与文化贸易发展关系的理论探析

1. 文化贸易是一种特殊的国际贸易方式

国际贸易作为一种经济国际化的产物，存在着纷繁复杂的形式。按照商品形态不同，可分为有形贸易与无形贸易；按照贸易内容不同，可分为商品贸易、服务贸易、一般贸易和加工贸易。文化贸易是国际贸易的重要组成部分，但是它又与国际贸易中的一般货物贸易不同，属于一种特殊形式的服务贸易，因为它不单纯是货物本身的贸易，而同时具有文化的元素，是与知识产权有关的文化产品和文化服务的贸易活动。作为一种文化商品与文化服务，文化贸易具有一般货物商品所不具备的双重属性，即同时具有商品属性和文化属性。

文化贸易具有历史性、时代性，是人类经济、社会发展到一定阶段的必然产物，它与一定经济社会的发展程度、工业化进程、技术进步与人们的生活追求相联系。作为一种新型的国家贸易形式，文化贸易已经成为国际贸易的重要组成部分。文化贸易与一般商品贸易的区别在于：文化贸易交易的对象是文化产品和文化服务，由于文化产品和文化服务以满足人的精神需求为目标，因而与其他货物贸易相比较，文化贸易呈现出一种特殊性，即文化产品和文化服务不仅具有商品性，还具有精神和意识形态属性，这使得文化贸易与一般的国际商品贸易相比较，具有更多的社会属性，因而显得更为复杂。

2. 文化是文化贸易发展的基础与源泉

作为一种特殊的国际贸易形式，文化贸易起源于文化、发展于文化，自始至终离不开文化的熏陶与培育，文化贸易对文化的这种先天依赖性主要体现在以下几个方面。

首先，文化是文化贸易发展的基础。从文化贸易的起源看，最早的文化贸易都是建立在文化资源利用的基础之上的。我国古代的丝绸之路贸易，就是建立在凝结了中华博大精深的传统文化理念的瓷器、丝绸、茶叶等文化产品基础之上的，没有华夏文明的长期熏陶，就不可能形成一统天下的中国丝绸之路商品贸易。古老的丝绸之路表面上看是一种中西方的商品贸易之路，实质上是一条中西方的文明交流之路。

其次，文化是文化贸易发展的动力源泉。文化贸易作为一种知识性、智力型的贸易形式，在很大的程度上离不开文化创意，文化创意决定了文化贸易发展的方向。例如，以电影、电视、动漫文学作品为代表的文化产品，在很大程度上就离不开文化理念与文化资源的深入挖掘，只有如此才能创造出贴近生活的文化产品与文化贸易产品；以文化旅游为主题的文化贸易服务更是因其民族性而深受国外旅游者的欢迎；一句话，文化是文化产品与文化贸易发展的前提与动力源泉。

再次，文化资源是文化贸易发展的基本元素。文化资源可以通过生产加工，赋予其具体的产品属性或更高的附加值而成为文化产品，推动文化产业的发展。而文化产业发展的过程实质上也是文化资源不断转换为文化产品与文化服务的价值实现过程。文化产业的发展依赖于文化资源的开发利用，就像工业产业的生产需要自然资源一样，没有了文化资源，文化产业的生产和发展也就没有实现的可能。所以，丰富的文化资源往往能为文化产业与文化贸易提供更多更好的发展空间和机会。

总之，文化及其文化资源是文化产业和文化贸易的基础资源要素，没有文化资源，也就不会有文化产业和文化贸易的存在，更谈不上发展。

3. 文化贸易促进文化竞争力的提升

文化贸易作为国际文化交流的一种形式，让各国的文化产品同台竞技，取长补短，融合发展，有利于加强国与国之间的文化交流，促进文化创新，提升文化竞争力。文化贸易主要是通过文化产业发展的纽带，加强了各国之间的文化交流，实现了国家文化的大融合。

国际文化贸易是跨境产物，是文化走出国门的重要路径之一，也是文化产业国际化经营所产生的必然结果。文化贸易是文化产业发展的延伸，是基于文化产业寻求自身扩张的必然，其发展为文化产业提供更大的市场空间和发展前景。文化产业是文化贸易产生的基础，文化贸易反过来也可以促进文化产业的发展以及文化产业结构的优化。积极参与国际文化贸易有利于各国文化经济融入世界文化生产链、价值链、供应链和消费链，促使文化企业参与国际文化分工，并嵌入国际文化生产体系；有利于改造提升演艺、娱乐、文化旅游、工艺美术等传统文化产业，加快发展动漫、游戏、网络文化、数字文化服务等新兴文化产业，实现结构合理、门类齐全、科技含量高、竞争力强的现代文化产业体系，推进文化产业跨越式发展。此外，积极参与国际贸易还能让文化企业及时把握国际消费者需求的最新信息，及时准确把握消费动向，适时进行产业调整，使其生产的文化产品和文化服务能持续满足国际消费者的需求，进而占有国际市场，最终促进文化产业主体以及文化产业的不断壮大和可持续发展。同时，随着文化产业的发展，在激烈的市场竞争中，也会遇到许多新情况、新问题，这就要求我们针对文化产品的不足，进行文化创新，以适应国际市场发展的需要，对不适应现代社会发展的文化进行改造，从而与时俱进，推进我国文化创新的步伐。

综上可知，文化和文化贸易两者相互依赖、相互促进，文化产业的发展壮大可以推动文化贸易的发展，而积极参与文化贸易又会形成对文化产业的倒逼机制，反向促进文化产业的发展壮大，最终又可以推动中国文化产品的国际化，文化产业和文化贸易之间的这种密不可分的关系，可以促使两者自身实现良性发展循环。

二　文化影响文化贸易发展的作用路径分析

传播力决定影响力，影响力决定话语权。文化相融，贸易相通。相互欣赏、相互理解、相互尊重，民心相通是文化贸易的人文基础。

作为一种新型对外贸易发展方式，文化对文化贸易的影响是全方位的。从促进文化走出去的视角出发，一个国家或地区的贸易文化理念、文化贸易制度以及文化资源的构成及其特色，都对文化贸易的开展及其发展产生深远的影响。

文化主要通过三大途径影响文化贸易的发展。其一，贸易文化对文化贸易主体的形成产生内源性的影响。不同类型的贸易文化，决定了人们对包括文化贸易在内的对外贸易的行为选择，进而决定了文化贸易主体的形成及其规模，同时决定了文化贸易发展的内在动力即竞争软实力。其二，制度文化对文化贸易发展环境的形成具有重要的影响。与文化贸易有关的制度文化包括文化贸易制度、文化贸易体制以及文化贸易政策等几个方面的内容，这些文化贸易制度构成了一个国家或地区文化贸易发展的大环境。其三，物质文化构成了文化贸易发展的基础与动力源泉。文化资源禀赋决定一个国家或地区文化贸易发展的潜力，文化资源丰富的地区，文化贸易发展具有先天的优越条件，成为文化贸易发展的起点；反之，缺乏文化资源的地区，文化贸易的发展就成了无源之水，虽然通过文化与科技创新，有可能无中生有，发展起文化贸易，但与文化资源丰富的地区比较，其文化产业与文化贸易发展之路无疑要艰难得多。一句话，文化资源是文化创意的源泉，是文化创意与文化贸易发展的基础。

古往今来，人类在从事贸易交换的同时，也创造了与之相适应的文化，即贸易文化。文化主要是通过文化贸易主体的形成、文化贸易发展大环境的形成、文化贸易动力源泉的形成等三大路径，对一个国家或地区文化贸易的发展产生全方位的影响。

1. 贸易文化对文化贸易主体形成的影响

贸易文化是随着社会分工与商品交换发展而形成的，是指以贸易活动主体和贸易对象所包含的价值理念和行为准则为核心内容的文化形式。从人类文化学意义上看，人类社会的一切经济活动都是建立在文化思考的基础上，都具有文化意义；人类的一切物质财富，都是在某种理念的基础上形成的，都是一种文化追求的产物。因此，建立在商品生产基础上的商品贸易，从一产生那天起，就深深地打上了文化元素的烙印。

从本质上看，贸易文化是一种交易文化、商业文化，反映的是贸易和商业这一类交换活动中所包含的文化现象与文化追求。贸易文化立足于本民族的商业信念，以促进消费者和交易者的文化认同为手段，从而达到节约流通费用、降低交易成本、加速商品流通，最终扩大贸易活动的目的。

贸易文化作为一种理念文化，它所包含的内容非常广泛，主要包括贸易哲学、贸易伦理、贸易心态、贸易智慧、贸易追求等方面的内容，这些内容规定和限制着贸易文化的形成、性质、特征和功能，决定着贸易文化的基本价值取向和发展方向。

贸易文化有广义贸易文化与狭义贸易文化之分。广义贸易文化是指古今中外所有的贸易文化，而狭义的贸易文化是指与对外文化贸易相关的文化。根据本书的特定研究内容，本书所指的贸易文化是狭义的贸易文化，主要是指和对外文化贸易相关的贸易文化。

作为一种商业文化，贸易文化的社会功能是多方面的，主要包括认知功能、价值判断功能、行为导向功能、激励功能、规范制约功能等。这些功能的合力，对贸易主体行为的选择产生内在影响，在贸易主体的带动下，促使各个地区走上不同的贸易发展之路，形成不同的贸易发展模式。

按照对贸易主体与贸易市场形成的影响不同，我们可以把贸易文化分为开放型贸易文化与保守型贸易文化两大类型。认为对外文化贸易能够推动经济发展，对开展对外贸易持积极支持态度的观念，属于开放型贸易文化；反之，认为对外文化贸易不利于国内经济发展，对开展对外开放持批评态度的观念，则属于保守型贸易文化的范畴。不同类型的贸易文化类型，决定了人们对包括文化贸易在内的对外贸易的行为选择，进而决定了文化贸易发展的内在动力即竞争软实力。

作为一种精神或观念文化，贸易文化对贸易主体的形成起着决定性的作用。在很多时候，一个文化企业、一个商人所特有的文化理念、经商经验、交易知识、目标追求，往往成为其文化产品能否走出去的决定性因素。贸易文化好像一只"看不见的手"，时时刻刻影响着文化贸易主体行为方式的选择。例如，我国古代丝绸之路商贸的兴起，就夹杂着大量文化贸易的元素，而这背后，起支配作用的是成千上万的华商、胡商以及中亚、波斯等商人群体；地中海沿岸商贸活动的繁荣，也与威尼斯商人等群体的形成及其背后起支配作用的地中海商贸文化有着必然的联系。

2. 制度文化对文化贸易发展环境的影响

从本书的研究需要出发，可将制度文化分为广义的制度文化与狭义的制度文化两大类型。广义的制度文化是指一个国家的基本制度，即一个国家的根本政治制度与经济制度，它决定了一个国家的文化贸易能否展开以及在多大的程度上展开。例如，我国在 20 世纪 80 年代以前的计划经济时代，由于实行相对封闭的政治与经济制度，对外贸易基本上处于停滞状态，在极"左"路线的影响下，更谈不上与其他国家的文化贸易了。反之，在 80 年代以后，由于我国建立了市场经济体制，实行对外开放政策，我国的对外贸易迅速发展起来，并成为世界第一国际贸易大国，随之，我国与国际社会的文化交流日趋紧密，我国文化贸易也随之开展起来，并成为世界文化贸易重要的一环。

与广义的制度文化相比，狭义的制度文化是指文化贸易制度，即一个国家或地区与文化贸易相关的制度、体系与相关政策等。本书所指的制度文化主要是指文化贸易制度，文化贸易制度是指一个国家围绕着文化贸易活动而形成的管理体制、法律法规、契约、惯例、政策体系以及各种组织形式。文化贸易制度对一个国家或者地区能否开展文化贸易起着基础性的作用。制度文化主要是通过对经济贸易大环境形成影响，进而影响文化贸易的发展。一般来说，围绕着文化贸易有三个层次的制度文化形态，即文化贸易制度、文化贸易体制以及文化贸易政策。

文化贸易制度是指与文化贸易相关的社会政治法律制度和组织结构与形式，是国家或社会为确立一定的文化贸易关系进行整合和调控而建立的一整套规范体系。作为一种正式制度，文化贸易制度是一个国家文化贸易发展的出发点，它决定了一个国家文化贸易能否展开、发展的范围、规模以及发展的方向等关键性的问题。

文化贸易体制是指文化贸易的组织形式、机构设置、管理权限、经营分工、利益分配等方面的制度。文化贸易体制从类型上看，可以分为自由市场的文化贸易体制与政府管制的文化贸易体制。

文化贸易政策是指一国政府根据本国的文化发展目标而制定的在一定

时期内的文化产品进出口贸易活动的准则，它集中体现为一国在一定时期内对文化产品进出口贸易所实行的规章、条例及措施等。从总体上看，目前所有文化产业发展得比较好的国家都认识到了文化贸易的重要性，因而都对文化贸易采取积极支持的政策，并且形成了各具特色的文化贸易政策体系。其中，西方国家对于文化贸易支持政策主要体现在政策环境等间接支持方面，而中国的文化贸易支持政策更偏重于财税、资金等直接支持等。

一个国家或地区的制度文化属于上层建筑的范畴，它决定着其文化贸易能否展开，可以在多大的范围发展。从历史上看，围绕着对外贸易形成的是两种不同类型的制度文化，即开放型的贸易制度文化与保守型的贸易制度文化。其中开放型的贸易制度文化是将对外贸易作为振兴国家的根本国策，对本国人民出海贸易实行的是积极支持的态度，并从制度上予以保证，这种制度文化以文艺复兴以后的意大利、英国等为代表，它们从制度、法律的高度保障国民出海贸易的利益，从而推动了工业革命以后以欧洲为中心的国家贸易的大发展。而保守型的贸易制度文化则是对对外贸易采取限制乃至反对的态度。从根本上来说，一个国家或地区的制度文化决定着其文化贸易发展的大环境的优劣，进而影响其发展方向与发展水平。

3. 物质文化对文化贸易动力源泉形成的影响

物质文化也可称为文化资源，有现代文化资源与历史文化遗产之分。历史文化遗产按其是否具有物质形态又可分为物质文化遗产和民俗文化遗产。其中物质文化遗产又可以细分为建筑文化遗产、历史文物和人类文化遗址等不同的实物形态；民俗文化遗产以人为载体，可以细分为口头传统和表述，表演艺术，社会风俗、礼仪、节庆，有关自然界和宇宙的知识和实践，以及传统手工艺技能这五大类非实物的资源形态。现代文化资源可划分为物质形态文化资源和知识形态文化资源，其中物质形态文化资源可以包括近现代的建筑，近现代创作的文学作品和艺术品，提供休闲、娱乐和购物的建筑场所等；知识文化资源主要存在于新兴文化产业中，可以分为信息资源、设计资源、现代传媒资源、动漫游戏资源、教育培训资源、文化休闲资源和文化会展资源等。

文化资源是文化贸易发展的基础与动力源泉。首先，文化资源是传统文化贸易发展的基础。例如，我国的手工艺品对外贸易、戏曲文化对外贸易、杂技表演对外贸易、民族歌舞演出等形式的文化贸易，都是建立在对传统文化遗产继承的基础上的，是一种原汁原味的、直接的文化产品出口，没有丝毫的外在包装，反映出中华文化的博大精深。其次、文化资源是现代文化贸易发展的动力源泉。现代文化贸易以高科技为手段、以文化创意为动力，而文化创意的源泉则离不开对文化资源的深入挖掘。例如影片《功夫熊猫》与《花木兰》，都是建立在对中国文化资源深入挖掘的基础上，并且通过文化创意，从而打造出了享誉世界的文化产品，并且以文化贸易的形式传播全球，取得了不俗的票房价值。此外，韩国的"韩流"，在利用中国文化元素打造影视节目方面，也取得了很大的成功。具有五千年历史的华夏文明，是一座取之不尽、用之不竭的文化资源宝库，是我们发展文化贸易的基础与动力来源。

三 文化影响文化贸易发展的作用机理分析

文化及其文化资源最终通过微观上文化贸易企业形成、中观上文化贸易产业形成、宏观上文化贸易模式形成等三个层面，对文化贸易的发展产生内源性的影响，推动了文化贸易的可持续发展。

1. 微观：文化贸易企业形成

文化贸易的发展离不开文化贸易企业的形成与发展，而文化企业的产生是有其深厚的文化土壤的。与其他的企业发展不一样，文化企业的发展是建立在文化人与文化资源的基础之上的。首先，丰富的文化资源是文化贸易企业产生与发展的基础。一个地区，如果有大量的民间艺人与手工艺品加工技艺，有"师傅带徒弟"、组"草台班子"走南闯北、从事文化表演的习惯，就构成了文化产业与文化贸易产生的基础；从现实中看，很多文化企业都是从各种"文化之乡"脱颖而出的。其次，良好的文化制度与体制是文化贸易企业发展必不可少的外部环境。

2. 中观：文化贸易产业形成

这里所讲的物质文化是指与文化贸易相关的各种物质文化形态，一方面包括作为文化贸易对象的文化产品所承载的商品文化与服务文化，另一方面包括与文化贸易活动相关联的有形文化及无形文化。

物质文化是文化产业与文化贸易发展的源泉，物质文化以文化资源的形态存在。文化资源、文化产业和文化贸易是文化经济学中三个相互联系、相互促进、相互依赖的概念。文化资源是文化产业和文化贸易的基础条件，文化产业是文化资源开发利用和产业化的结果，文化贸易是文化产业的向后延伸；同时文化贸易和文化产业对文化资源有反作用，能够催生新的文化资源，文化贸易的发展在一定条件下还能推动文化产业的结构升级。然后新的文化资源再次成为文化产业和文化贸易发展的基础条件，推动文化产业和文化贸易的发展，如此循环上升。

文化资源是文化产业和文化贸易的基础资源要素，没有文化资源，也就不会有文化产业和文化贸易的存在；而文化产业和文化贸易反过来又能催生出新的文化资源，以供文化产业和文化贸易的发展和升级。所以这三者相互联系，相互依赖。

文化资源利用是文化产业发展的基础。文化贸易的发展基于文化产业的繁荣，发展文化产业是促进文化贸易发展的前提条件；而文化产业的发展则是建立在对于文化资源的挖掘、开发和利用的基础之上的。换句话说，文化资源不直接等于生产力，即文化资源本身并不直接对文化贸易产生影响，文化资源作为一种客观存在的资源，如果不对其进行发现、开发和利用，和大多数自然资源一样，仅仅是一种客观存在，不会主动地创造出任何社会价值和经济价值，常常会存在有资源无产品的尴尬情况。因此，文化资源怎么转化成对外文化贸易的产品才是最关键的环节，对文化资源的挖掘、开发和转化为经济资源，用文化经济的流程，通过产业化的链条，将文化资源创意性地整合。

文化产业是文化贸易发展的前提条件。要发展对外文化贸易就要构建文化产业，想要在国际文化贸易中占有一席之地，就要把文化产业这一基础打牢。只有当文化产业发展到一定阶段，具备一定的生产规模，在国内有一定的市场基础，再加上相应的国际市场需求时，文化产品和文化服务的跨境交易流通才有可能，才能形成国际文化贸易。文化产业的发展和壮大能积极推动文化贸易的展开，为文化贸易的发展提供良好的产业基础和宏观环境。总而言之，文化产业的强弱在很大程度上决定了文化产业在国际文化贸易中竞争力的大小，文化产业自身不断发展变强才能推动文化贸易的发展，同时文化产业的结构优化也相应带动文化贸易结构的优化升级；相反，弱小的文化产业只能在国际文化贸易中处于劣势甚至边缘地位，而低端的文化产业结构也会表现出不合理的文化贸易结构。

3. 宏观：文化贸易模式形成

从世界范围来看，各个国家文化贸易模式的形成，都与其文化传统有着内在的联系。例如，美国的文化贸易模式是以美国电影大片为载体，将美国的文化向全世界传播；日本的动漫文化产品与贸易的发展，是建立在大和民族的大量民间传说基础之上的；韩国的影视文化传播模式"韩流"，背后体现的是带有儒家文化色彩的韩国文化习俗，因而深受东亚和东南亚人民的欢迎；而法国的时装、香水等奢侈品贸易，背后隐含的则是高卢文化的浪漫气息。因此，各个国家形成的不同的文化贸易发展模式，其背后都打上了深深的民族文化烙印。

文化是通过各个民族不同的文化理念、文化习俗、文化资源等要素，对其文化贸易模式的形成产生影响。首先，不同的文化理念决定了不同国家与地区文化贸易发展的方向。例如，美国向来是以"民主"、"自由"和所谓的"正义"的化身自居，其以电影、出版物为代表的文化产品宣扬的都是美国的价值观，并且通过文化贸易将其价值观向全世界传播。其次，文化习俗与文化贸易相结合，形成的是各具民族特色的文化产品。例如，"韩流"中充满了具有韩国民俗文化特色的各种生活场景，而这对具有类似文化背景的东亚和东南亚人就具有吸引力。再次，各个国家不同的文化资源禀赋，对其文化贸易模式的形成也产生了很深的影响。例如，中国的文化旅游产业就是建立在五千年华夏文明的基础上的，很多外国人来中国旅游就是来体验华夏文明的，这直接推动了中国文化旅游贸易的发展。

综上所述，可以总结出文化影响文化贸易发展的作用机理：作为国际贸易发展的现代形式与新增长点，文化贸易是建立在对文化资源进行深入挖掘与创意的基础之上的；文化主要是通过贸易文化对文化贸易主体形成的内源性影响、制度文化对文化贸易发展大环境形成的影响以及物质文化对文化贸易发展动力源泉构成的影响等三大路径，对一个国家或地区文化贸易核心竞争力的形成产生全方位的影响，这种文化竞争力产生的合力，构成区域经济发展的文化软实力，从微观上催生了文化贸易企业的产生、中观上推动了文化贸易产业的发展、宏观上促成了文化贸易模式的形成，最终影响了一个国家或地区文化贸易的长期可持续发展。

第五章　贸易文化与文化贸易发展

贸易文化是文化贸易开展的前提与基础，贸易文化的性质决定了文化贸易能否开展，以及发展的方向与规模，不同贸易文化背景下成长起来的文化贸易模式是不同的。以贸易文化创新改变不合时宜的贸易理念与体制掣肘，是推动文化贸易长期可持续发展的动力源泉。

第一节　贸易文化的界定与分类

一　贸易文化的界定

1. 贸易文化的起源

恩格斯认为，商品交换在有文字记载的历史之前就开始了。随着劳动工具的不断改进和生产力的发展，生产物逐渐有了剩余，于是出现了原始的交换。后来，又由偶然的交换发展到经常性的商品交换，再发展到以交换为目的的商品生产，最后产生了商业。这种由最初的物物交换所固定下来的交换的意识便是贸易文化的起源。

春秋战国不仅是我国学术百家争鸣的时期，而且此时商业也有了一定的发展。由于华夏大地被各个诸侯国所分割，从而打破了商周时期大一统的局面，各国之间出现了自由经商的热潮。各国商人为了获得高额的利润，利用本国的"比较优势"开展贩运贸易的活动。春秋战国时代各诸侯国都比较重视商业，普遍把通商惠工作为重要的富国强兵的必要条件。

春秋前期，齐桓公通过管仲的辅佐使得国力昌盛，称霸一时。《管子·轻重》中记载了管仲提出的通过商品经济来富民强国的思想，而通过与其他国家的贸易往来达到经济发展的思想在当时是独树一帜的，也可以说是十分超前的。他在对外贸易的政策上，鼓励外来商人到齐国做买卖，"请以令为诸侯之商贾立客舍，一乘者有食，三乘者有刍菽，五乘者有伍养。天下之商贾归齐若流水"。虽然在春秋时期已经有了管仲这样重视贸易的思想出现，但当时贸易还是作为国家商战的手段，比如，在《管子·轻重》中，齐国利用自己国家鱼盐的富裕优势，人为抬高盐的价格，以此来囤积黄金，再去他国购买价格低廉的其他产品，从而积累了大量的财富。因为当时还是处于封建主义时期，因此管仲的策略也是为了巩固封建统治。但是从结果来看，贸易确实为当时齐国的强盛在一定程度上奠定了经济基础。当时的贸易文化是处于国家层面的，由国家控制的通过贸易来壮大自身实力的战略。

春秋战国时期是我国历史上贸易快速发展的时期，这主要得益于春秋时期对"工商食官"格局的打破，齐国、郑国等诸侯国给商人自由经营的权利，从而打破了官府对工商业的垄断。战国时期的商业在此局面上有了进一步的发展，尤其是表现在地区之间的贸易活动上。各地的木材、野兽、海产、矿产、家畜通过贸易活动运输到其他地方，带动了地区之间的物资交流，也在整个华夏大地孕育了一派贸易文化的气息。主要表现在三个方面。（1）大商人的出现。越国的范蠡、孔子的弟子子贡、秦国的吕不韦等都是当时财力雄厚的大商人。（2）农民开始参与经商。"农不如工，工不如商，刺绣文不如倚市门"，农民趋利从商，求利经商的势头在春秋战国时期大量兴起。（3）城市得以较快发展。齐国的临淄、楚国的都城郢、卫国的濮阳都是当时繁荣的大都城。"临淄之途，车毂击，人肩摩，连衽成帷，举袂成幕，挥汗成雨，家殷人足，志高气扬"，讲的就是当时齐国的临淄有7万多户人家，地方富足，街上人很多，众人把衣袖举起来像帐幕，每人挥一把汗如下雨一般，足见临淄的繁荣景象。

因此，本书认为，贸易文化起源于生产力的进步，剩余物品出现，从而产生的物物交换的行为。当物物交换的意识固定下来，并成为人们生活中不可分割、习以为常的一部分时，便出现了贸易文化的萌芽。交换是贸易的开端，意识是文化的启蒙。春秋战国时期商业的发展，大大促进了贸易的进步，使得物物交换的种类增多，同时人们不再仅仅为了生活需求而进行交换，更为了获取利润，商人便是这种行为的载体。也由此，交换变成了贸易。大商人的出现，农民与城市普通民众参与经商，使得近乎所有的诸侯国沐浴在贸易的氛围中，文化也就油然而生。

2. 贸易文化的发展

随着生产力的发展，尤其是交通业的进步与科技的飞跃，使得贸易的范围与空间都得到了扩张。其一，贸易的概念得到了扩展。以前的贸易只停留在人们剩余物质的交换，而此时的贸易成为一种专门制造的特殊活动。这主要体现在贸易商品的范围不仅仅限于衣食住行等生活必需品，随着人们对精神层面的追求越来越高，服务业占经济的比重不断加大，如电影、动漫等已成为人们普遍消费的产品。如美国的迪士尼，它所创造的米老鼠、唐老鸭等卡通形象已经家喻户晓，迪士尼公司的动画电影近几年在世界电影市场上也是屡创票房神话。《冰雪奇缘》是迪士尼成立90周年的纪念作品，截至2014年7月，《冰雪奇缘》以全球12.74亿美元的票房成为全球动画电影票房冠军。迪士尼公司的贸易活动以这种无形商品的输出带动有形商品交易的方式，不得不称为一种贸易形式的创新。随着《冰雪奇缘》的票房热卖，《冰雪奇缘》的周边产品也在全球热销，而香港的迪士尼乐园更是适时推出了冰雪城堡等主题活动。迪士尼这种营销的方式只是美国贸易文化的一个缩影，有关美国的贸易文化将在下文中详细讨论。其二，贸易的空间范围由国内转向国际。经济全球化的一大体现就是贸易全球化。跨国公司的出现使得贸易真正跨越了地理的限制。美国苹果公司的苹果线下商城开遍了全球，KFC、必胜客等餐饮也在全世界深受欢迎。

从有形到无形，从国内到国际，贸易的发展是飞速的，但这其中文化的作用则越来越凸显。贸易文化化、文化贸易化、贸易与文化一体化已成为当代贸易与文化发展的趋势。以往的贸易商品，如粮食、水果、织物等，由于都是生活的必需品，交易本身存在很小的壁垒。这些商品的一个共同点就是，它们的价格仅仅受到市场价值规律的影响，如粮食丰收其价格就低，进口水果由于数量关税等原因一般情况下比国内的水果贵。而无形的贸易活动则与之大相径庭。中国人民普遍喜爱的《西游记》人物形象在国外不一定吃香，同样的，在海外市场大卖的电影在国内却遭受冷落。这里就要提到"文化折扣"的概念。

最早提出"文化折扣"概念的是霍斯金斯和米卢斯，他们认为扎根于一种文化的特定电视节目、电影或录像，在国内市场很具吸引力，因为国内市场的观众拥有相同的常识和生活方式；但在其他地方的吸引力就会减退，因为那儿的观众很难认同这种风格、价值观、信仰、历史、社会制度、自然环境和生活方式。邵军、吴晓怡（2014）分析了我国核心文化产品出口的影响因素，研究发现，文化距离越远，文化偏好的差异越大，对应的文化折扣效应也更严重。而共同的语言有利于促进文化贸易的开展，原因在于共同语言表明了相似的文化背景，也在于降低了商务过程中的交易成本。

如今贸易的研究中越来越重视文化的因素。通过现代经济学研究的方法，对文化因素的分析从过去的定性研究也转向了定量研究。中国文化出口对策研究课题（2007）重点从中观和微观视角，探讨了文化贸易的经济作用，认为发展对外文化贸易，不仅可以促进文化产业的发展，带动相关产业链升级，产生巨大的直接经济效益，而且有助于加快提升出口产品附加值，逐步减少对外贸易摩擦，也有利于增加进口国对中国文化的亲近感和认同感。课题组随后以 1992～2009 年中国与其他 41 个国家和地区的双边文化贸易数据为样本，通过"扩展的引力模型"，专门就"文化距离"对文化贸易影响进行的实证检验显示，文化距离对文化产品的贸易流量具有显著的负面影响，与贸易对象国之间较大的"文化距离"会阻碍中国文化产品的出口。姬锦霞（2011）选取 2009 年与中国开展文化贸易的 61 个国家和地区的截面数据进行回归分析表明，GDP 规模与文化背景对中国文化贸易有显著的积极促进作用；科技水平与中国文化贸易正相关但不显著；贸易条件、地理距离与中国文化贸易负相关，但影响不显著。文化折扣、文化距离等反映的都是贸易双方由文化的差异所带来的交易成本的上升。文化的差异具有客观性，是难以消除的，但由于双方是处在贸易这个经济活动中，如果能够形成相同的贸易文化，那么贸易的成本便能够有效地降低。但贸易文化也不仅具有正面的效应，也有负面的效应。关于贸易文化的作用将在下一节中重点讨论。

3. 贸易文化内涵

贸易文化首先是以贸易活动为载体的。马克思主义唯物论认为：物质是不依赖意识而存在的可以被意识所反映的客观存在。世界的本质是物质的，讨论贸易文化首先也应先讨论其物质性。人们所进行的物物交换的行为也是在剩余物品的基础上才出现的，春秋时期兴盛的贸易商业也是在东西南北所盛产的商品种类不同时才有了贸易的活动。贸易指的是应对贸易对象的需求生产进而出售财物的一种交易活动。在生产力尚不发达的时期，贸易主要是交换自己多余的物品，而随着生产力水平的大幅提高，贸易开始具有针对性，在了解市场需求的基础上，利用自身的比较优势生产销售，从而获得更大的利润价值。

其次，贸易文化是一种文化现象。但这种文化现象却为贸易主体的形成起着决定性的作用。意识往往是个体的行动指南，而贸易文化作为国家、企业、个人所持文化贸易走出去的理念，是文化贸易能否成功进行的先发条件与决定因素。英国人类学家爱德华·B. 泰勒认为文化或文明，就其广泛的民族学意义来讲，是一个符合整体，包括知识、信仰、艺术、道德、法律、习俗，以及作为一个社会成员的人所习得的其他一切能力和习惯。由此我们可以看到，文化概念的核心是人，文化是人在长期发展中的产物。因为贸易文化的概念至今没有一个详细的描述，也没有见于任何期刊，所以定义贸易文化是一项非常困难的工作。在这里，我们使用类比其他经济文化的概念，尝试给贸易文化下一个笼统的定义。张保权（2006）认为，经济文化区别于文学、历史、哲学、政治、教育等传统文化，是以投资理财、经营管理等经济活动现象为中心形成的观念文化，如经济制度、经济知识、经济理论以及经济教学与研究等，是生产、分配、交换和消费等经济实践的环节与过程的内在规律的反映。郭鉴（2007）从广义上分析认为，产业文化是一种以产业为主体的文化，产业中的物质环境和产业关系反映了产业文化中的价值观。产业文化是以产业为基础，所展现与之相关的精神、行为、制度、物质等方面的文化现象，包括生活空间、社会价值、乡土艺术、古迹、历史等文化内容。张佑林（2014）认为，笼统地说，区域文化是一种社会现象，是人们长期创造形成的产物；同时又是一种历史现象，是社会历史的积淀物。确切地说，区域文化是指一个区域或民族的历史、地理、风土人情、传统习俗、生活方式、文学艺术、行为规范、思维方式、价值观念等。

由此，笔者给贸易文化的定义为：贸易文化是人们在长期的贸易活动中所创造的物质财富和精神财富的总和。理解贸易文化要注意以下三点。

第一，贸易文化的历史发展性。贸易文化是一种随着历史发展，其内涵不断变化和丰富的文化现象。从最初剩余物品的出现，人们萌发了物物交换的意识，到后来，人们开始通过贸易的方式交换其生活区域内盛产的物质财富，到如今，开始有针对性地、专门去为了贸易活动而生产产品。贸易文化是随着生产力的发展、人类思想的进步呈现多元性发展的。文化是经历了数百年乃至数千年人的思想和价值观的沉淀，无论是保守还是激进，中庸抑或创新，它都具有极其强大的稳定性。因此，贸易文化正是反映了这个地区、这个民族长久以来所形成的根深蒂固的文化底色，在这点上，贸易文化和区域文化具有相似性。

第二，贸易文化的出发点是文化，落脚点是贸易，贸易文化是贸易和文化的有机结合。贸易文化是以文化的视角去解释贸易这种经济活动的研究方法。文化的差异性也带来了更多的贸易机会与可能。贸易作为一种经济活动，它必然体现了一定的文化观念和文化价值。从物质层面上看，贸易双方是通过商品进行嫁接的，而从精神层面上看，文化则成为双方链接的无形的桥梁。但这两座桥梁是融为一体的，不能割裂地去看待的。由于贸易和文化均是人的行为，贸易和文化天然地具有不可分割的性质，可以说，贸易天然地就带有文化的属性。贸易文化的研究稀少不代表贸易与文化没有关联，只有当人们的物质生活水平达到了一定层次，人们对经济活动的研究达到了一定高度，才会注意到数据以外的，不是那么直观的因素。一个商场的业绩备受瞩目，不仅仅是因为其所处的地理位置优越，内部装潢奢华，品牌入驻齐全，现代人们物质生活水平较以前有了大幅的提高，一个城市的人不再是全都拥挤在唯一的一家商贸中心，他们的要求也不仅仅是买得到，而是要求自始至终的消费体验。贸易活动的根本是人与人的交流，这种交流中蕴藏着贸易商的智慧与谋略。贸易通过文化的建设，使贸易商可以有领先行业的贸易思想与营销理念，从而占据行业的制高点。

第三，贸易文化的核心在贸易主体的价值观与精神资本，这种层次上的贸易文化是深层次的，它由内散发，如河流的源头慢慢地扩散，最终蔓延至广袤土地的各个角落，为其注入了活力与生生不息的动力。贸易主体在现代贸易活动中主要是指企业，因此贸易文化很大程度上是和企业文化相契合的。企业文化指企业成员广泛接受的价值观念以及由这种价值观念决定的行为准则和行为方式。陈传明、张敏（2005）提出了企业文化刚性的概念，认为企业文化是随着时间的推移而逐渐形成的，具有难以被改变的刚性特征，这与文化的稳定性是相符合的。徐尚昆（2010）通过对349位企业家的问卷调查得出了符合中国本土的12维企业文化概念范畴：贡献、团队精神、员工导向、领导、核心价值、沟通协调、顾客向导、组织学习、创新变革、战略目标、诚信和社会责任，试图打破硬套西方企业文化理论导致的企业文化在中国出现的"水土不服"的现状。赵曙明（2011）认为，企业文化的一大研究热点将会在跨文化管理上，不同民族不同国家的文化融合则会形成新的企业文化。在这一点上，企业文化的跨文化研究实质上就是贸易文化中国际贸易文化的部分。无论是国外的学者还是国内的学者，都认同企业文化对企业的发展至关重要，承载着企业未来兴衰成败的关键。

第四，贸易文化有广义贸易文化和狭义贸易文化之分。广义贸易文化指古今中外所有的贸易文化，狭义的贸易文化仅指与对外文化贸易相关的贸易文化。从贸易文化的历史发展性来看，贸易文化的起源是从广义贸易文化开始的。最原始的物物交换是在区域内或是国家内完成的。这是由科技特别是交通技术的限制所造成的。随着陆运和船运的发展，春秋各国之间，到明代郑和下西洋，广义贸易文化中对外贸易文化的部分开始逐渐体现其主要的地位。而地中海贸易文化，哥伦布发现新大陆，再到近代美国的文化出口现象都主要是受到狭义贸易文化的影响。本书主要研究的是狭义贸易文化，而下文中关于贸易文化的分类也是从狭义贸易文化出发的。

贸易文化虽然与企业文化存在很大程度的相似，但它比企业文化所涵盖的范围更广，适用的范围更大。首先，企业文化更强调企业内部的凝聚力，而贸易文化还包括对外的沟通与协调；其次，贸易文化的历史比企业文化更加悠久。企业文化起源于20世纪七八十年代美国经济学家对日本企业崛起的研究，而在此之前，美国企业只注重管理方法、制度等因素，日本企业更加注重管理的软性精神因素以及与企业长期并存的员工集体信念。而贸易文化虽然提出的时间很晚，但早在人类出现物物交换的意识时便已存在。贸易文化是长久以来人类对贸易认知的不断积累和凝练，它潜移默化地存在于贸易活动之中，影响着人们的价值观。最后，贸易文化有时会体现在国家的层面上。美国人与生俱来的民族优越感，认为自己是"天选之民"的自我态度，使他们觉得自己有义务去改造世界，因此，他们很早便开始通过广播、外交等方式宣传美国的文化思想，企业也不断向世界扩张，形成海外贸易的发展浪潮。

二 贸易文化的分类

1. 从文化性质视角分类

（1）封闭性的贸易文化

封闭性的贸易文化，指抑制贸易、反对贸易，贸易的发展十分迟缓的贸易文化。中国古代君主将自己统治的疆土称为"天朝上国"，认为自己脚下的土地便是"天下"。中国广袤的土地孕育了丰富的自然资源，促进了物质资源的交换，直到春秋战国时期各诸侯国贸易互通，贸易文化的种子才有了萌芽的迹象。但之后封建统治者一直秉承着"重农抑商"的思想，贸易文化被扼杀在摇篮中。高度集权的君主制度使中国的经济停留在了农业社会，贸易文化自然也就丧失了发展的机会。

（2）扩张性的贸易文化

扩张性的贸易文化，指支持贸易发展，以贸易推动经济，形成贸易—经济良好循环的贸易文化。欧洲地区尤其是处于地中海文化圈的国家，自中世纪以来有着浓厚的贸易文化氛围。不同于中国广袤的地域，环地中海国家的地理条件各不相同，人们的生活方式与沉淀下来的文化也出现了多样性。伊斯兰教文化、犹太文化和基督教文化在这里碰撞，欧洲的货船由这里驶向印度洋，去往东方国度。谌和中（2010）认为，地中海东西部地区资源禀赋的天然差异，西部地区对东部经济的依赖性催生出了地中海文化的关联，使地中海文化圈成为现实。地中海贸易的繁荣使得商业对国家经济的发展至关重要，商人的地位也相对较高。

中国古代也有过两次代表贸易文化长足发展的事件。一是汉朝时张骞出使西域，开拓了著名的丝绸之路，实现了汉朝与西域之间文化与经济的互通往来，这是我国古代史上贸易文化浓墨重彩的一笔。丝绸之路极大地拓展了汉朝和西域的文化、经济交往。二是明朝海洋贸易甚至是国际贸易能够开启的良机，然而明代的统治者以"劳民伤财，有损国力"的狭隘思想，让中国继续处在闭关锁国的天朝梦中。无论是丝绸之路还是郑和下西洋，都是我国历史上有过的扩张性贸易文化的表现，尤其是丝绸之路对汉朝的经济是有促进作用的。

扩张性贸易文化使得一个国家、一个地区的贸易水平、经济实力大幅增长，在这些地区尝到贸易的甜头后，扩张的欲望会越来越强，为了打开其他地区的市场，不惜使用各种手段谋取利益。鸦片战争便是扩张性贸易文化侵略的极端表现。英国人为了打开中国市场，发动战争，强迫清政府签订开岸同商的不平等条约。但也是从鸦片战争开始，中国的贸易之门终于被打开，从此中国的贸易、民族工业、思想浪潮都有了长足的进步。

2. 从文化种类的视角分类

张述传博士在《贸易文化论》一书中，从文化自身的内在逻辑和层次，将贸易文化分为贸易物质文化、贸易观念文化、贸易制度文化。文化从广义上可以分为四类：物质文化、精神文化、行为文化和观念文化。狭义上则单指精神文化。很显然，张述传博士所使用的文化的定义是广义的文化，但张述传博士在书中并没有提到贸易行为文化。因此，本书在延续张述传博士的分类方法的基础上对其进行了补充，加入了贸易行为文化的类别，这样贸易文化也就更加完善与系统。

具体来说，贸易文化分为四类，分别是贸易物质文化、贸易精神文化、贸易制度文化和贸易行为文化。贸易物质文化指商品、服务、环境所承载的文化，它们的价值既有传统的价值部分，更重要的是其所蕴含的文化价值。瑞士的劳力士手表以其典雅瑰丽、分秒不差的做工品质在全世界都赢得了赞许，劳力士制表师对品质的严苛态度为劳力士品牌刻上了精雕细琢、具有极高收藏价值的文化烙印。这使得手表具有极高的文化附加值，它一方面传递着制造商极力营造的"劳力士文化"，另一方面通过人们对尊贵的追求和信任，使得全世界的人对劳力士有着一致的适应性。劳力士所营造出的贸易文化为消费者提供了导向，营造了销售的潮流。

贸易精神文化是贸易文化的核心，它包括贸易理念、贸易智谋、价值观念等，是贸易企业从贸易活动开始便有的，通过贸易活动不断积累、沉淀，又持续地突破、创新的贸易观念的集合。贸易精神文化是贸易文化中唯一的出发点在人、落脚点也在人的部分。贸易精神文化通常先由一个人（如企业家）开始，通过吸引、影响等渠道成为一群人所共同认可、共同向往的文化。

贸易制度文化包括已经以正式的形式确定下来的强制实行的规范、条例，也包括长时间内人们约定俗成、共同遵守的信念，它是一种无形的约束，从而保证了贸易的有序进行，也降低了贸易的文化成本。如诚信交易，互利互惠，尊重对方的文化传统，避免生活禁忌。

行为文化是指人类在社会实践，尤其是在人际交往中约定俗成的习惯定式构成的人类行为文化，具有鲜明的民族、地域特色。贸易行为文化一般是指贸易商行为处事的方式和方法。贸易行为文化包括：贸易主体在贸易活动中的行为活动，包括贸易前的准备、宣传、营销工作，广告文化，售后服务，贸易礼仪。贸易行为文化与贸易观念文化是一体的，没有观念指导的行为是无意义的，没有行为反映的观念是空洞的。戴尔公司为秉承其直销的贸易理念，每周花一天时间与顾客接触，包括走访芝加哥等城市和出席高级经理人员的销售报告会，从而获取信息，贴近用户。

3. 从宏观、微观视角分类

从宏观和微观的视角上看，可以从国际、国家、企业和个人四个方面来区分贸易文化。

（1）国际

主要指随着现代贸易发展而产生的国际贸易组织、法律法规等。其中最著名的便是世界贸易组织，即 WTO。世界贸易组织发展至今已有 20 年，目前有 160 个成员，发展中国家占到了 3/4。世界贸易组织在国际经贸领域建立了秩序和规则，为推动国际贸易发展起到了至关重要的作用。其他的贸易组织还有 IMF、TPP、TTIP 等。贸易的全球化带来的不仅是更广阔的市场，还有不断的贸易摩擦，而这种摩擦更多的是来自贸易双方的文化理念和价值观的冲突，即"文化折扣"。国际贸易组织、法律法规的出现，规范了贸易行为，形成了统一的贸易价值观，一方面，参与国之间秉承互惠互利的原则共享优惠政策，另一方面，诸如争端解决机制也可以尽可能地降低贸易摩擦。

（2）国家

文化具有很强的地域特点，国家间的文化各不相同，贸易文化自然也是大相径庭。中国的贸易文化在早期由于农业社会的性质，形成重农抑商的社会价值观，明清时期的闭关锁国政策始终抑制着贸易文化的发展，直到 1978 年改革开放，中国的贸易文化才有了正式的开端。美国是世界最大的文化贸易出口国，好莱坞电影占据了全球电影市场的绝大部分份额，肯德基、麦当劳、星巴克将美国的饮食文化带到全世界的各个角落，而这只是美国文化贸易的冰山一角。贸易文化是文化贸易的基础，美国的文化贸易能有今日之成就无疑是深深打上美国烙印的贸易文化的功劳。"美国之音"、富布莱特计划，冷战后的美国尤其重视文化外交，通过"文化先行"，为文化贸易消除了障碍。

（3）企业

企业是现代贸易中的贸易主体，如跨国公司在国际贸易中扮演了重要的角色。从企业层面上看，企业的贸易行为，贸易决策，企业的装潢、产品，企业员工所展现的精神面貌，企业制度等都是企业的贸易文化。与企业文化不同的是，贸易文化更强调企业在贸易上、在"走出去"的决策上的表现，贸易文化实际上是企业文化发展到一定高度上的表现，使企业为寻求更高发展，走出本地市场走向外地市场，走出国内市场进军国际市场的决策。

（4）个人

个人层面的贸易文化主要指个人在贸易中体现的价值观，譬如冒险精神、创新精神、贸易礼仪、贸易道德等。明清时期兴盛的海盗现象是贸易文化在个人层面的典型。明清时期，"海禁"政策的推行与广东福建浙江等省份自汉唐以来一直进行的海上贸易形成了尖锐的矛盾。以往的海上贸易遭到了官府的打压，不少商贩、渔民只得在官府察觉不到的地方偷偷地进行贸易。不少海商为了对付官府做起了军火生意，他们武装货船，对抗官兵，同时也劫掠商船。此时的海盗具有商和盗的两面性，但商人的属性占主要地位，是在海禁政策下为谋生的无奈之选。渐渐地，更多的当地居民愿意和这些"走私贩"进行交易，走私活动愈加声势浩大，不可遏制，"海禁"也被迫取消，客观上，海盗促进了当地的经济繁荣和贸易发展。海盗是原本的海商试图在高压下继续贸易的被迫选择，是贸易文化在个人层面的表现。

第二节　贸易文化对文化贸易的影响

由于地理位置、自然环境、文化传统等方面的不同，各个国家和地区所拥有的贸易文化也不尽相同，并且这种差异也并非是一成不变的。各个国家和地区的贸易文化会随着历史的发展、科技的进步、人民思想观念的转变而发生变化，这一点在中华大地上体现得尤其明显。

一般而言，不同的贸易文化会对文化贸易有不同的影响，大致可以分为促进影响和制约影响。

一　封闭性贸易文化的消极影响

清朝晚期以前的中国，一直是世界上少数几个强国之一，同时历史文化源远流长，在文化贸易上有着得天独厚的优势。无论是以瓷器和丝绸为代表的物质文化财产，还是以宗教和诗歌为代表的精神文化财产，都处于世界领先水平。然而明清两朝却少有大开国门的壮举来发展文化贸易，反而有大量的禁海政策，闭关锁国。究其原因，与文化贸易格格不入的贸易文化在其中发挥了巨大的制约影响，使明清两朝对于开放贸易持抵制态度。由于文化贸易在一般形式上需要依附于商品贸易，所以这也直接导致了文化贸易的落后。

距今 600 多年前（公元 1405 年），我国明代伟大的航海家郑和首次率领船队出航，开始了史诗般的西洋之旅。《明史》中对其有如下记载："永乐三年六月，命和及其侪王景弘等通使西洋，将士卒二万七千八百余人，多赍金币。造大舶，修四十四丈、广十八丈者六十二。"意为：永乐（明成祖年号）三年六月，明成祖朱棣命令郑和与侪王朱景弘等出使西洋。带领士卒二万七千八百多人，携带了很多金银财物。建造了大船，长四十四丈、宽十八丈的船有六十二艘。试想，在一望无际的海洋之上，这样庞大的一支舰队，载着两万人之众以及数不清的珍宝，乘风破浪，直至非洲东岸的辽阔海域。这样一幅宏伟的图景对于当时郑和船队途经的各国是一种很强的冲击，充分显示出了当时明朝的强大。

而这样的一只船队，出航的目的却不在开辟航道，联络诸国，建立贸易往来，促进各国之间的文化交流。这一点从当时明朝的三项政策上可以得到印证。其一是明朝有非常严厉的禁海政策，严禁私人下海经商，极大地打击了明朝与周边国家的贸易往来；其二是明朝对于"蛮夷"的进口商品免征税收，以显示中原地区的富强，却给国家财政带来了损失；其三是在进口货物时，为了巩固自己宗主国的地位，经常会用高出市价的价格达成交易。由以上几点可以看出，明朝政府的郑和下西洋活动，目的并不是同海外国家发展贸易，进行文化交流。

根据《明史》记载："遍历诸番国，宣天子诏，因给赐其君长，不服则以武慑之。"郑和的船队依次走遍了各国，向他们宣读天子的诏书，并赏赐和馈赠当地的君主、首领，有不降服的就用武力镇压。可见，郑和下西洋的过程中固然伴随着一些贸易的元素，但贸易绝对不是主要目的。更多的是想"耀兵异域，示中国富强"，向周边的小国显示自己国力军力的强大，将其纳入朝贡系统之中。

当时的明朝，无论在科技还是文化上，相对周边国家而言，都占据了绝对的优势地位，同时加上地大物博、物产丰富，如果能够和周边国家广泛地开展贸易合作，对于政府的财政和影响力的扩展以及更深层次上中华文化的传播和发展都会大有益处。但明朝政府却没有选择这么做，只是把下西洋作为一种向周边国家炫耀武力的手段。其原因，从根本上来说还是受限于中原地区的农耕文明所孕育出来的封闭性贸易文化。

长久以来，中原地区一直是处于自给自足的农耕文明之中，对于贸易的需求并不高，甚至对于贸易是排斥的。例如"士农工商"的理念，将天下之民分为四种，商人排位最次。同时，中国古代又素有"三教九流"之说，根据解释不同，三教九流具体所指也有不同的说法，其中之一为：传说中，鸿钧老祖一道传三友，老子与元始天尊创立"阐教"，通天教主自立"截教"，再加上三位人皇统领人间，称"人道教"，如此为"三教"。九流，则是指尊卑不同的九种身份，由尊至卑依次是：帝王、文士、官吏、医卜、僧道、士兵、农民、工匠、商贾（商人的身份很低）。而除此之外，还有"奴、乞、娼、贼"等等，为"不入流"，即最下等。可见，在中国的传统文化中，贸易在很长一个时期里得不到重视，甚至是被刻意压制的。根据明朝的《农政全书》记载："洪武十四年，上加意重本抑末，下令农民之家许穿绸纱绢布，商贾之家只许穿布。农民之家但有一人为商贾者，亦不许穿绸纱。"政府甚至会下令禁止经商之人及其家庭成员穿丝织品，只能穿布衣。原因在于古人只看到商人在流通领域高卖低买，赚取差价，所以就认为商人是不事生产而有所得，属于投机取巧，反害农桑。

上自朝廷，下至百姓，都对商贸往来有一定程度上的抵触情绪，这就是明清时期的文化传统，而这种文化传统所孕育出来的贸易文化自然也是相当保守封闭的。从历史上来看，中国始终以天朝自居，从未想和周边国家平等地进行贸易往来。外国先进的技术流入也大多被视为"奇技淫巧"而被忽视。这种对于贸易非常不重视的贸易文化也就使得明清的文化贸易只能局限在非常小的范围内，大多只是通过一些类似郑和下西洋的政府行为来实现。

总而言之，明清两朝所形成的贸易文化是一种封闭性贸易文化，更倾向于避免贸易，努力将自身建设成一个封闭的、能够自给自足的经济体。这种贸易文化使得国家的民众和周边国家的民间交流少之又少，甚至由于禁海等命令而完全断绝交流。这种贸易文化容易使国家陷入闭门造车的境况，不利于推动科技的进步以及文化的互补，对于文化贸易而言有很大的抑制作用。

二　扩张性贸易文化的积极作用

不同于封闭性的贸易文化，扩张性的贸易文化更加注重对外交流，在交流中相互借鉴、取长补短，促进各自的经济文化发展；同时增信释疑、加强合作，使得两国或两地区之间形成更为紧密的贸易关系，促进文化贸易的发展。

在世界范围内，当我们提起商人，很多人首先联想到的就是犹太人，认为犹太人是最伟大的商人，是最富裕的民族。诚然，犹太人作为商人确实出色，但在很多史学家的眼里，最成功的商人还是阿拉伯人。在当今时代，阿拉伯地区由于其得天独厚的资源优势，依靠其丰富的石油储备，得到了大量的财富，给人一种暴发户的印象，但是当我们回顾历史，我们就会发现阿拉伯人在经商方面有其独到之处，并且对周边地区乃至世界的文化发展有着不可替代的贡献。

由于阿拉伯地区气候炎热，有大片的沙漠地区，缺乏各种必要的资源；同时阿拉伯人作为游牧民族，生产能力与农耕文明相较更为低下，难以实现自给自足，所以，为了弥补这一缺陷，阿拉伯人便放弃了农耕，转而将目光投向了贸易，以期在贸易中创造财富，实现本民族的生存发展以及文化传播。阿拉伯帝国位于亚、欧、非三洲交界之处，自古以来就是东西文明进行贸易、文化交流的必经之地，这就为阿拉伯人的商贸之路打开了方便之门。

同时，在贸易文化上，阿拉伯帝国对商业极其推崇。早在伊斯兰教成立之前，阿拉伯人便已经是经商能手。靠近各大主要贸易商道的城市居民大都以经商为生。商业的发展反过来使得阿拉伯人更加坚定经商的信念，这种与众不同的社会文化又进一步促进了阿拉伯帝国商业的发展。伊斯兰教创立之后，阿拉伯帝国成为一个政教合一的国家，伊斯兰教对于商业的重视在很大程度上促进了阿拉伯帝国的商业发展，推动了阿拉伯地区的文化贸易。这就和我们中国在古代轻视商人、排斥商人的思想观念形成了强烈的对比。我国战国时期著名的荀子就曾提出"先义后利者荣"，认为利和义有明显的先后次序，并不对等；被后世尊为圣人的孔子也说过"君子喻于义，小人喻于利"，更是把利和义分别作为划分小人和君子的标准。所以说中国自古以来的社会思想所形成的贸易文化并不适合文化贸易的展开。而阿拉伯人就不同，他们推崇商贸往来创造财富的观点，同时又在义利之争中找到了适当的平衡，使两者不再矛盾，反而相互交融，随之而来的则是阿拉伯文化贸易的飞速发展。

阿拉伯数字在全世界的广泛传播可以作为其文化贸易高度发达的佐证。众所周知，阿拉伯数字并非由阿拉伯人发明，而是由印度人发明的，但却是通过阿拉伯商人的传播走向了世界。这在当时或许只是一件不值一提的小事,如今看来却是人类历史上的里程碑,这都要归功于阿拉伯帝国强大的文化贸易。

在促进周边国家文化发展上,阿拉伯帝国也是功不可没。随着阿拉伯商人的足迹,阿拉伯的文字也一同走向了周边国家。

同样作为扩张性贸易文化的代表,地中海地区在中世纪时期的文化贸易活动也相当繁盛。地中海是欧洲、非洲和亚洲大陆之间的一块海域,三洲之间的海上贸易有相当一部分就是通过地中海来进行,这样得天独厚的地理优势,使得地中海的沿岸地区早早就认识到了贸易对于经济文化的促进作用。

中世纪时期,在地中海从事贸易往来的商人来自各个地方,堪称"国际商人集团"。如果按照宗教信仰来分的话,除穆斯林商人以外,也有相当数量的犹太商人和一些基督教徒商人。当时地中海贸易的主要商品是胡椒、肉桂、丁香等香料。从 11 世纪一直到 15 世纪末期,阿拉伯、印度以及中国来的商队把大批香料运到叙利亚,威尼斯、热那亚等地的商人再从叙利亚贩往西欧各地。香料在当时是奢侈品,香料贸易是成本低运输方便而利润又高的贸易,它始终是中世纪地中海贸易的一个特点。但随着西方与东方贸易关系的日益密切与频繁,各种自然物品与制造品的交易也不断增加。从 13 世纪起,输入欧洲的商品除香料外,还有米、橘、杏、无花果、葡萄干、香粉、药剂和苏木、洋红、明矾等染料,以及棉花和生丝。当丝织业首先在意大利随后又在法国南部发达起来时,生丝输入量也和棉花一样日益增多。运往欧洲销售的大马士革的锦缎、巴格达的神龛、摩苏尔的纱布、加沙的棉纱等也很受西欧人欢迎。

可见,当时的地中海贸易是由来自不同文化背景的商人进行的,其宗教信仰的不同会产生文化差异,这种文化差异就是一种促进文化贸易的源泉;同时,他们运载着来自不同大陆的商品,通过地中海的海上通道,运往各个地区。这就产生了双重甚至多重的文化差异,使得地中海地区的贸易文化更为开放,伴随着传统的商品贸易,以宗教、音乐为代表的文化贸易也得到了极大的发展。

总的来说,开放或者封闭的贸易文化决定了一个国家的软实力,而一个国家的软实力长期决定了国家整体的发展。从宏观的角度来说,中国在历史上一直属于封闭的贸易文化,例如秦国的万里长城,固然有其军事意义,但同时也基本上隔绝了中国与外部的交流;此后的郑和下西洋,在取得初步的成功之后，明朝便下令禁海，直到清朝都一直采取闭关锁国的政策，使得中国的发展在这一时期远远落后于西方各国。反观地中海周边的国家，虽然也受到了海盗的侵扰，但并没有执行如明朝清朝这般严格的禁海政策，主要是因为他们的贸易文化就是开放的，愿意走出去，即使只有一叶扁舟，也心有大海，最终迎来了较大的发展，成为当时世界上的强国。

第三节　贸易文化对文化贸易的影响机制和作用机制

通过上一节的示例，我们可以看出贸易文化对文化贸易有促进和制约影响。良好开放的贸易文化会在很大程度上促进文化贸易的发展，而保守落后的贸易文化则会对文化贸易产生消极的制约影响。通过分析大量的史实和当代各国发展的例子，我们可以从中总结出贸易文化对文化贸易的影响机制和作用机制。贸易文化的开放与否，可以决定一个国家的贸易主体是否形成，进而决定相关配套的贸易制度的发展和形成，通过贸易制度再影响文化贸易的发展。

一　贸易文化影响文化贸易发展的作用机制

1. 贸易文化会影响国家的贸易制度

"制度"是一个宽泛的概念，一般是指在特定社会范围内统一的、调节人与人之间社会关系的一系列习惯、道德、法律（包括宪法和各种具体法规）、戒律、规章（包括政府制定的条例）等的总和，它由社会认可的非正式约束、国家规定的正式约束和实施机制三部分构成。

以我国明朝时期为例，明太祖在位的洪武年间，根据《明太祖实录》记载，在洪武四年（1371）十二月，太祖"昭吴王左相、靖海侯吴桢及方国珍所部温、台、庆元三府军士，及兰秀山无田粮之民尝充船户者，凡十一万一千七百三十人，隶各卫为军，（仍）禁濒海民不得私出海"。这是至今见于史料中明太祖所颁的最早的禁海令，此前的令文尚未发现。在洪武十四年（1381）十月，太祖再次下令"禁濒海民私通海外诸国"；二十三年（1390），明太祖"诏户部申严交通外番之禁。上以金银、铜钱、缎、兵器等物，自前代以来，不许通番，今两广、浙江、福建愚民无知，往往交通外番，私易货物，故严禁之。沿海军民官司，纵令私相交易者，悉治以罪"；之后在二十七年（1394），太祖复有令"禁民间用番香、番货……命礼部严禁绝之。敢有私下诸番互市者，必置之重法。凡番香番货，皆不许贩鬻。其见有者，限以三月销尽。民间祷祀，止用松柏枫桃诸香，违者罪之"；明太祖去世前夕的三十年（1397），再次"申禁濒海民私通海外诸国互市"。这条禁令是朱元璋在位时的最后一条海禁令，也是其留给后代皇帝的圣意。在当年颁布的《大明律》中也出现了对于出海贸易的禁令。

明朝的禁海令在很大程度上影响了中国的对外文化贸易发展。阻碍了民间的对外文化交流以及贸易行为，仅有的渠道是通过官方的一些举措来和他国建立联系。但正如前文所述，明朝当局的对外交流并非以发展贸易交流文化为目的，而是为了"耀兵异域，示中国富强"，把周边的诸国纳入朝贡系统中，来显示明朝的强盛。而明太祖也明白前来朝贡的诸国并非真正臣服于明朝，而是为了经济利益，将明朝看做不会做生意的商人，所以感叹诸国"遣使中国，虽云修贡，实则慕利"。之后也就开始不断缩减朝贡的规模，以致对外文化贸易规模越来越小。明朝的禁海令不只影响了明朝的两百多年，清朝也同样受其遗毒，实施闭关锁国政策，使得中国的对外文化贸易和文化交流停滞不前，最终在各个方面都被当时的世界强国所赶超。

2. 贸易制度会影响人的行为选择

从整个社会的宏观层面来看，中国古代由于处于农耕时代，完全能够自给自足，对贸易的依赖程度不高，同时思想上重农轻商，所以对于走出国门和周边国家进行交流的欲望就不会太强烈，人们对于外来产品和服务也都并不看重。这些都导致整个社会对于对外开展贸易这件事的整体评价偏低，认为其可有可无，政府自然也就不会着手发展对外贸易。从社会个体的微观角度来看，在中国的传统文化中认为"君子喻于义，小人喻于利"，只有小人才会把利益看得很重，而君子则应该重视情义。这就导致即使有些人天生具有很强的商业天赋，但是来自父母、家族、邻里甚至整个社会的压力都会迫使他掩埋自己的商业才能，扭曲他的思维方式，使他成为一个被社会认可的"君子"，而不是为天下所不容的"小人"。所以说，落后保守的贸易文化会使得大量的商业人才被扼杀在摇篮里。反之，在一个先进的贸易文化中，人们会认识到贸易的重要性，很多人会出于主观意愿，主动地加入商贸行业之中。即使个人的商业天赋并不高，也会努力认真地去学习，慢慢积累经验，最终弥补天赋上的不足。如果社会上的很多个体都是这种想法，就会化成一股思想的洪流，推动这一地区的文化贸易发展。

由于明朝时期实行严格的禁海政策，沿海地区人民难以对外开展贸易，迫于生计或者是为了追逐利益，形成了"官逼民反"的情形，即使冒着被判刑甚至被处死的危险，不少人也要铤而走险假扮成倭寇去开展贸易。林仁川《明代私人海上贸易商人与"倭寇"》一文认为，"倭寇"的首领及基本成员大部分是中国人，即海上走私贸易商人，嘉靖时期的"御倭"战争是一场中国内部的"海禁"与反"海禁"的斗争。戴裔煊《倭寇海盗与中国资本主义的萌芽》一书指出：倭患与平定倭患的战争，主要是中国社会内部的阶级斗争，不是外族入寇。王守稼《嘉靖时期的倭患》一文说得更加彻底：明朝政府把王直集团称为"倭寇"，王直集团也故意给自己披上"倭寇"外衣，他们其实是"假倭"，而"真倭"的大多数却是王直集团雇用的日本人，处于从属、辅助的地位。可见，贸易制度的不同会对人的行为选择产生巨大影响，当人们受限于法规制度而难以开展正常的贸易交流时，就有可能会通过其他渠道来满足贸易需求，有可能会成为走私商人，或者直接放弃贸易交流，这都会对文化贸易的发展产生抑制作用。

3. 人的行为选择会影响文化贸易的成本

同样以明朝时期为例，未实行严格的禁海政策之前，人们从事对外文化贸易的成本相对较低。其中大部分的成本在于文化贸易的载体——商品上，附加少量的运输成本。而在实行了禁海政策之后，为了进行对外文化贸易活动，人们只能通过走私。因此对外文化贸易的成本陡然增加，因违反禁令而被处罚的风险成为文化贸易的主要成本。为了防止沿海人民入海通商，明朝法律规定了严酷的处罚办法："若奸豪势要及军民人等，擅造三桅以上违式大船，将带违禁货物下海，前往番国买卖，潜通海贼，同谋结聚，及为向导劫掠良民者，正犯比照已行律处斩，仍枭首示众，全家发边卫充军。其打造前项海船，卖与夷人图利者，比照将应禁军器下海者，因而走泄军情律，为首者处斩，为从者发边充军。"由于政策的影响，人们已经无法从正常的渠道进行贸易往来，只有走私这一种选择，也就成为明朝的"倭寇"，在这种情况下进行文化贸易，是有可能以生命为代价的，成本高昂。

4. 文化贸易的成本会影响文化贸易的效果

如下图所示，根据经济学的供给需求均衡理论，成本的提高会使得供给曲线向上移动，导致均衡点由 A 点移动至 B 点，相较于 A 点而言，B 点的文化贸易总量更低而价格更高；反之，当成本下降时会使供给曲线下移，新的均衡点会在文化贸易总量更大而价格更低的位置。文化贸易总量的大小对于文化贸易的效果有直接的影响。因为文化的扩散与交流是逐渐深入人心的，需要时间和量的积累来达到润物细无声的效果，因此文化贸易的成本会影响文化贸易的效果。

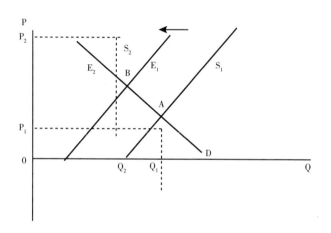

图 5 - 1 文化贸易成本影响文化贸易效果原理

二 贸易文化影响文化贸易发展的路径

1. 贸易文化会影响一个国家的文化贸易体制

文化贸易体制是对外文化贸易经营管理体制的简称，是指对外文化贸易的组织形式、机构设置、管理权限、经营分工、利益分配等方面的制度。它是国民经济体制的重要组成部分，与国民经济体制的其他组成部分有着紧密的联系。对于扩张性贸易文化而言，经过长期的探索与发展，它所选择的文化贸易体制也必然会对文化贸易有正向的促进作用。例如在机构设置上更加简化，加快文化贸易中的种种审批速度，提高文化贸易的效率；在利益分配上给予贸易商更多的回报，来提高文化贸易的利润率，让更多企业参与文化贸易，增加文化贸易的总量；在经营分工上更加明确具体，使得文化产品的生产流程化，保证产品的质量和产量。反之，保守性的贸易文化对于文化贸易的态度相对保守，那么就会选择阻碍文化贸易发展的体制。例如，在文化产品的出口或进口过程中，设置层层的审批手续，使得文化贸易的效率降低；或者是在利益分配时需要贸易商上缴大量的利益所得，这就会抑制贸易商对于文化贸易的热情，从而阻碍文化贸易的发展。所以，不同的贸易文化会使得一个国家选择不同的文化贸易体制，而这种体制进而对文化贸易的发展起到支持或者阻碍作用，很大程度上来说，文化贸易体制的不同决定了这个国家的文化贸易发展常态，除非出现大的变革，例如战争或者政权更迭，这种由文化贸易体制所导致的影响都会一直持续下去。

2. 贸易文化会影响一个国家的文化贸易政策

每一个国家都有自己独特的贸易政策和法律法规，有些法规鼓励文化贸易的开展，而有些则为文化贸易的发展设置障碍。这些由政府制定的政策法规本质上是贸易文化对当权政府的价值观念所产生的影响的一种具象化的表现形式，通过行政手段和力量来对文化贸易的发展施加影响，贸易文化的不同会导致文化贸易政策的不同。新中国成立之后，我国的贸易文化发生了巨大变化，由明清时期闭关锁国的保守性贸易文化转化为开放进取的扩张性贸易文化。与此同时，我国的文化贸易政策经历了一个从无到有、从进口限制为主到出口鼓励为主、从侧重对外文化交流到强调对外文化贸易的历史演进过程。以推动国家的文化贸易发展为中心目标，我国现阶段的文化贸易政策重心是对文化产品和服务的出口进行鼓励和扶持。我国现行的主要鼓励政策包括对于文化产品和服务的出口奖励和补贴、融资支持、税收优惠、文化体制改革支持和服务保障支持等五个部分。其中，对于文化贸易产品和服务的出口奖励、补贴以及税收优惠是政府通过财政支持文化贸易发展的主要方式；而融资支持则主要解决了文化贸易进出口企业面临的金融风险；服务保障支持为文化进出口企业保障了有利的市场环境；而文化体制改革则有利于激发文化企业的生产力和竞争力。文化贸易政策与文化贸易体制不同，它的作用效果是临时性的，只在政策的有效期内发挥作用，但它对整个文化贸易的发展起着规范和引导作用，通过行政法规的力量使得文化贸易向着政策制定者所期望的方向发展。

3. 贸易文化会影响一个地区文化贸易产业的发展

不同的地区之间，由于文化底蕴的不同，贸易文化也会有所不同，这种差异会影响该地区文化贸易产业的发展。以我国为例，东部沿海地区在清朝末期被设为通商口岸，受此冲击，这些地区的贸易文化相较于内陆地区发生了改变，由原本的保守性贸易文化转变为扩张性的贸易文化，这直接影响到当今这些地区的文化产业相较内陆地区更为发达。我国的动漫、音乐、影视等文化贸易的主要产业都集中于东部沿海地区，文化贸易的方式和途径多种多样，各个产业之间相互协作，使得文化贸易发展迅速；而内陆地区则更加依赖于历史古迹或者自然风景来带动旅游业的发展，其他方面则发展相对不足，总体来说文化产业的构建更加保守，文化贸易和东部沿海地区相比有明显差距。可见，贸易文化会对文化贸易产业的发展产生影响。

4. 贸易文化会影响企业的文化贸易发展

不同的文化贸易企业在经营模式的形成和发展道路的选择上会有所不同，贸易文化在其中是一个重要的影响因素。例如，我国东部沿海地区的贸易文化相对开放，属于扩张性贸易文化，东部沿海地区的文化贸易企业更多的也是从事"走出去"的文化产业，开展文化贸易的形式以向外销售文化创意产品为主，相对而言更为主动；而中西部地区的文化企业更多的是集中在旅游业，主要通过吸引外国游客来进行文化贸易，形式上更为被动。这主要是由沿海地区的扩张性贸易文化和内陆地区的保守性贸易文化的差异所导致的两个地区之间文化贸易企业发展模式的不同。

第四节　贸易文化影响文化贸易的实证研究

贸易文化是文化贸易的基础，从历史的发展来看，贸易文化兴起的地区才会出现文化贸易的兴盛。美国和中国汉代的丝绸之路都是贸易文化促进文化贸易发展的实证，通过对这两者的分析可以对贸易文化和文化贸易的关系有着更清晰的理解。贸易文化时时刻刻都在影响着商人、国家的贸易行为，从我国盛极一时的丝绸之路到繁荣的地中海文化，再到 2013 年我国重启"一带一路"的伟大文化交流规划，无不是开放的贸易文化在背后推进。

一　美国贸易文化对文化贸易的影响

1. 美国贸易文化形成的渊源

关于美国文化的起源，学术界目前还没有达成共识。焦点主要是围绕清教是不是美国文化的起源上。张孟媛（2009）认为，在宗教仍然占据主导地位的 17 世纪，清教学说中孕育的个人主义有很大的局限性，不可高估甚至夸大清教个人主义传统对美国文明演进的影响，更不可将清教徒的个人主义与现代意义上的美国个人主义相提并论。刘智（2004）认为对美国来说，清教主义不仅仅是一种教义，更是一种文化氛围，对铸造美国人的价值观和民族性格有着根深蒂固的影响。赵文学（2008）认为清教主义的基本思想已经渗入美国社会，奠定了美国社会意识形态基础，影响了一代又一代的美国人，对美国资本主义的发展产生了不容忽视的影响。

美国文化起源于欧洲大陆，但在大西洋的彼岸，它又按照自己的方式演变，因此很难去考究随着历史进程的推进，清教主义的思想扮演了什么样的角色。但受到欧洲启蒙主义的影响，来到北美大陆的欧洲殖民者坚信在这片崭新的土地上可以建立一个可以实现梦想为世人所瞻仰的"山巅之城"。不过即便如此，文化在美国实际上是步履维艰。在这样一个注重实干的国家，文化被认为是浮华的东西，是偏精英化的。因此，文化很长时间被认为是只有富人才会去关注和享受的东西，尽管此时美国已经涌现了许多艺术家。文化受众小的原因也让美国政府很少触碰这方面，文化无法为总统竞选者带来选票，在入主白宫后，就业、经济、国际压力、战争已经排满了总统的日程表。因此在 19 世纪的美国，艺术被视作欧洲"贵族"的剩余，是旧大陆颓废的、无意义的、奢侈的一种证明，与应当指引新大陆的美国人的简朴与理性精神相矛盾。在美国，国家与艺术之间的隔绝将艺术实践与文化归之于私人领域。国家尤其不应该对于艺术有所看法，不应发出判断，也不应提供资金，这样做的话等于有所选择。文化依旧属于私人领域。

从 19 世纪直到罗斯福总统就任，由于社会对文化的不待见，美国政府一直对文化领域选择规避。罗斯福上台后推出了"罗斯福新政"，在新政中有一份名为"联邦 1 号"的文件，尽管此项计划的本质是通过对艺术家的资助来促进就业，但这是美国政府历史上第一次正式的对文化领域的涉足。罗斯福改变了美国人对文化的忽视和敌意。他说："但是，最近这几年来，他们看到大厅里满是由美国人创作的绘画……这便是为何美国人如今接受了对于过去的艺术作品负有责任，那就是以美国人民的名义去捍卫人类精神和思想的自由。"不过后来由于美国与苏联的对抗，国内出现了反共的浪潮，艺术家在此浪潮中受到排挤和审讯。肯尼迪筹建并创办了国家艺术委员会，他雇用奥古斯特·赫克舍为文化顾问，后者为肯尼迪递交了文化报告，报告阐述了联邦政府在文化中的地位，尽管作用有限，但国家文化委员会确为文化在联邦政府开始占有一席之地的标志。奥古斯特·赫克舍曾说，面对大规模的消费，公众"开始在想艺术的消费方式与其他产品的消费方式不应该有什么不同。因为在购买牙膏的同一个超级市场里购买书籍，人们很可能开始既考虑包装，又考虑产品"。尼克松时代是文化在美国长足进步的时期。在约翰逊时期建立的国家艺术基金会，一个被寄希望于在美国大陆上普及文化火种的组织，此时交到了新任主席南希·汉克斯的手中。南希·汉克斯是一位极具政治游说天赋的女性，她优雅地游走在白宫和国会之间，利用政策鼓励美国州和市政府鼓励文化发展，实现文化的"去中心化"，即文化的全国普及。尽管"水门事件"揭露了尼克松对待文化的虚伪态度，包括之后吉米·卡特试图以迎合各个阶层的民众来推动自己的城镇计划，却落得个众叛亲离的下场，美国的文化面貌确实发生了巨变，文化确实开始点亮了美国版图。

美国许多著名的基金会对文化的发展起到了重要的作用。他们捐助图书馆、大学和歌剧院。由石油巨头洛克菲勒家族创建的林肯中心是美国高质量的经典舞台艺术的主要窗口，洛克菲勒基金会在文化领域也近乎达到了垄断的态势。福特基金会顺应了美国在冷战时期的文化政策，通过文化让世界了解美国，一改苏联对外宣传的愚蠢的美国的形象，福特基金还尤其注重对大学的资助。美国的艺术博物馆，如"大都会"、国家美术馆等，都将自己的经营和市场联系起来，通过改变博物馆的经营模式，如接受企业的赞助、说服国会注资、筹办艺术展览，从原本单纯的艺术展览变为寻求市场吸引力的经营。此外，博物馆自身还摆脱了门票的单一收入模式，而主要依靠咖啡、餐厅、周边产品的收入来赚取利润，将市场效应与大众文化混合起来，从更深处看，这应该是民主思想的产物。

2. 美国贸易文化的特点

尽管美国是由欧洲的移民和当地的印第安人经过短短两百多年建立发展的国家，但在这段时期，原始的清教徒文化和印第安文化不断地碰撞、融合、沉淀，形成了与全世界其他国家截然不同的美国式文化。贸易文化的出发点是文化，落脚点是贸易，贸易文化实际是美国文化在贸易中的集中体现，它主要有以下特点。

第一，美国的贸易文化具有很强的政治色彩。这是源于美国对文化重要性的认知基本是根据美国政府对文化的重视程度而改变的。从罗斯福政府之前整个美国对文化的排斥到罗斯福政府第一次开始将文化列入国家政策中，到后来文化作为武器让美国在冷战中获得了极大的优势，再到如今文化贸易得到了美国政府的大力扶持，贸易文化的发展始终离不开美国政府的参与和支持。美国的贸易文化在一定程度上是通过美国的文化贸易政策体现的。如今美国的文化贸易政策呈现国内自由竞争、国际上保护本土企业的特点。究其原因是美国自冷战尝到了"文化入侵"的甜头后，开始重视文化贸易的发展和保护，因为文化贸易天然的文化和贸易的双重性，除了获得商品贸易带来的出口利润，还对其他国家进行了文化灌输，使得美国的认可度也在悄然增加，换言之，即文化贸易推进了"美国化"的进程，提高了美国的"软实力"。

第二，由于美国独特的民族构成，它的文化天然地具有极强的包容性。包容性是指它融合了许多种不同文化的色彩，并可以不断地吸收其他民族文化的优秀成分，使之成为美国文化的一部分，但各自的文化又保留原有的色彩，是文化的拼合而不是同化。美国贸易文化的包容性在其动画电影中体现得淋漓尽致。《功夫熊猫》中处处体现了中国特色：主角是一只憨厚的熊猫，影片的主题是中国传统功夫，哪怕是里面的浣熊师傅和乌龟大师也翻译成 Master Shifu 和 Master Oggway。《疯狂动物城》中动物新闻的主持人会因为电影上映的国家不同而有所变化：中国上映的版本中主持人是熊猫，澳大利亚的版本被替换成了考拉，法国上映时则变成了麋鹿。迪士尼对细节的微妙把握引发了世界范围的追捧，也为自己赢得了不菲的票房收入。肯德基在进入中国后也推出了"老北京鸡肉卷""安心油条"这样迎合中国人口味的食物。美国的"可口可乐文化""迪士尼文化""好莱坞文化""NBA 文化"在全球有着无孔不入的渗透力。美国贸易文化的包容性的高明之处在于对其他国家文化的处理上，看似是本土的文化在其中绽放了光彩，实际上还是被贴上了美国的标签，其结果是文化通过贸易的途径进行了入侵，贸易借助文化的途径赢得了利润和市场。这也是美国贸易文化最重要、最明显的特点。

第三，美国的贸易文化具有独占性，很难被其他国家所复制。美国文化源自清教徒的民族优越感和对"山巅之城"的追求，这种油然而生的自豪感使得美国人天生地相信自己可以通过努力奋斗得到自己想要的一切，这种优越感与美国经济实力的霸主地位相得益彰。因此，一方面，从历史的角度看，美国的贸易文化源自其独特的美国文化，另外，由于各个国家目前开始对自己的文化实行保护政策，可以预见，美国文化今后也不会在其他国家复制。另一方面，文化的强势与一国的经济实力呈现正相关。"软实力"的创始人约瑟夫·奈认为，各国的硬实力和软实力往往存在着一种正比例关系，贸易文化也是美国软实力的一种体现。依托美国的经济实力，其贸易文化也表现出了强势和侵略性。

3. 美国贸易文化对文化贸易的影响

尽管文化始终没有受到美国历任总统的高度重视，但美国的文化却依靠着如南希·汉克斯等对文化抱有热忱态度的人不断发展。近些年来，美国在文化贸易政策上具有双重性质：一是保证本国企业的自由竞争，二是促进本国企业在国际市场上的竞争优势。美国文化贸易政策的特征实际上是战后美国对外贸易政策自由与保护这一对矛盾的集中体现。如美国在给予其他国最惠国待遇时会加入不要干涉美国文化宣传的要求。另外，依托美国强大的科技，以及美国在文化出口上的天然优势（美国和西方国家都使用英语），美国的文化产业在世界上一直处于领先的地位。2011 年美国的文化服务贸易出口额高达 1210.47 亿美元，占世界文化服务贸易出口额的 42%，是绝对的文化出口大国。图 5 - 3 呈现了 1989～2014 年美国部分文化产品的出口情况，除了磁带产业因为科技的进步不可避免地被市场淘汰，其他的文化产品总体还是呈现了上升的趋势。金融危机的发生对许多国家的出口产业造成了极大的打击，然而 2007 年金融危机发生后美国文化产品的出口呈现了不减反增的趋势，文化产品的出口额度也首次超过进口额。通过图 5 - 2 更是可以发现金融危机的发生使得美国的文化贸易从逆差转为顺差，这表明美国文化贸易在国际市场的强势发展，也展现了美国作为文化强国的雄厚实力。

美国文化贸易的强势发展使美国成为名副其实的文化强国，美国的电影、音乐、图书等文化产品遍布全球，如星巴克、麦当劳等餐饮业也通过文化的渠道在国际市场占据领头羊的地位，美国能够从一个很长时间不重视文化产业的国家发展成为今日的文化霸主可以说有以下两点原因。

第一，从罗斯福政府首次提出有关文化的提案开始，通过如南希·汉克斯等人热忱于文化事业发展的政府人员的推进，文化逐渐受到美国政府的重视。尼克松、约翰逊、肯尼迪、奥巴马等多位美国总统都在自己的就职晚会上邀请了美国诸多的艺术家，任职期间也会给艺术家寄信以此来表示自己对文化事业的关心和支持。文化作为国家软实力的集中体现，为美

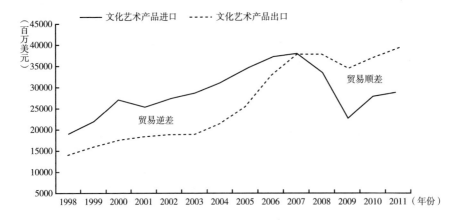

图 5-2　1998~2011 年美国文化艺术产品进出口情况

资料来源：美国经济统计局。

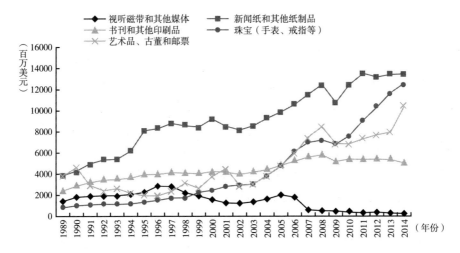

图 5-3　1989~2014 年美国部分文化产品出口情况

资料来源：美国经济统计局。

国冷酷的霸主形象蒙上一层和蔼的面纱，而这正是文化的作用，也是从欧洲横跨大西洋来到美利坚大陆的美国先祖一直到今日的美国人心中想要看到的：美国有义务让这个世界变得更加美好，而这里的美好便是世界美国化的美化表述。文化产业不仅在就业与促进经济发展方面具有成效，罗斯福时期文化产业的起步便是因为其可以缓解当时国内的高失业率，让艺术家得以就业。文化也可以作为武器实现美国的霸权主义，美国在冷战时期通过向苏联大量灌输美国生活的正面形象，一举打破苏联政府维持的美国呆板守旧的宣传，使得美国成为冷战的胜利者。美国政府也是在认识到这一点后对文化贸易进行了大力的扶植。

第二，美国在战后的贸易政策一直具有国内自由竞争、国际上保护本国企业两面性的特点，这样的政策为文化贸易的发展创造了极大的便利。为了本国电影产业的良性发展，美国在国内禁止好莱坞对电影行业的垄断，但在国际市场却极力去打开其他国家的市场。法国、中国都曾与美国在文化上有过摩擦，法国一直反对美国的文化产业进驻本国，但美国最终还是在谈判中获得了有利于自己的局面。自1998年以来美国的文化贸易额不断攀升，2007年金融危机后，文化产品的出口额首次超过了进口额，这主要是源于金融危机对国际市场上珠宝和银器产业的严重打击，但美国电影和电视节目在此期间依旧保持了强势的增长势头。基于文化产业尤其是电影电视行业在金融危机时的抢眼表现，美国在未来势必更加重视文化贸易的发展。

贸易文化是文化贸易的基石和推动器，美国在文化贸易上的发展便有力地验证了这一观点。文化观念的形成使得美国得以开始发展文化产业，尽管过程曲折，但依托美国强大的经济科技实力，美国的文化产业发展迅速。国际上文化贸易在美国贸易政策的庇护下可以畅通地进入各国市场，从而为美国带来不菲的经济收益，更重要的是提升了美国的形象，这种对国家形象的认同感是任何贸易壁垒都阻挡不了的。文化贸易不仅体现在电影、图书、电视节目等传统的文化产品领域，服装、餐饮等产业也越来越有文化的韵味。年轻人脚上的耐克，街角可见的星巴克，商务人士、学生手中的苹果产品，都在无形之中体现了美国文化的影响。文化贸易的发展为其他商品的贸易也打开了便捷通道。得益于美国在20世纪初期在贸易文化上的正确认识，美国的文化贸易发展始终领先于其他国家，美国文化霸主的地位在短时间内恐难以改变。

二　丝绸之路文化与中西文化贸易的交流

1. 丝绸之路贸易文化形成的渊源

中华文明的历史源远流长，在数千年的不断进化发展中，贸易文化也随之在不断发生变化。不同于明清两朝相对保守的贸易文化，汉唐时期的华夏文明，对于贸易的态度更为开放，这种扩张性的贸易文化也就在很大程度上促进了文化贸易的发展，使得当时的中国成为世界上最具影响力的国家。

例如，早在汉朝时期，便设有"关市"，来满足汉朝和周边国家的商贸往来需求。对外出口各种铁质武器、生产工具以及华美的丝绸，同时进口北方的牛马、羊毛、皮革，以此来达到"均有无，通万物"的目的，满足中原以及周边地区彼此之间"以其所有，易其所鲜"的共同愿望。之后张骞出使西域的主要目的是联合大月氏共击匈奴，由于种种原因，这个目的最后并未能够实现，但是却开辟出了一条连接欧亚的道路，之后逐渐发展成为官方的贸易通道，成为我们所说的丝绸之路。这条伟大的贸易线在接下来的数百年间成为连接欧亚的商贸大道。无数商人往返于此，促进了东西方的文化贸易交流，贸易双方无论是以丝绸为代表的物质文化或是以宗教、音乐为代表的精神文化都得到了广泛的传播。在这一过程中，更是形成了独具特色的丝绸之路贸易文化。

2. 丝绸之路贸易文化的特点

丝绸之路贸易文化最为显著的特点是三个层面的文化贸易相互渗透。其中，作为基础部分的是物质文化，在物质方化中又包含着精神文化的内涵。以精神文化为核心，物质文化为基础，制度文化在其中起到制约作用。每一种文化都有其独特的性质，物质文化最容易让人接受，所以传播速度最快，传播范围也会更广；而精神文化和制度文化的传播则往往需要一个过程，慢慢深入人心，逐渐渗透到当地人民生活的方方面面，所以两者的传播速度相对缓慢，需要循序渐进，但它们的影响力却是最大的。

3. 丝绸之路贸易文化对汉唐时期文化贸易发展的影响

丝绸之路上的物质文化贸易是文化贸易的最主要形式。早在张骞出使西域之前，为了使匈奴不再侵扰边疆，汉朝政府就经常赠送丝绸给匈奴，以示友好之意，但是匈奴作为马背上的民族，对于丝绸的需求量并不高，除少量留以自用外，大部分的丝绸都被运往了中亚地区，来换取其所需要的物品，这就是早期丝绸之路上的以物质贸易为基础的文化贸易。而在张骞完成出使西域的任务之后，丝绸之路就慢慢发展为一条正式的商贸通道。随着不断的发展，丝绸之路沿线的各国和中原地区的商贸往来逐渐频繁起来，文化交流也同样蓬勃发展，在唐朝时期达到了巅峰。商品贸易的发展促进了文化的传播，因为很多出口的商品本身就是文化的载体，蕴含着创造者的精神文化，所以，接受一种新的商品在一定程度上也就接受了这种商品内含的文化思想。唐三彩是中国陶瓷艺术和制陶技术的巅峰之作，是中原地区物质文化与技术文化的结晶。因为其多样的造型、绚丽的色彩、华美的装饰而深受各国的喜爱和追捧，在唐朝时期成为主要的向西出口货物。唐三彩沿着丝绸之路不断向西传播，也就是中原地区向外不断开展文化贸易的过程，其中显现出的东方智慧，吸引着世界的目光，使各国了解到这个处在世界东方的强大帝国的文化魅力。

随着物质文化贸易的发展，中原地区与周边国家的交流也不断深入，两者之间的文化贸易往来也逐渐由单纯的商品贸易上升到了精神文化贸易层次。如佛教、景教、天主教、伊斯兰教等不同的宗教文化通过不同的方式传入中国，而中国本土的道教、儒教等也通过丝绸之路向东南亚传播。到了唐朝，在音乐、舞蹈、文学、艺术等多个方面都大量融入了西方的文化思想和元素。在唐朝的贞观年间，唐太宗宴请百官，加奏《高昌伎》，在继承隋朝的《九部乐》（废除《礼毕》，加入《燕乐》）之后，合称《十部乐》，成为唐朝的宫廷音乐。然而在这十部之中，唯有《清商乐》和《燕乐》起源于中原地区，其他八部则都大量融入了西域元素。音乐的改变同时也带来了乐器的改变。商周时期钟作为礼器，在乐器中具有重要的地位，民间则更爱抚琴，这些中原地区传统的乐器普遍都音色单纯质朴，一定程度上也体现出当时人们的思想相对安静平和。之后经由丝绸之路，琵琶作为一种西域乐器传入了中原，并且颇受当时人们的喜爱。唐朝诗人白居易的《琵琶行》中，"京城女"便是因为善使琵琶而在年少时名满京城。琵琶相较于传统乐器而言，出音的密度显著增强，演奏的灵活性以及迅捷性也都更高。人们不仅能够欣赏安静平和的传统音乐，对于华丽繁复、热情奔放的西域音乐也乐于接受。这反映出人们的思想受到西域文化贸易的影响，在精神上与西域文化有了一定的相互融合，不仅宁静淡泊，更多了一份自由奔放。

丝绸之路的发展史其实就是中原地区文化贸易的发展史，有过辉煌，有过没落。随着丝绸之路的潮起潮落，我们可以看出不同的贸易文化对文化贸易所产生的深刻影响。"一带一路"倡议的提出说明我国当前的贸易文化相对于明清时期的落后保守而言已经发生了根本性的改变，更倾向于汉唐时期的兼容并包、积极进取。衷心希望在如今的贸易文化之下，中国的文化贸易能有长足的发展。

第六章 制度文化与文化贸易发展

中国古话说"没有规矩，不成方圆"，尽管我们不能将规矩等同于制度，但在一定程度上，制度起着规矩的作用。对外贸易的展开离不开配套的制度，如各国之间签订的贸易协定，以及各国都必须遵守的国际公约，这些构成了我们所说的制度文化的一部分。制度文化作为一种非正式的制度，与文化贸易存在怎样的关系呢？

第一节 制度文化的界定与分类

经济学家提出一种理论，都包含着许多条在理论之前的假设，也就是说理论建立在一些规则与制度之上。相应的贸易存在于不同报告主体之间，而这些主体要遵循许多贸易规则，这其中就包含我们所说的制度，而当制度被大家所认同，经过时间的考验，或形成公约，或成为政策，或制定契约，这样就无形中形成了我们所说的制度文化。制度的存在保证了贸易有条不紊地进行，那么，什么是制度文化？制度文化包含哪些方面？制度、文化与制度文化的区别又在哪里？

一 制度文化的界定

制度文化作为制度和文化的结合，要准确地给其下定义存在一定的困难。文化是一种无形的东西，马林诺夫斯基在对文化的基本定义中指出，文化作为一个有机整体包括物质、群体和精神三个方面。广义的制度就是在社会生活中形成的规范行为的体系，如政治制度、经济制度、资本主义制度、社会主义制度等，而狭义的制度是指在某一组织范围内各成员必须共同遵守的规则，比如财务制度、教学制度等。

人类社会向前发展，是一种制度向另一种制度的变化，从原始社会、奴隶社会、封建社会到现在我们所熟知的资本主义社会和社会主义社会，不同的社会中，会存在不同的文化和制度。在社会发生重大变革之前，文化往往会先发生变化。18世纪欧洲的启蒙运动，欧洲资产阶级和人民大众反封建的思想文化运动为摧毁腐朽的封建制度、确立资本主义制度做了思想上和理论上的准备。启蒙思想家所宣传的自由和平等、民主和法制的思想，对北美独立战争、1789年的法国大革命，以及19世纪欧洲爆发的一系列资产阶级革命都产生了极大的影响。中国近代的五四运动等，都说明了文化对于制度变革的先导作用。那么，作为文化与制度相结合的制度文化，又该怎么定义呢？

首先，制度文化具有导向性。作为文化的一部分，制度文化必然会体现一些文化的特点，会影响人们的偏好，当人们的偏好由个人偏好变成集体偏好时，无形中就变成一种制度。这体现了文化与制度都会对人的行为产生影响，荀子说"人性本恶"，所以需要社会存在制度与文化来规范人的行为，而制度文化，作为制度的一部分而言，它具有导向性，引导人的行为。

其次，制度文化存在约束力。制度文化要求在社会范围内活动的主体遵循已有的文化或制度，也就是说制度文化会被人所遵循，那么人的行为就会受到有形或无形的限制，因而制度文化在此表现为一种规则。小到个人，大到国家，我们都会受到制度文化的约束。经济学家所说的社会人，会依据自身的情况做出最理性的判断，这里的自身的情况，就包含制度文化所含有的大环境，如所处的经济是何种类型，所面临的资源禀赋以及地方风土人情等，这些都会形成我们所说的制度文化。

再次，制度文化起到调节作用。制度文化不仅包含了已经成文的正式制度，还包含了如习惯、风俗、道德与禁忌等非正式的社会规范。最初经济学家认为贸易一般在产业间贸易，会优势互补，分工后就会达到资源最优，但渐渐发现贸易会存在于产业内贸易，上下游企业会合理分配。不论是产业内贸易还是产业间贸易，必然存在利益冲突，要解决这些冲突，不论是制定契约、签订合同、达成一致都需要了解不同参与者的制度文化，以及地区乃至国家的制度文化，找到利益共同点，达到共赢，在这其中制度文化就起着调节器的作用。

最后，制度文化包含适应性。制度文化体现了人们对于社会活动、社会制度和组织机构的认识、态度，人们的价值观念、态度、信仰都会受到制度文化的影响。不同国家存在着不同的制度文化，但这些制度文化都存在融通之处，各国的制度文化是相互借鉴、相互促进、共同发展的。

从以上可以看出，制度文化是文化的一个重要的层次，是精神文化的依托，是物质文化的规范。社会中的政治制度、法律制度、经济制度以及与生产关系有关的各项规定，都是制度文化的一部分，制度文化是文化与制度的融合体。

二　文化贸易制度的分类

从本书的研究需要出发，可将制度文化分为广义的制度文化与狭义的制度文化两大类型。广义的制度文化是指一个国家的基本制度，即一个国家的根本政治制度与经济制度，它决定了一个国家的文化贸易能否展开，以及在多大的程度上展开。例如，在我国 20 世纪 80 年代以前的计划经济时代，由于实行相对封闭的政治与经济制度，对外贸易基本上处于停滞状态，在极"左"路线的影响下，更谈不上与其他国家的文化交流与文化贸易了。反之，在 80 年代以后，由于我国建立了市场经济体制，实行对外开放政策，我国的对外贸易迅速发展起来，并成为世界第一国际贸易大国，随之，我国与国际社会的文化交流日趋紧密，我国文化贸易也随之开展起来，并成为世界文化贸易重要的一环。

与广义的制度文化相比，狭义的制度文化是指文化贸易制度，即一个国家或地区与文化贸易相关的制度、体系与相关政策等。本书所指的制度文化主要是指文化贸易制度，文化贸易制度是指一个国家围绕着文化贸易活动而形成的管理体制、法律法规、契约、惯例、政策体系以及各种组织形式。文化贸易制度对一个国家或者地区能否开展文化贸易起着基础性的作用。制度文化主要是通过对经济贸易大环境形成影响，进而影响文化贸易的发展。一般来说，围绕着文化贸易有三个层次的制度文化形态，即文化贸易制度、文化贸易体制和文化贸易政策。

1. 文化贸易制度

文化贸易制度是指与文化贸易相关的社会政治法律制度和组织结构与形式，是国家或社会为确立一定的文化贸易关系进行整合和调控而建立的一整套规范体系。作为一种正式制度，文化贸易制度是一个国家文化贸易发展的出发点，它决定了一个国家文化贸易能否展开、发展的范围、规模以及发展的方向等关键性的问题。

正式制度在生产生活中具有重要的影响作用，正式的制度文化总与国家权力或某个组织相连，权力机构会保证正式的制度文化的实施。这也就是说，正式的制度文化会需要参与者之间达成一致意见，往往需要创新，需要花时间，并且会出现组织成本以及谈判成本。制度经济学家强调产权的重要性，提出若是明确规定产权归谁所有，就会大大降低交易成本，这样正式的制度文化就会显得很重要。但是正式的制度文化会存在诸如外部效应和"搭便车"的现象。正式制度的形成需要花费高成本，但是一旦这种制度文化形成，就会很容易被模仿，模仿者只需较低的成本就可以享受同样的服务。但不能否认，正式制度可以降低人们信息搜寻的成本，在日常生活中，一些规则没有阐述清晰，意义含糊，不能被广泛地推广和了解，而正式的制度文化增强其规范能力，更易于被人们所了解、接受。

2. 文化贸易体制

文化贸易体制是指文化贸易的组织形式、机构设置、管理权限、经营分工、利益分配等方面的制度。文化贸易体制从类型上看，可以分为自由市场的文化贸易体制与政府管制的文化贸易体制，前者以美国为代表，后者以中国为典型。

美国一直以来注重文化市场自由化与知识产权保护，成为文化输出强国，在世界文化贸易中保持着领先的位置，而我国文化贸易市场一直受限于政策限制，起步较晚，发展缓慢。

3. 文化贸易政策

文化贸易政策是指一国政府根据本国的文化发展目标而制定的在一定时期内的文化产品进出口贸易活动的准则，它集中体现为一国在一定时期内对文化产品进出口贸易所实行的规章、条例及措施等。从总体上看，目前所有文化产业发展得比较好的国家都认识到了文化贸易的重要性，因而都对文化贸易采取积极支持的政策，并且形成了各具特色的文化贸易政策体系。其中，西方国家对于文化贸易支持政策主要体现在政策环境等间接支持方面，而中国的文化贸易支持政策更偏重于财税、资金等直接支持等。

文化贸易政策在不同国家有不同的形式，但不论是何种形式的文化贸易政策，都是从本国的经济利益出发，最大化本国经济效益。法国注重"文化例外"，美国强调贸易市场"自由化"，而我国则制定一系列政策，包括汇率管理、税收优惠、市场准入条件等来保证文化贸易的有序发展。

第二节　制度文化对文化贸易的影响

一　制度文化对文化贸易影响的历史回顾

文明的兴起和经济贸易的发展有赖于有效的文化交流，而制度文化的变革与进步更是贸易经济迅速发展的原因。本节将回顾制度文化在古代中国贸易发展中所起到的重要作用，同时还将以中世纪地中海、英国东印度公司为例探寻不同时期的欧洲制度文化。

1. 中国的制度文化对文化贸易的影响

《周易·节·彖》中说："天地节，而四时成。节以制度，不伤财，不害民。"中国封建统治者也深谙此道。制度在古代中国的贸易文化交往中起到举足轻重的作用。

自汉朝至明朝，在文化交流、贸易往来方面，中国的统治阶级所推崇的制度政策多以"开放交流"为主。丝绸之路的开辟，便是这种以开放为主基调的制度文化的具体表现。丝绸之路分为陆上丝绸之路和海上丝绸之路，作为古代中国连接中西方的商道，在古代中国文化贸易交往中占有不可估量的地位。随着时代发展，丝绸之路已成为古代中国与西方所有政治经济文化往来通道的统称。古代丝绸之路的开辟及其保持，是东西文化在政治、经济交流方面的大事，而其中宗教的传播及其精神的沟通亦不可忽视。外域宗教文化的入华以及中国儒教等信仰传统的西渐，通过丝绸之路而得以实现，丝绸之路也被后人誉为"宗教之路"。由于这些宗教传播者的东游与西行，丰富了丝绸之路地域各民族的精神生活，带来了其地区面貌的变化发展，这尤其在佛教、琐罗亚斯德教、犹太教、景教、摩尼教、伊斯兰教、天主教等在中国的传入，以及西域民族宗教信仰的历史嬗变上得到典型体现。这种发展演变作为文化遗产的积淀而保留下来，迄今仍可体会到其存在及影响。

正是这种开放包容、兼容并蓄的制度文化，极大地促进了古代中国的文化贸易往来，促进了经济、社会的发展，使得当时王朝如唐朝、元朝的国际地位得到空前提高，一度成为各国文化贸易交流的中心。这种制度文化氛围直到明清时期，随着我国封建制度日趋没落和西方殖民者的入侵，统治阶级开始推行闭关锁国的政策制度，贸易环境由开放转变为封闭。下面就来详细回顾在制度文化变迁影响下的古代中国文化贸易发展历程。

（1）秦汉时期——萌芽

中国古代对外贸易思想追溯到先秦时期，此时非正式的制度文化如华夷观念，正式的制度文化如畿服制度，孕育了"对外贸易"的理念，奠定了西汉对外贸易思想、制度、文化的形成和发展的基础。直至汉初，"接秦之弊"，社会经济亟须恢复，文景时期推行休养生息政策，经济上"开关梁，弛山泽之禁"，促进农业生产及盐铁产业的发展，为商业经济的发展提供了便利。

汉帝所推行的促进对外贸易的相关政策制度甚多：汉高祖时期实行同匈奴"和亲"政策。汉帝多次派遣使节同西域中亚各国建立友好关系，打通交通要道，对中亚和西域各国采取优惠的贸易政策。对来汉进行贸易的使节商贾，由专司外事的机关大鸿胪接待，同时鼓励边民从事贸易，开辟"丝绸之路"，保障丝绸之路畅通。汉朝在边境关口设关市，作为与少数民族的互市市场。

奉汉帝之命，张骞分别于公元前 138 年、公元前 119 年两次出使西域。此举加强了中原同西域少数民族区域的经济文化联系；发展了汉朝同西亚人民的友好交往。随着中国同西亚和欧洲的通商往来和文化交流开始发展，陆上丝绸之路和海上丝绸之路相继开通。

正是西汉所推行的开放的对外政策，打开了古代对外经济交流的新局面——中国开始与周边国家建立对外贸易关系。当时主要限于陆路贸易，经由西域的陆路有南北两条：南路自长安，经河西走廊，至大月氏、安息；北路从敦煌起，越葱岭，经安息最终到达罗马帝国。而在此之后的一千多年里，大量的中国丝织品经此西运；瓷器、铁器、漆器、茶叶等商品远运中亚、欧洲；此外，西方的玻璃、珠宝、香料、葡萄、大蒜、胡桃、芝麻、胡萝卜也开始输入中国。频繁的商贸往来，造就了商路的繁荣，丝绸之路也形成了包括中原人、中亚人、印度人、阿拉伯人、欧洲人在内的世界贸易体系。往来于丝绸之路的远不止互通的商品，制度理念、文化信仰的交流也对丝绸之路沿线的区域造成了广泛深远的影响。中原的先进技术如造纸术、穿井技术等不断传入西域，而佛教等外族宗教也经由丝绸之路来到中国。

随着较大规模文化经贸的往来，西汉时期的对外贸易制度政策在先秦经济思想的基础上已呈现诸家竞辉、并陈共进的局面，自由贸易思想和国家干预思想争立。

(2) 魏晋南北朝时期

魏晋南北朝时期尽管政权割据，战乱纷争，南北方各王朝的统治者却大都重视对外贸易，先后制定了一系列促进对外贸易的政策制度，以维护贸易畅通。受地缘、战乱、政权割据等因素限制，曹魏、西晋、前秦、五凉、北魏等北方割据政权主要扩展了西北、西南的陆路贸易；立足江南的东吴、东晋、宋、齐、梁等六朝政权则积极拓展海路贸易。

公元 220 年，曹魏政权在河西设立凉州刺史，监管中原同西域、中亚各国的政治经济往来。公元 231 年，敦煌太守仓慈制定一系列措施，如"平价收买商品"，即根据胡商的意愿，商品可自由交易，也可由敦煌郡政府出钱平价收购；协助商贾购买中原商品等。此外，仓慈还制定"过所"制度。"过所"即丝路贸易的通行证，敦煌郡给东来西往的商贾发放"过所"。曹魏对持有过所的商贾沿途予以保护、照顾。"过所"制度的实行，打击豪强，伸张正义，保护了中外商贾的利益，保证了中外贸易的顺利发展。仓慈过世以后，"过所"制度得到继续执行。西晋时，丝路畅通，中外商贾往来不绝，"过所"制度更被推广至全国。

西晋在西域设西域长史和戊己校尉管理军政事务，此时中原同西域贸易往来密切，外贸丝路发展通畅，《晋书·隐逸列传》以"西域流通，无烽燧之警"述之。

公元 4 世纪初，北方再度陷入混乱割据状态，西北地区曾先后出现过前凉、前秦、后秦、南凉、西凉、北凉等政权，史称十六国时期。这一时期的各割据政权大多与西域保持密切联系，并为此先后设官置守、驻军屯田，保障丝路的安全，如前凉承袭晋制，在高昌设戊己校尉，在海头设西域长史。

公元 439 年，北魏完成对北方的统一，由此控制了中原通往西域的咽喉——河西，此后北魏在西域恩威并用，西域各国纷纷归附，北魏也派遣使臣携带金银、丝绸出使西域，其中使臣董琬和高明远达破落那（即大宛）、者舌（中亚塔什干），丝绸之路空前通畅，西域各国使者、商贾纷至沓来，对外贸易繁荣。

北魏政府设立"四馆"（金陵馆、燕然馆、扶桑馆、崦嵫馆）接待外国商贾、使节；设立"四里"，供外商侨居；设立"四通市"，专门供外国商贾开展贸易。由于各政权对来华商贾普遍采取"欢迎、鼓励"政策制度，外商甚至可在北方各敌对割据政权之间自由往来贸易，由此也可见外商在中原享有的特殊地位。

同一时期统治江南的六朝政府，为扩大政治威望，也在积极发展对外关系。由于陆上丝绸之路受阻于北国，六朝统治者主要致力于海路贸易的拓展。

公元 226 年东吴开国皇帝孙权，派出外交使团出访东南亚各国，历时十余载。以了解南海诸国的政治、经贸、物产情况。六朝政府还多次派出大规模船队出海开展贸易。公元 232 年，孙权遣将率船队"多持货物"，沿东海、黄海北上辽东，同沿海百姓通商；多次遣使节至高丽，同高丽王互赠珍宝、貂皮、名驹等。同时，为吸引海外商贾来华贸易，六朝政府对来华商贾的利益积极维护。

不仅如此，为抵御北方势力，适应海路贸易，六朝政府非常重视船运业发展。而随着造船航海水平的提高，海上丝绸之路航线也在逐步延伸：西海上丝路终点已跨越阿拉伯海、抵达波斯湾；同朝鲜半岛、日本的东海贸易航线也得到发展，航程缩短，方便贸易往来。

尽管魏晋南北朝时期割据混乱，但各政权的统治阶级重视对外贸易，制定并采用了各类制度政策维护丝路通畅，对外贸易虽受战乱影响，却并未因此中断，且在一定程度上得以发展。在此期间魏晋南北朝同波斯、天竺、大秦、东南亚诸国、朝鲜半岛及日本互通有无，贸易兴旺；养蚕缫丝技术的西传和西方玻璃制造技术的传入，都对当地经济、文化、人民生活产生了重要影响。总之，这些制度的确立，不仅维护了文化经贸发展，增强了中西方政治文化的交流，促进了民族融合，同时也为隋唐时期的经济文化繁荣奠定了基础。

（3）隋唐时期

作为中国对外贸易的主要通道，丝绸之路贸易发展的黄金时期在隋唐。隋朝采取军事和政治方针，拓展西北疆域，建立对西域发展贸易的商镇、军镇；派重臣裴矩在河西走廊进行招商活动，扩大隋与西域、中亚、波斯的经济联系，积极发展丝路贸易。

公元 605 年，隋炀帝遣使侍御史韦节、司隶从事杜行满出使西域各国，展开了与西域的联系和交往，打破了中原地区与西域的长期隔绝状态。大业初，张掖成为当时中西贸易中心，西域诸国都在张掖与中国互市，兴盛时有四十多个西域国家的商人集中在这里经商。为了增进对西域的了解，扩大与西域诸国的贸易活动，经营西域，隋炀帝令裴矩驻守张掖，主持互市。裴矩对西域的经营，保证了丝绸之路的畅通，"西域诸蕃，往来相继"，其间，西域"相率来朝者"大约有三十余国。裴矩亲自撰写完成了《西域图记》（三卷），记载了西域诸国的山川地理、风俗物产等情况，最可贵的是记下了通往西域的三条最主要的道路。裴矩将它们称为北道、中道和南道。表明了隋朝同西域各国的交流得到持续发展。

公元 609 年，隋炀帝率 40 万大军西巡远涉，经青海至河西走廊张掖，在古丝绸之路举办万国博览会，这场国际性质的贸易盛会，显示了隋时中外交流的盛况。隋炀帝此番西巡，开疆拓土，威震各国，开展贸易，畅通丝路的创举也一直为后人称道。

公元 617 年，古代中国最富强的统一封建王朝——李唐王朝建立。中原政府一直致力于西北地区的开发，在丝路广设驿站、推行"过所"、"公验"等制度，其丝路贸易管理的政策制度在隋朝基础上有所完善和发展，直接推动了丝路贸易的全面繁荣。

唐朝设有专门机构负责对外贸易：设互市监，掌管陆路贸易；设市舶司，掌管水路贸易。此外朝廷还颁布法令对外来商贾加以保护，规定"诸化外人，同类自相犯，各依本俗法，异类相犯者，以法律论"。随着在华的外国商贾日趋增多，尤以广州、泉州口岸为盛，为便于管理外来商贾，设"藩坊"，由朝廷审批诏命认可专人管理。

随着唐朝经济中心南移，海外贸易发展迅速，朝廷还在广州设市舶司掌管海路贸易，这是中国历史上最早设立的海外贸易管理机构。广州市舶使还担当唐对外交往的桥梁，促进海外贸易发展。

唐朝初期对各种宗教文化态度包容。公元 635 年，基督教的聂斯托立派——景教传入中国；公元 651 年阿拉伯帝国第一个使节团到达长安拜访唐帝，多数学者将此视为伊斯兰教传入中国的起始。传教士纷纷经丝绸之路来到长安，至中国各地传教；同时大批的阿拉伯人和波斯人来到中国，同中国人通婚，依旧允许保持自己的宗教信仰，这无疑扩大了伊斯兰教的影响。唐太宗时，高僧玄奘（602～664）由陆路经中亚往印度取经、讲学，历时十六年，所著《大唐西域记》一书，记载了当时印度各国的政治、社会、风土人情，至今仍为印度学者研究印度中世纪历史的头等重要资料。古代丝绸之路的开辟及其维护，不仅是东西文化在政治、经济交流方面的大事，宗教文化的传播及其精神的沟通亦不可忽视。这些宗教传播者的东游与西行，融入当地文化，丰富了丝绸之路地域各民族的精神生活，对地区面貌的发展变化影响深远。

公元 750 年，唐军被大食军所败，此后，西域的交通控制权逐渐被突厥部落掌控。尽管如此，大唐王朝在之前一个半世纪对西域的经营，将繁荣的东方文明穿过漫长的西域陆路传播至当时落后贫穷的欧亚大陆，遍及世界；海上丝绸之路的兴起、延伸，促进了东南沿海的经济发展，加强了中国同海外诸国的政治、经济联系和宗教文化交流。

（4）两宋时期

宋朝是周边形势最为复杂的一个朝代。一边是北方强敌压境，兵戈不断；一边是海外国家纷至沓来，对外政治经济文化交往十分活跃。战和之间，使节交往频繁。海外诸国及周边少数民族或朝贡或经商，来往亦甚密。

宋朝廷为搜罗海外珍宝，征收外贸税收，一贯积极鼓励对外贸易。由于南方社会经济环境相对稳定，水路运输条件便利，造船业发达，航海技术日趋成熟，朝廷重视海外贸易发展，这些因素促使南海丝路发展迅速。

宋朝的海外贸易主要通过传统的朝贡贸易和新兴的市舶贸易两种方式。由于朝贡贸易在创造经济效益方面作用甚微，新兴市舶贸易逐步占据主导地位，其相关制度也越来越完善。

公元 971 年，宋朝仿效唐制在通商口岸广州设立市舶司，并确立市舶官员，负责管理进出口贸易，征收商税，鼓励商贾贸易。公元 999 年、1087 年，宋帝又依次在杭州、明州（今宁波）、泉州等地设市舶司。朝廷对市舶官员的选任十分重视，一般由通判兼任，审官院差遣，后改为中书省选差。

宋朝市舶制度的基本职能较唐朝更加完善，海关管理职能得到进一步强化，还制定了内容翔实、结构严谨的海外贸易法令《市舶条法》，规定了市舶制度的主要内容。《市舶条法》是世界上最早的成文海商法，它系统地规定了海外贸易的主管机关、贸易主体、出入境管理、经营许可证以及外商保护制度等内容，构建了古代海商法的基本框架，被视为封建社会经济立法的典范，为元代的《市舶则法》提供了蓝本，甚至对现代海关立法仍有借鉴意义。

此外，宋朝朝廷为了有效地管理外国使臣及商贾，维护平稳的外部环境，在都城及其附近和地方州县设立了很多专门接待外使外商的馆驿，制定了一系列法律制度为国外使臣、商贾提供往来便利，对其合法权益予以保护。并设置专门的涉外管理机构负责外国使臣的管理工作，从而形成了比较完备的外国使臣商贾管理制度，保证了国家外交、外贸活动的顺利开展。

宋朝一系列较完善的对外往来制度政策，拓宽了海上丝绸之路的航线，促进了海外贸易的发展。唐代创立的市舶制度在宋朝得到了发展和完善，并通过市舶制度实现对外贸易的发展。宋朝朝廷积极鼓励贸易的制度氛围和其所体现出的强烈"重商主义"，极大促进了国内外贸易的发展。同朝鲜、日本、阿拉伯半岛和非洲东海岸国家等对外文化交往良好；贸易商品品种丰富，出口品包括丝织品、陶器、漆器、酒、茶叶等，进口品主要有香药、珊瑚、琉璃、玳瑁、水晶、苏木等，对外交往进入频繁时期。南宋的外贸所得，更是在财政收入中占重要地位。对外贸易的交往过程也是对外文化传播的过程，指南针、火药、活字印刷术在宋朝同阿拉伯商贾的贸易往来中传入阿拉伯国家，再经阿拉伯传入欧洲并开始影响世界。此外，发达的经济为文化的发展奠定了基础，北宋文化艺术呈现出一派繁荣景象，在诗、词、散文、话本、杂剧、绘画、书法、雕塑等方面都取得了辉煌成就。不仅对后世的中国文化影响深远，在文学、绘画、书法艺术、音乐文化、佛教绘画和雕塑艺术等方面对高丽、日本的影响深刻。

（5）元朝时期

元朝是我国历史上规模空前的统一多民族的中央集权国家，蒙古骑兵沿草原丝路横扫欧亚大陆，建立起窝阔台、钦察、察合台、伊儿四大汗国和元朝，将欧亚大陆连接为一体。这一时期不仅把草原丝绸之路的南北两道联系起来，还将河西走廊、蜀云贵通南亚的道路以及东南沿海与波斯湾地中海及非洲东海岸的海洋丝绸之路联系起来，中西文化交流空前活跃，对外贸易在唐宋的基础上又向前推进了一大步，获得了空前的繁荣。

元代海外贸易的发展，主要表现在：贸易港口、城市经济的繁荣；输出输入物品丰富多样；对外贸易国家和地区遍布亚非欧。

随着元朝廷对海外贸易制度的调整，海外贸易呈现出明显的阶段性，由此形成了多种经营方式。具体分为三类：第一是国家贸易；第二是官商贸易；第三是私商贸易。任何制度的形成、发展、完善都需要一定的发展阶段，元代以前的唐宋海外贸易管理制度无疑给元朝的管理带来了借鉴，

并在前代的基础上完善。元代的市舶机构、斡脱机构、回回哈的司等贸易管理机构的设置，将海外贸易置于强有力的国家政权领导之下

元朝廷还制定了全国统一的系统法则——"至元法则"和"延祐法则"，内容翔实，包括了商船、商品管理、征税、中外商贾使者管理等方方面面，堪称古代中国第一部系统性的外贸管理法则。此外还颁布了法律条文《市舶法则》来规范海外贸易，并在执行中逐步改善。

正是由于元朝廷对经济利益的重视，对对外贸易系统化、制度化的管理，元朝形成了完善的对外贸易管理制度。同元朝进行贸易往来的国家和地区多达一百多个，大都成为闻名世界的商业大都市。意大利商人马可·波罗17岁时跟随父亲和叔叔，沿陆上丝绸之路前来东方贸易，经两河流域、伊朗高原、帕米尔高原，历时四年，在1275年到达元朝大都，在中国游历了17年，并曾担任了元朝官员，访问当时中国的许多地方，到过云南和东南沿海地区。回国后口述的《马可·波罗游记》记录了他在东方最富有的国家——中国的见闻，将当时繁荣丰富的东方文化远播欧洲，激起了欧洲人对东方的向往，对以后新航路的开辟产生了巨大的影响，同时也是研究我国元朝历史和地理的重要史籍。

（6）明朝时期

明朝建立伊始，为打击私人贸易厉行海禁，中外贸易失去了正常通道；洪武元年（1368）颁布第一个禁止民间海外贸易的法令。朝廷颁布海禁防止中国商民下海互市，以此保护官方朝贡贸易市场。为实现对海外贸易的控制，明朝廷大力发展官方的朝贡贸易，由市舶司统一收购使团附载货物，以垄断朝贡贸易的利润。朝贡贸易和海禁的结合形成了明朝特殊的官方贸易垄断制度——朝贡贸易制度。尽管私人贸易受到朝廷制度的限制和打击，由于出口商品数量的减少，中国商品在海外价格上涨，为了利益，商人铤而走险，这就导致了私人贸易屡禁不止。"朝贡贸易复兴和私人海上贸易屡禁不止"是明朝对外贸易的常态。朝贡贸易兴起主要因为朝廷出于安全考虑，执意推行朝贡贸易，实行"海禁"制度；且以天朝自居，各进贡国在贸易中可以获得巨大利益。明朝实施的海禁和朝贡贸易很大程度上是为了实现官方海外贸易的垄断并从中获利。

1403～1435年（永乐至宣德）明朝廷主要通过大规模的远洋活动扩大朝贡贸易的范围，取得大量海外物品。明代官营贸易至此达到鼎盛，并形

成了一套特殊的折俸制度。

1405 年,明成祖开始派遣郑和下西洋。郑和七下西洋,最远到达非洲东海岸和红海沿岸地区,展示了明朝前期中国国力的强盛,中国的船舰纵横大洋,实现了万国朝贡,盛世追迹汉唐;加强了中国与海外各国的联系,向海外诸国传播了先进的中华文明,加强了东西方文明的交流,开拓了海外贸易。

到明朝中叶,葡萄牙、西班牙以及荷兰、英国的殖民者来到东方,扩充其殖民势力,纷纷占领南洋诸国,开始殖民统治,使得明朝同东亚的封贡体系逐步瓦解,严重影响了朝贡贸易;同时,他们还在中国沿海掠夺,占领领土,明朝的海外贸易管理制度遭到严重破坏。至 1567 年,明朝廷被迫开放"海禁",维持了近 200 年的明代朝贡贸易体制结束。

与明朝同时代的欧洲各国顺应时代变革,开始了全球范围的资源掠夺和土地殖民,建立起了资本主义世界体系。尽管有郑和七下西洋对外交流的丰功伟绩,明朝统治者限制性的对外贸易制度,趋于封闭的政治社会文化制度,使得中国在"现代世界体系"构建之初,已逐渐处于被动地位。

(7)清朝前期

明朝后期至清朝前期,随着我国封建制度日趋没落和西方殖民者的入侵,统治者实行闭关锁国政策,严格限制对外贸易。

由于闭关政策的实施,朝贡贸易开始由兴旺走向衰败,特别是随着西方殖民主义者在亚洲地区实力增长和清朝的国力衰弱,朝贡贸易更是悄然退出历史舞台。1685 年,清廷推出了海关制,海关的职责主要是征收进出口关税。

从清顺治年间开始,为对抗台湾郑氏等反清势力,清廷开始实行"迁界禁海"制度,强制闽、粤、苏、浙沿海居民内迁,港口、船只等被毁,堵塞了海内外交流通道,严重打击海外贸易,对沿海各省利益造成了巨大的损害。但这道命令从初见成效后,就有地方和中央官员不断上书欲解除禁海。清廷在康熙二十三年(1684)解除了禁海制度。

乾隆二十二年(1757)清廷下令关闭漳州、宁波、云台山三处对外贸易港口,将所有对外贸易关税的征收归于广州海关一处,限制外国商船在中国的贸易地点。此后,清廷又连续下发若干文件,严格规范外国商船贸易。乾隆二十四年(1759)、嘉庆十四年(1809)、道光十年(1830)、道光十五年(1835)先后颁布了《防夷五事》《民夷交易章程》《防范夷人章程》等条令，主要对来华外国人的活动进行各种限制，一般认为这是中国彻底实行闭关锁国政策的标志。

这种"闭关锁国"制度，对出海贸易、文化交流横加限制，严重影响了文化、经济的对外交流，阻碍了中国的社会进步。使中国人民与世界潮流隔绝，不明世界大势，而清统治者更是闭目塞听，其结果正如魏源所说："以通事二百年之国，竟莫知其方位，莫悉其离合。"

2. 中世纪地中海制度文化对文化贸易的影响

地中海文明是世界文化交汇与激荡的旋涡，上继古代东方，下启欧洲文明。基督教与伊斯兰文化都源于此，是中西文化交流的中转站，在世界贸易发展中具有特殊意义。地中海一直是东西方商贸联系以及其沿岸各民族经济联系的纽带，其在古代西方世界的各个方面都扮演着重要的角色。

自西罗马灭亡（476）到文艺复兴和大航海时代这个时期，称为中世纪，是欧洲历史上一个黑暗时代（主要是西欧）。中世纪的地中海处于一个动荡的时代，在早期的中世纪，尽管自给自足经济占主导地位，但也有一些供买卖的产品，如台布、砖瓦、调味品、玻璃、香料、丝绸、金银首饰等，此时社会阶层分为贵族和农奴，经济主要是封建制的庄园式自然经济，大多数农庄都是相对自给自足的单位，商品交换被减少到最低程度，向富人出售奢侈品或经济萧条时期向穷人高价出售必需品，是商人唯一幸存的商业行为。中世纪地中海贸易大多是冒险，到11世纪，地中海地区商业才得以复兴，先后出现了一批商业城市如巴黎、里昂、都尔奈、马赛、科隆、特里尔、斯特拉斯堡、汉堡、威尼斯、热那亚等，形成了一个以地中海为中心的贸易区。

回顾中世纪地中海繁盛的对外贸易发展史，制度文化变革带来的影响难以忽视。在整个中世纪，地中海贸易的发展大致经历了"活跃趋于衰落—加速衰落至停滞—复兴至高度繁荣"这几个阶段。从5世纪后期到8世纪，地中海商贸虽比较活跃，但整体上呈衰落趋势，并且越到后期衰落的趋势越加剧。即地中海贸易从6世纪后半期开始表现为持续加速的衰落过程，直到8世纪初。从8世纪开始地中海商贸基本陷入停滞状态，而这种贸易不活跃状态一直持续到11世纪。从11世纪开始直到近代，地中海的商贸则又活跃起来，并达到了一个新的高度。

如上变化阶段正好与欧洲及地中海沿岸其他地区政治经济文化制度大环境的变迁相对应。8世纪初的地中海商贸基本陷入停顿，文化贸易基本上处于沉默即不活跃状态，其中原因除了地中海世界分成了经常处于敌对状态的基督教世界和伊斯兰教世界，更重要的是自给自足的庄园或者说农村公社经济的制度文化几乎在整个欧洲确立下来。

小农经济的自给自足再加上当时农业生产效率极其低下，一直到10世纪，农业生产中种子与收获物的比例都没有突破1:2。当时的人们过着勉强或接近于勉强维持生活的水平，根本没有或很少有剩余产品可供投入市场。而当时的欧洲城市还保留中世纪早期修道院那种经济上自给自足的精神，社会上层缺乏有效的消费群体。这种制度文化直到11世纪初，欧洲发生的经济革命，改变了其制度文化氛围。主要表现为：在农村，带有原始社会特征的农村公社解体，农民逐渐农奴化，首领逐渐领主化。领主的消费能力与农民的农奴化程度成正比。另外在这个阶段农村有巨大扩展，耕地面积扩大，收获增加。在城市，原来在某种程度上都具有自给自足的农村贵族领地的特性，现在这种特性逐渐消失，商人们取得政治控制权，成为城市的主人。

城市的这种制度转型使整个欧洲的经济贸易都趋于活跃。商业城市的复兴以及社会上层消费能力的提高刺激着基督徒们在11世纪夺回了对地中海沿岸许多曾为穆斯林所征服的土地。在地中海区域的宗教战争，也扩大了经济交流的地理范围。再加上不久之后12、13世纪随着农业效率的大幅度提升使可供贸易的商品越来越多，正因为如此，地中海贸易的新一轮活跃期自然就到来了，地中海的商贸活动发展到了一个新的高度，使其在欧洲各个民族及各地区之间的贸易以及对其他洲的对外贸易往来中大放异彩。

3. 英国东印度公司制度文化对文化贸易的影响

近代资本主义的兴起和发展，总是基于海外扩张和对外贸易。特权贸易公司在这种扩张活动中扮演了一个极其重要的角色，比如东印度公司。16世纪末17世纪初，先后有葡、英、荷、丹、法等国在东半球国家成立过东印度公司。在形式规模各异的东印度公司中，集经济、政治权力于一身的英国东印度公司存在时间最长，也最为有名。

英国东印度公司从建立时的商业机构演变为殖民统治机构直至撤销，经历了两个半世纪。1600年12月31日，英格兰女王伊丽莎白一世授予该公司皇家特许状，给予它在印度贸易的特权而组成贸易公司。随着时间的变迁，东印度公司逐渐从比较单一的商业贸易公司转化为占有大片土地的印度的实际主宰者。到 1858 年被解除行政权力为止，它还获得了协助统治和军事职能，成为包揽财、政、军、法大权的殖民统治机构。在此期间，英国东印度公司活动的舞台是广阔的，凡它涉足的地区都留下了深刻影响。它开通了到达印度、中国和日本等地的商业航道，把超过英国本土许多倍的大片土地攫为己有，为英国资本主义发展开辟了一个重要的商品倾销市场和原料产地。

尽管英国东印度公司是近代世界史上一个臭名昭著的殖民扩张机器，但它从事的大洋洲际贸易为英国资本主义的工业革命发展提供了雄厚的资金，促进了英国综合国力的提高，使英国发生了制度文化的革命性变革，成为当时世界上最强大的资本主义国家。不能否认，英国东印度公司在给亚洲人们带来殖民灾难的同时，也推进了东方各国的近代化文明进程。

英国东印度公司的成功，无疑是多种因素共同作用的结果。但其作为英国在对外贸易、殖民掠夺的"急先锋"，在 17～19 世纪的英国对外贸易中的地位举足轻重。关于其经济贸易扩张背后的动因，可从正式制度与非正式制度两个方面略窥得一二。

在正式制度文化方面，重商主义得到继续推崇，《航海条例》得到坚决执行甚至强化。随着 15 世纪末 16 世纪初的新航路的开辟，世界市场不断扩大，在重商主义思想影响下，法国、荷兰特别是英国的商业发展极为迅速。这些国家的统治者和商业资产阶级们纷纷要求建立商业垄断公司，便于其从事海外贸易，进而夺取海上航路和垄断权，控制对本国商业活动有利的据点和地区。为了打破荷兰等国对东印度贸易特别是香料贸易的独占，攫取商业上的利益，英国枢密院便示意伦敦商人筹备创办东印度公司，并许诺给公司颁发皇家特许状。也正是在这种制度文化影响下，在 17 世纪 60～80 年代，英国贸易额、工业产量和船舶吨位都增加了一倍以上，其中对美洲的殖民地贸易主要是蔗糖、烟草、黑奴、皮毛贸易；而英国东印度公司则主要在东方从事香料贸易等，此时英国对外贸易的空前繁荣，无疑反映了当时英国的经济成就，同时也从侧面反映出英国贸易立国政策的成功。海外贸易的发展也直接推动了英国航运业的发展和海军建设，继而推动英国科学、数学以及天文学的不断进步，以解决经济贸易急速发展过程中的技术需要。

此外，当时的许多非正式制度文化的转变，也无形中推动影响着贸易的发展。比如，有许多学者认为职业兴趣的变化是推动英国发展的重要文化条件。因为随着当时英国社会环境的变化，英国人对于职业所产生的兴趣也不断发生着变化，人们更愿意从事科学、教育、文化、医疗等与之相关的职业。而从事这些职业所产生的成果、作品越来越受到统治阶层的尊重和重视，反过来鼓励和促进了文化科技的繁荣。比如在17世纪中期，科学得到了人们的重视，连国王查理二世都对科学产生了浓厚兴趣（他本人非常喜欢化学和航海）。可见，当时的英国自上而下地对科学研究予以尊重并提高其价值，这种浓厚的文化氛围无疑促进鼓励了科学的发展，进而推动了技术进步以及经济繁荣。

最后，宗教思想——这种非正式的制度文化，同样也影响着当时的英国。在早期的英国，"科学充其量不过是一个人可以偶尔搞搞的业余嗜好"，在17世纪中期，清教主义日渐流行，这非常有利于科学文化的发展。当时，英国清教主义注意运用科学技术来"行善"，来造福人类；既强调了经验主义，也不忽视同理性主义的结合。同时，当时的英国政府推行相对宽松的宗教政策，颁布了《布列达宣言》，以及四次"信教自由宣言"，对非国教徒和天主教徒实行宽容，也就是这种宗教制度文化，极大地维护了英国社会的稳定，有利于缓和国内政治纷争，促进宗教各派相互融入。也正是这种制度文化的导向，为英国科技发展、贸易兴盛和经济繁荣提供了良好的制度文化背景。

二 制度文化影响文化贸易发展的作用机理

一个国家或地区的制度文化属于上层建筑的范畴，它决定着其文化贸易能否开展、可以在多大的范围发展。从历史上看，围绕着对外贸易形成的是两种不同类型的制度文化，即开放性的贸易制度文化与保守型的贸易制度文化。其中开放性的对外贸易制度是将对外贸易作为振兴国家的根本国策，对本国人民出海贸易实行的是积极支持的态度，并从制度上予以保证，这种制度文化以文艺复兴以后的意大利、英国等为代表，它们从制度、法律的高度保障国民出海贸易的利益，从而推动了工业革命以后以欧洲为中心的国家贸易的大发展。而保守型的贸易制度文化则是对对外贸易采取冷漠、限制乃至反对的态度。从根本上来说，一个国家或地区的制度文化决定着其文化贸易发展的大环境的优劣，进而影响其发展方向与发展水平。

三 制度文化影响文化贸易发展的路径

1. 基础制度文化对文化贸易的影响

基础制度作为任何行业的规制总和,深刻影响了各类社会生产关系的变迁。可以说,任何地区的文化贸易发展过程,都是在特定的制度下展开的。基础制度文化贯穿于文化贸易发展的任何阶段,影响着文化贸易过程中的各类要素资源的流动方向。与之对应的,当与文化贸易相关的各个部门(比如国营与民营、中央与地方等)发生了资源失衡的客观事实,其背后的深层次原因就是基础制度失衡。也只有当与文化贸易密切关联的基础制度结构是成熟、合理的,才能有效地实现资源配置。

中国的基础制度在从计划经济向市场经济转型过程中,国有文化贸易企业同私营文化贸易企业在社会资源的占有方面,存在着结构性矛盾。一方面,私营文化贸易企业逐渐成为市场最活跃的新生力量,但另一方面,国有文化贸易企业政企不分、效能低下,且产业分布广并在相当行业处于垄断或寡头地位,造成了资源配置低下,因此,不少国有企业长期处于亏损状态。因此,要想优化文化贸易结构,促进文化贸易健康发展,只有从战略层面着手,推动基础制度调整升级,实现基础制度创新,促进文化贸易发展。只有高效、均衡的基础制度文化才能促进文化贸易良性发展。

2. 文化贸易制度对文化贸易的影响

文化贸易制度作为一种正式制度,它对一个国家文化贸易的发展起着决定性与导向性的关键作用,是一个国家文化贸易发展的起点。

韩国作为新兴工业国家,自1998年正式提出"文化立国"战略,其文化贸易产业发展迅猛并以强势之姿立于世界舞台。究其原因,最关键的就在于韩国政府为振兴文化贸易产业所全力构建的制度体系。

从20世纪90年代后期,韩国政府为了应对亚洲金融危机,开始大力扶植文化产业,并形成规范的文化贸易发展制度体系,力促文化贸易飞速发展。在短短十多年间,收效显著——文化贸易产业异军突起,超越传统的制造业成为经济发展核心动力,为韩国带来了巨大的经济效益和政治效益,使韩国成长为全球五大文化贸易强国之一。据韩国文化体育观光部统计,2008~2011年,韩国文化产业出口规模以年均22.5%的速度飞速增长。2012年出口额达到46.12亿美元,同比增长7.2%,创历史新高,贸易顺差达 29.38 亿美元。韩国文化贸易发展取得的这些成绩，得益于韩国政府成功实施的文化贸易发展战略，更离不开韩国完善的文化贸易制度体系所提供的宏观调控和引导作用。

韩国政府在 1998 年提出"文化立国"战略，将文化产业作为 21 世纪国家经济发展的战略性支柱产业之后，政府还陆续制定了《国民政府的新文化政策》《21 世纪文化产业的设想》《文化韩国 21 世纪设想》《文化产业发展五年计划》《文化产业前景 21》《文化产业发展推进计划》等多个文化产业发展规划，以把韩国建设成为 21 世纪文化大国和知识经济强国为目标，明确了文化产业发展战略和中长期发展计划。政府还专门设立了文化产业振兴院，统领支持全国文化产业发展，有力推动了文化产业沿着既定目标快速发展。另外，韩国政府也在不断完善法律保障，出台配套产业政策，为文化贸易产业发展保驾护航。1999 年，政府第一次制定了有关文化产业的综合性法规《文化产业振兴基本法》，提出了振兴文化产业的基本方针政策，并首次规范文化产业的具体行业门类，奠定了文化产业发展的法制基础。近年，政府又陆续对《影像振兴基本法》《著作权法》《电影振兴法》《演出法》《广播法》《唱片录像带暨游戏制品法》等进行修订。法律体系的完善规范了文化产业市场的运行，避免了企业盲目操作，也为文化产业发展提供更加明确的战略方向、较为全面的政策依据与制度环境。

中国文化产业和文化贸易尚在起步阶段，为促进我国文化贸易产业的发展，应当结合目前中国文化产业和文化贸易发展的具体情况，借鉴韩国等文化贸易产业发达国家的制度经验，形成有利于提高中国文化产业国际竞争力的制度体系。

3. 文化贸易体制对文化贸易的影响

文化贸易体制类型分为自由市场的文化贸易体制与政府管制的文化贸易体制，美、中是这两类体制的典型代表。

美国为了更好地发展本国文化，促进文化走出去，其在文化贸易体制方面都偏向于依靠自由市场的力量促进文化贸易发展。

在国家内部组织机构设置方面，美国没有专门管理文化事业的政府部门。在文化贸易的管理、分工及利益分配方面，美国保护产业自由，强调个人创造力、自由市场竞争的重要性，比如，立法成熟、法规详尽、保护范围广泛的知识产权保护就是其中的主要手段。美国政府不断强化知识产权制度建设，完全以保护本国社会文化事业的发展和经济利益为基准，具有鲜明的美国特有的实用主义色彩。政府创造的宽松自由的外部环境，加上完善的知识产权保护体系，成为美国实现文化贸易领域"出口垄断"目标的"利器"。美国的文化产品不仅迅速占领了国际市场，取得了向全球输出的主导权，而且美国还从资金、技术、信息等要素的全球自由流动中获得了巨大收益。

正是因为这种根植于自由市场理论土壤中的文化贸易体制，美国的文化生产和文化消费都高度活跃繁荣，为其对外文化贸易提供了充分的资源。美国政府将文化贸易看作与军事、经济同等重要的软实力，极力向世界各国输出自己的价值观念和生活方式。并且希望利用其在文化市场上的领导地位，在文化贸易体制的形式制定上做出表率，并希望其他国家可以如法炮制，取消文化贸易在政府管制方面的障碍，使文化贸易随着市场规则来运转，并以这种方式将自己的文化价值观向其他国家渗透和输入。强大的国力也使美国高度活跃繁荣的文化贸易成为其发展霸权的一部分。

与美国的自由市场体制不同，中国文化贸易体制一度以完全的政府管制为主，这源自计划经济体制的影响。在中国，文化一度被作为公益事业来看待，它以社会效益为主要的发展目标，这在一定程度上制约了文化企业的发展。改革开放以后，中国由计划经济转变为市场经济，文化贸易体制随之进行改革，但国有文化贸易机构的体制改革发展相对较慢，许多国有文化贸易部门仍然依靠国家支持。

在文化贸易管理、经营方面，我国从 2007 年起开始发布年度《国家文化出口重点企业目录》，对目录中受到认定的文化出口企业进行重点扶持。这些企业正以良好的势头开展文化"走出去"经营，但也存在一些共同的问题：在电信、出版和广播电视等产业的融合成为主流的背景下，原先按专业分类的文化行业条块分割已不适用于当前环境，转企改制后的文化单位在新一轮的整合中一时难以调整经营模式；而文化市场中的新生文化出口型企业缺乏成熟的商业运作模式，缺乏高素质、拥有海外运营能力的文化创意及管理人才，面临着文化"走出去"的渠道有限、对海外文化市场的信息获取不对称等问题。且我国出口型文化贸易企业大部分规模较小、产业组织结构不合理，缺乏能在国际文化市场上进行创造、生产、营销的大型文化贸易企业，难以实现规模经济。由于体制机制、市场环境等原因的束缚，目前中国仍然没有能够占领国际文化市场、在国际上被广泛接受的文化商品和服务的名牌，没有实现文化产品的品牌效应。

4. 文化贸易政策对文化贸易的影响

随着文化贸易在国际竞争力中地位的凸显，世界各国，尤其是经济发达国家，多对文化贸易采取积极支持的政策。根据不同的政治、经济需要以及文化贸易发展目标，各国采取不尽相同的文化贸易政策，形成体系，以求对本国文化贸易的发展起到指导、管理作用。西方国家对于文化贸易的支持政策主要体现在政策环境等间接支持方面，而中国的文化贸易支持政策更偏重于财税、资金等直接支持。

以英国、德国为例。英国政府各类政策体现了其对文化贸易发展的大力支持。1997 年，英国政府就率先提出创意产业理念，其内容涵盖了广告、建筑、艺术和古玩、工艺品、设计、影视与广播、软件和电脑服务、音乐、表演艺术、出版等 13 个文化产业，英国也成为全球第一个推出文化创意产业的国家。1998 年，英国政府出台的《英国创意产业路径文件》明确提出了"文化创意产业"的概念，并积极采取措施推动产业发展，这些政策包括组织管理、人才培养、资金支持等，并对文化产品的研发、制作、经销、出口等实施系统性扶持。2001 年，发布报告《文化与创造性：下一个十年》，从教育、个人创意意识以及创意生活的角度来分析公民如何发展创意产业以及公民如何享受创意生活。

英国政府除了通过制定法律法规、报告文件改善文化贸易环境，还致力于成立各类组织，促进文化贸易发展。比如，创立于 1934 年的英国文化协会，是英国专司文化合作和创造教育机会的国际组织，旨在促进英国文化、教育、国际关系之拓展和交流，在全球超过 100 个国家及地区设有分部。为各国提供英国留学相关资讯、高品质的英语学习课程、艺术文化信息、免费咨询等服务。英国文化协会在这些国家的活动对这些国家的居民保持对英国的好感和忠诚度起到了不可替代的作用，在英国外交部的大力支持下，英国广播公司的海外英语节目也是英国文化贸易的内容。2004 ~ 2005 年，英国广播公司和英国文化协会获得的资助多达 3.52 亿英镑。

德国政府也对其文化贸易发展相当重视，其政策更多地体现在国家对文化的管理、控制和引导方面。20 世纪 70 年代，德国总理威利·勃兰特第一次提出"德国对外文化政策"是德国外交政策的第三根支柱。二战后，德国对外文化政策一个重要的特点是彻底与民族主义政策角色的决裂，在"文明国家"为内核的角色模式下，坚持欧洲主义和颇有理想主义意味的"朋友文化"文化外交处世观，以"洛克文化"认同为基本底线，推行了克制低调的、非民族主义的对外文化政策，在政策实践中不再单向宣传自己的民族文化，而是更多地赋予现代德国文化外交政策以克制基础上的"双向性"、反思基础上的"真诚性"等属性，反而赢得了欧洲伙伴普遍的"朋友文化"认同，客观上使得德国的文化软实力和吸引力不但不低于德国传统文化外交时期，而且在二战后国家形象不降反升。近十年来，德国文化产品出口占世界文化产品出口的比例在 7% ~ 10%，是世界文化贸易大国，在德国文化贸易构成中出版、设计以及影音制品占文化贸易的大头，2008 年金融危机对德国文化贸易的影响不大。

中国改革开放以前，尽管中央政府同外国的文化艺术交流访问一直没有中断，但并没有以正式的政策文件形式，明确提出促进文化贸易发展。此时的中国文化贸易并没有得到重视，文化贸易发展并不明显。改革开放以后尤其是中国加入 WTO 以来，中国政府开始重视、支持文化贸易发展，并且颁布了一系列政策法规（如表 6 - 1），力求为中国文化贸易发展创造良好的环境。

表 6 - 1　文化贸易政策法规一览

年份	主要内容
1978	十一届三中全会,确立改革开放,我国开始对外开放
1979	中共中央、国务院批转广东省委、福建省委关于对外经济活动实行特殊政策和灵活措施的报告,决定在深圳、珠海、汕头和厦门试办特区
1980	国务院颁发《关于大力发展对外贸易增加外汇收入若干问题的规定》,主要内容是扩大地方和企业的外贸权限,鼓励增加出口,办好出口特区
1993	《关于下发固定资产投资方向调节税文化、新闻、出版类税目注释的通知》(国税发〔1993〕073 号)减免部分文化与娱乐产业的税收
1994	《关于继续对宣传文化单位实行财税优惠政策的规定》对部分出版也采取先征税后退税的办法,对电影制片厂销售的电影拷贝收入,因转让著作所有权而发生的销售电影母片、录像带母带、录音磁带母带的业务免征营业税等规定
1996	《国务院关于进一步完善文化经济政策的若干规定》开始设立文化专项资金,开始征收文化建设费,鼓励向文化事业捐献,继续实行文化优惠政策
2001	中国加入 WTO
2002	文化走出去正式作为国家"走出去"战略的一个重要组成部分提出来,并将传播当代中国文化和增强中国特色社会主义文化的吸引力、感召力作为重要内容

年份	主要内容
2004	党的十六届四中全会通过的《中共中央关于加强党的执政能力建设的决定》提出"推动中华文化更好地走向世界,提高国际影响力"
2005	十六届五中全会通过的《关于制定国民经济和社会发展第十一个五年规划的建议》中再次强调:"积极开拓国际文化市场,推动中华文化走向世界"
2006	《国家"十一五"时期文化发展规划纲要》指出,"十一五"时期文化发展的重点之一是:抓好文化"走出去"重大工程、项目的实施,充分利用国际国内两个市场、两种资源,主动参与国际合作和竞争,加强对外文化交流,扩大对外文化贸易,初步改变我国文化产品贸易逆差较大的被动局面,形成以民族文化为主体,吸收外来有益文化,推动中华文化走向世界的文化开放格局。在对外文化交流方面采取的重大措施有:拓展对外文化交流和传播渠道,培育外向型骨干文化企业,实施"走出去"重大工程项目
2009	国务院通过《文化产业振兴规划》,将文化产业上升到国家战略地位
2010	胡锦涛在中共中央政治局就深化我国文化体制改革研究问题进行第二十二次集体学习时强调:要加快发展文化产业,认真落实文化产业振兴规划,精心实施重大文化产业项目带动战略,推进文化产业结构调整,培育新的文化业态,提高文化产业规模化、集约化、专业化水平
2011	《国民经济与社会发展"十二五"规划纲要》中强调要"构建以优秀民族文化为主体、吸收外来有益文化的对外开放格局,积极开拓国际文化市场,创新文化'走出去'模式,增强中华文化国际竞争力和影响力,提升国家软实力";十七届六中全会通过的《中共中央关于深化文化体制改革推动社会主义文化大发展大繁荣若干重大问题的决定》特别强调,要坚持发展多层次、宽领域对外文化交流格局,借鉴吸收人类优秀文明成果,实施文化"走出去"战略,不断增强中华文化国际影响力,向世界展示我国改革开放的崭新形象和我国人民昂扬向上的精神风貌
2013	中国国家主席习近平在哈萨克斯坦纳扎尔巴耶夫大学作演讲,提出共同建设"丝绸之路经济带"
2014	国务院印发了《关于加快发展对外文化贸易的意见》,在政策措施中确定了支持重点、财税支持、金融服务、服务保障4个方面政策导向,同时从15个方面系统提出了支持对外文化贸易发展的具体政策措施
2015	"十三五"规划指出"加强国际传播能力建设,创新对外传播、文化交流、文化贸易方式,推动中华文化走出去"

由此可见,从1978年开始我国十分重视文化产业发展,财税减免、资金支持、各项优惠政策都为我国文化贸易打下坚实的基础。到21世纪,我国开始重视国际文化贸易,大力推进文化贸易"走出去",正视本土文化与国际文化相结合,改善中国国际形象,增进文化认知度,大力推动文化贸易发展。文化贸易政策对文化贸易具有毋庸置疑的导向作用,在政策扶持下,中国的文化贸易在总体上取得长足的进步。

总而言之，文化贸易发展的程度与制度文化的模式关联密切。随着全球化进程的不断加快，国际文化贸易竞争也日趋激烈，成为体现一国国际竞争的重要指标。我国应当博采众长，重点从建设文化贸易制度、完善文化贸易体制、健全文化贸易政策等多方入手，着力搭建优质、稳固的文化贸易发展平台，以促进我国文化贸易蓬勃发展。

第三节　制度文化影响文化贸易的实证研究

美国哈佛大学教授塞缪尔·亨廷顿在《文明的冲突与世界秩序的重建》中曾指出，随着冷战的结束，"文化将成为将来国际竞争中的决定因素"。文化产品和服务同其他类型的产品和服务相比，具有鲜明的特性。如果说货物贸易可以通过企业自身去开拓市场的话，那么在文化产品的贸易中，制度文化的作用却是至关重要、不可或缺的。

一　欧美的制度文化对文化贸易的影响

欧洲具有丰富多彩的传统文化，欧洲文化对于整个世界的文化发展起到了不可磨灭的推动作用。欧洲具有传统的音乐艺术、建筑产业、独特的饮食文化、独具特色的旅游业、丰富的电影业与出版业等。欧洲每个国家都有自己别具一格的制度文化，其中典型的文化代表有英国、德国、法国等，而美国文化，从某些方面来说，是欧洲文化的延伸。

1. 英国制度文化对文化贸易的发展

2012 年，英国文化创意产品出口占世界文化创意产品出口的比例达到 6.5%，英国文化贸易中设计、出版、视觉艺术以及个人、文化及娱乐服务四类的出口额都很大，并且都处于上升的趋势。除 2008 年受金融危机的影响，英国的设计产品出口额增长速度达到 7% 以上，最高达到 16% 的增长速度，这与英国制度文化所创造的良好的文化贸易环境密不可分。

从文化贸易制度方面来看，二战结束以后，英国退居二流国家。为了继续保持英国的世界大国地位，丘吉尔提出了"三环外交"的外交总方针，认为英国的大国地位依赖于其在英联邦国家、美国等英语世界国家处于链接地位。在英联邦中，加拿大、澳大利亚、新西兰和南非是"老"英联邦国家，这些国家居住着大量的白人移民，他们对于母国英国有着一种

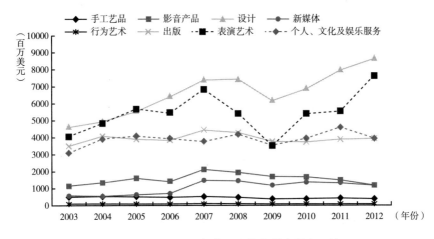

图 6 – 1　2003 ~ 2012 年英国文化贸易产品出口情况

割舍不断的"大英帝国情结"。

从文化贸易体制来看，1998 年成立"大不列颠品牌重塑"小组"panel 2000"，组员包括政府工作人员、时尚设计人士、商界精英、非政府活动家和新闻媒体工作者等 33 人，有意识地设法建立"酷不列颠"标志，"酷不列颠"将集中销售现代化的酷乐和时尚形象，如充满活力的英国当代艺术、英伦摇滚和音乐唱片，未来的英国旅游业也会在规模和内容上保持开放的形象。同时，以英国历史传统文化为基础重新描绘国家形象，比如邀请游客参加全国庆祝女王登基五十周年金禧纪念活动；还包括展现宏大壮观的英国皇家形象，如历史性的建筑、英伦城堡和花园。

英国制度文化强调政府对文化贸易的支持，依靠英国文化协会打响英国在世界的文化形象，大力支持文化创意产品，加上英国的教育、学术研究和科学研究亦处于世界领先地位，举世闻名的剑桥大学和牛津大学都位于英国，是美国以外全球最重要的教育枢纽。英国每年吸引不少来自世界各地的留学生慕名前来学习，不仅为国家带来丰厚的外汇，也为这个知识型经济体系的国家吸纳了不少人才。

从文化贸易政策来看，1933 年，英国政府公布的《创造性的未来》提出英国文化贸易重点在于欧洲各国，通过文化产品输出，以文化纽带维系英联邦在加拿大、美国等英语强国的影响力，向世界展示英国文化特色。在这些英联邦国家中，英国主要开展英语培训、英语教学等项目。于 1934 年创立的英国文化协会，是英国专司文化合作和创造教育机会的国际组

织，致力于促进英国文化、教育、国际关系之拓展和交流，在全球超过
100 个国家及地区设有分部。于 1943 年起陆续在中国大陆、香港及台湾成
立办事处，提供英国留学相关资讯、高品质的英语学习课程、艺术文化信
息、免费咨询等服务。英国文化协会在这些国家和地区的活动对这些国家
和地区的居民保持对英国的好感和忠诚度起到了不可替代的作用。在英国
外交部的大力支持下，英国广播公司的海外英语节目也是英国文化贸易的
内容。2004 ~ 2005 年，英国广播公司和英国文化协会获得的资助多达 3. 52
亿英镑。

　　基于以上的论述，英国制度文化对文化贸易影响主要体现在以下两个
方面：一是文化贸易制度的建立，如法律法规、政府报告、政府组织等，
从宏观的角度形成文化贸易的竞争力。二是文化贸易体制与文化贸易短期
政策相结合，如民间组织、英语培训机构以及文化协会，改变他国国民对
英国的印象和看法，增强他国国民对英国文化的认同度。二者相结合，从
而提升英国文化贸易的竞争力，促进英国文化贸易模式的形成，影响文化
贸易主体的行为偏好。

2. 法国制度文化对文化贸易的影响

　　图 6 - 2 揭示了法国文化贸易的出口情况，可以看出，法国文化贸易以
设计为主导，从 2003 年开始文化服务一直处于上升趋势。2009 年受金融
危机的影响，有所下降，但是总体来说是上升的，同时，法国文化贸易中
个人、文化和娱乐服务总体表现为上升的趋势。

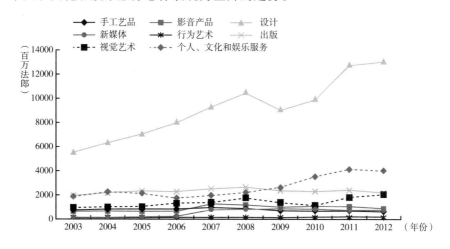

图 6 - 2　2003 ~ 2012 年法国文化贸易产品出口情况

从文化贸易制度来看，法国一直以言论自由的氛围、完善的自助体系和兼容并蓄的气质成为思想的熔炉。法国人既崇尚理性，又热情奔放、富于幻想，常常容易耽迷于不切实际的空想，陷入非理性的狂热。法国具有相当丰富多彩的文化基础设施，积极投资文化产业建设，带动了法国经济的发展，是世界上的文化贸易出口大国。法国人都将文化视为一个国家在海外形象的"矛头"，他们认为凭借这个"矛头"，可以比较轻松地将一个国家的价值观形象化、直观化，这更易于为其他国家接受。

从文化贸易体制来看，为了更好地发展本国的文化，促进本国文化走出去，各国制度文化都偏向于促进自由贸易，依靠市场的力量，尽可能减少政府干预，但在法国，制度文化更多偏好政府干预。1959 年，第五共和国文化部的成立标志着法国文化政策开始步入迅速发展的"快车道"。1970 年，法语国家文化技术合作局成立，是第一个政府间的法语国家组织。1997 年改组为国际法语国家组织，由 50 多个国家组成，涵盖五大洲，带有浓烈的法语文化色彩，增强了以法国为轴心的法语文化的向心力。

从文化贸易政策来看，2013 年 10 月，法国国民议会通过了一项修正法案，该修正法案旨在规范网上购买图书的条件。根据该修正案，任何书商将不得在统一书价基础上减价 5% 后再免除邮寄费用。2014 年 1 月 8 日，该法案获得参议院全体一致采纳，其实质目的在于反对总部位于美国的亚马逊的图书倾销。同时，法国的电影业、图书出版业十分发达，法国政府也十分重视文化贸易发展，法国的电影在全球具有巨大的影响力，有"世界电影之父"之称。法国的出版社有 2000 多家，每年出版大量的图书，利润收入每年超过了 6000 万法郎。

从上述分析可以看出，法国倡导自由、开放的文化贸易制度，但是文化贸易体制方面更加倾向于政府主导型，法国文化机构的资金都是由政府财政直接拨款，而非自负盈亏；法国政府对文化设施与文化活动给予高额补贴，资助各类文化活动，扶持新闻、文学、艺术、音乐、电视、电影等行业。例如，法国政府每年都拨出几十亿法郎用于兴建图书馆、博物馆、剧场等文化设施；法国文化部通过国家图书中心，每年为出版业提供一亿多法郎的资助；法国的电影制作、发行和放映公司也可获得政府的资助。法国的对外文化交流多由政府或者准政府组织来推动，并且有着非常明确的分工和目标。法国十分注重文化遗产的保护，法国一直以来主张文化例外，反对美国文化霸权。这在一定程度上制约了法国文化贸易的发展。

3. 美国制度文化对文化贸易的影响

美国的设计、视觉艺术、出版、新媒体、影音产品出口额总体上升，美国文化贸易产业受 2008 年金融危机影响不大，2008 年美国文化创意产品出口占世界同类产品出口比重为 8.6%，2009 年为 8.3%，下降并不明显。

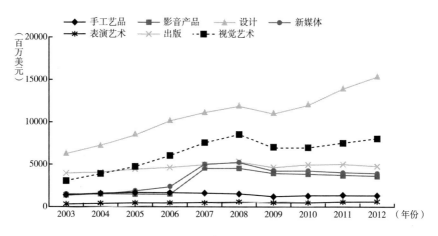

图 6-3 2003~2012 年美国文化产品出口情况

美国在文化贸易上的强势文化输出得益于美国基础的制度文化、国内文化贸易制度体制与短期文化贸易体制之间相互协调配合。

在基础制度文化方面，美国政府将文化贸易看作与军事、经济同等重要的软实力，极力向世界各国输出自己的价值观念和生活方式。美国制度文化主张"无为而治"，不制定具体的文化政策，意在保护言论自由和产业自由，在国家内部，美国没有文化部，而绝大部分国家都设有专门管理文化事业的政府部门。美国希望利用其在文化市场上的领导地位，在文化贸易政策的制定上做出表率，并希望其他国家可以如法炮制，取消文化保护方面的障碍，使文化产业随着市场规则来运转，并以这种方式将自己的文化价值观向其他国家渗透和输入，这隐藏着更深层次的文化霸权主义的思想。

在文化贸易体制方面，美国政府借助强大的经济和国际政治优势以及它在国际组织中的影响力，推动美国文化产品进入国际文化市场，为占领国际文化市场提供外贸政策上的保护，给文化贸易尤其是文化产品的出口奠定了基础。在内部政策环境方面，美国的文化政策也创造了各种有利的条件，从资金、市场、就业政策、税收监督等方面进行扶持，使文化产业的发展具备了十分宽松自由的生存环境。美国政府坚持以市场为方针，在遵循文化产业自身发展规律的基础上，对文化产业的主体给予放开优惠的扶植政策、投资机制和多种经营方式，企业发展资金来源多元化，鼓励非文化企业和境外资金投入文化产业，鼓励多元投资，美国文化产业资金既包括联邦政府与州市镇政府的资助，又包括来自公司、基金会和个人捐助等社会资金。

从文化贸易政策来看，保护知识产权政策一直是美国保证文化贸易立于不败之地的主要手段。美国不断强化知识产权制度建设，完全以保护本国社会文化事业的发展和经济利益为基准，根据美国经济、科技和社会发展的实际需要，不断进行调整和完善，因此它具有鲜明的美国特有的实用主义色彩。从1790年颁布实施第一部版权法至今，经过数十次对有关版权法规的增删、修改和完善，美国的知识产权制度已经成为世界知识产权保护体系中立法成熟、法规详尽、保护范围广泛的知识产权制度之一，为美国文化产业的繁荣和发展提供了可靠的法律保障。完善的知识产权保护制度和双边、多边贸易体制为美国文化产品和服务的出口提供了制度保障，成为帮助其实现文化贸易领域"出口垄断"目标的"利器"。借助贸易自由化潮流，美国的文化产品不仅迅速占领了国际市场，取得了向全球输出的主导权，而且美国还从资金、技术、信息等要素的全球自由流动中获得了巨大收益，使得文化贸易的成长和壮大成为美国国家财富和国际竞争优势的一个重要源泉。

在美国看来，自由开放的市场能使各种文化、各种声音在同一个平台上同等展示、公平竞争，从而充分地展示多样性；在法国看来，以强大金钱力量为支持的美国文化产业，将挤垮资金薄弱或受众较少的地方文化、个性文化，使其无法发出自己的声音。在文化贸易领域，以美国为代表的自由贸易和以法国为代表的文化多样性一直在不断摩擦与融合中。

总之，从文化贸易制度角度来说，欧洲国家的制度文化不同程度地体现欧洲人所说的自由，平等与博爱，与美国的制度文化秉承的自由主义传统，以强调文化产品生产、销售的高度市场化和政府干预最小化为主旨不同，欧盟为限制美国文化产品对欧盟输出，在文化产品准入上采取了保守政策，强调"文化例外"和"文化多样性"，为自身文化产业发展和输出创造空间。在文化贸易体制上欧盟采取了双轨制，一方面极力促进区域内文化贸易一体化，整合成员国政策立法，积极寻求海外市场；另一方面，又对美国为首的外来文化产品和服务设置隐形障碍，限制其市场准入和市场份额，并通过新一轮多哈谈判极力使这种方式获得认可，设置对其有利的文化贸易新规则，不再强调文化例外，转而尊重文化多样性，得到了国际社会的普遍认可。这一制度文化的转变体现了继承传统理念与实现突破创新相结合。

二 日韩的制度文化对文化贸易的影响

1. 日本制度文化对文化贸易的影响

日本是一个强调精神因素的国家和民族，它承认精神至上，把儒家思想贯穿于一切经济社会活动之中。日本巧妙地对儒家思想进行了改造，把儒家思想的忠、义、和、诚、信等成功地运用于现代化企业管理。有人把日本称为"儒教资本主义"国家，儒家文化虽然不是日本资本主义产生的启动力，但可以说是日本经济腾飞并创造"日本奇迹"的重要推动力。而且，正是因为日本具有独特的传统文化，在吸收中国的儒家文化和西方的基督教文化的基础上，又吸收了以美国为代表的现代文化，才顺利踏上了独特的、成功的现代化之路。

从上面可以看出，日本基础制度文化受本国文化的"开放性"和"主体性"影响较深，日本基础制度文化具有"混血性"。日本基础制度文化是在日本传统文化的基础上吸收、选择、有机融合外来文化形成的一种"混血制度文化"或"杂交制度文化"。日本在明治维新后大量引进西方先进科学技术的过程中，由于对欧洲文明的向往和崇拜，一度忽略了自身的传统文化，这种倾向随着第二次世界大战的战败更加明显。战后，随着美国占领军的入驻，日本的大众文化受欧美文化的影响很深。早在20世纪的七八十年代，日本就开始关注并引进游戏、动漫等流行文化，这种区别于日本传统文化的大众流行文化，可以说是一种在很大程度上受欧美文化大量影响的混血文化。由于深受充斥世界的美国大众文化的影响，再加上战后一代人的"反体制文化"，大众文化就风靡起来了。第二次世界大战后，日本人民认识到通过战争与掠夺想要达到发展是不可能的，唯有通过自强不息、以奉献与服务为基本宗旨才能达到生存发展的目标，在这种意识的带领下，日本政府制定了一系列法律以保证文化贸易的实施。

1996年7月，日本文部省文化厅正式提出了《21世纪"文化立国"方案》，此方案的提出，意味着日本"文化立国"战略正式确立。1998年

3月，日本文化政策促进会又向文化厅提交了《文化振兴总体规划——为了实现"文化立国"》的报告，报告建议日本应依靠本国的文化资源和文化优势，在即将到来的21世纪开始新一轮发展。2001年11月30日，日本政府审议通过了《文化艺术振兴基本法》，并于同年12月7日公布实施。2002年12月4日，日本颁布了《知识产权基本法》并进行修改，于2003年7月16日正式实施。2004年6月4日，日本政府颁布了《内容产品创造、保护及有效利用促进基本法》。根据该法，创造、保护及有效利用内容产业不仅可以通过高度的信息通信及网络技术为媒介，创造出丰富多彩的文化创意产品，充实国民的生活，促进经济增长，还可以充分发挥内容产品创作者的创造性，增进海外对日本文化的理解。2005年4月，日本文部科学省制定了《文化遗产保护法》，2006年6月，日本制定了《关于推进国外文化遗产保护国际合作的法律》。2007年5月，日本"亚洲前景战略会议"委员会在日本政府的组织下通过了日本文化产业的纲领性文件《日本文化产业战略——充实孕育文化产业的感性丰富的沃土及文化产品的战略性的传播》。在这些制度文化的催化下，日本的文化贸易不断创造新高，为日本带来经济的腾飞。2009年的《文化品牌战略》，2010年的《面向文化产业立国——将文化产业作为21世纪的主打产业》等，日本几乎每年都会出台一系列法律法规，促进文化产业发展。在这些文化贸易政策的支持下，日本文化贸易出口额以每年平均13%的速度增长，并且文化贸易结构由设计、表演艺术和出版等行业转变为更具创新性的新媒体以及影音产品的出口。

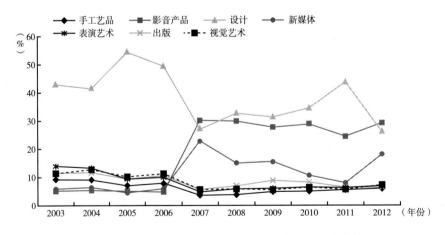

图6-4　2003~2012年日本文化贸易产品出口份额变化情况

从图 6-4 可以看出，2012 年影音产品占日本文化产品出口份额上升到第一位，占 30% 左右，而新媒体所占份额提升到 20% 左右。这与日本大力提倡发展日本动漫、游戏的出口有关，日本的影音产品势头强劲，在 2007 年影音产品的出口份额首次超过设计，成为日本文化创意产品出口份额最大的文化贸易产品。日本新媒体行业也在不断发展，这些正好符合日本制度文化中重视文化贸易，支持文化贸易发展，形成良好的文化贸易发展模式，促进日本文化贸易的健康发展。

2. 韩国制度文化对文化贸易影响

韩国的制度文化对文化贸易的影响主要体现在文化贸易体制的形成方面。在 1998 年亚洲金融风暴后，韩国政府深刻认识到文化产业必将成为 21 世纪发展国家经济的战略性支柱产业，于 1998 年正式提出"文化立国"方针，1999~2001 年先后制定《文化产业振兴五年计划》《21 世纪文化产业的设想》《文化韩国 21 世纪设想》等，明确文化产业发展战略和中长期发展计划。随着战略的确定，韩国政府在政策、法规、组织、资金上即刻全盘启动，有力地推动了文化产业的发展。1999 年 1 月，韩国广播文化交流财团设立"影像制品出口支援中心"，为每年生产 1000 部以上出口影像制品提供资金支持；2002 年，文化产业振兴院选定 10 个出口唱片项目，各支持 3000 万韩元制作费和 2500 万韩元外文版制作费。此外，韩国政府还设立奖励制度。2002 年，国家新设"出口奖"，由文化观光部和文化产业振兴院从上一年的出口产品和单位中评选出 10 个奖项。2008 年 12 月发表的《文化蓝图 2012》提出建设一个有品位的文化国家——大韩民国。2011 年 5 月，李明博政府制定了《内容产业振兴基本计划》，建立"韩国内容产业振兴委员会"，政府预算 1% 用于促进内容产业增长，扩大民间对内容开发投资，创建专门人才培养基地，开辟国际市场。这些正式的制度文化改善了韩国文化贸易国内国际环境。韩国文创产品出口中手工艺品以及新媒体的比重很大。韩国国内十分重视传统文化的继承，注重等级制度，韩国日常口语分为敬语和平语。

总之，韩国文化贸易的成功在于举国上下对"文化"的重视，加之韩国政府制定的一套行之有效的政策措施。能充分地发掘本民族特色的文化传统，使之与现代化的生产方式、生产经验以及先进的国际营销手段融合起来，重视人才培养，在人才的培养上给予资金、制度的优惠条件，通过种种努力把文化资源的比较优势转化为文化产品在国际市场上的竞争优

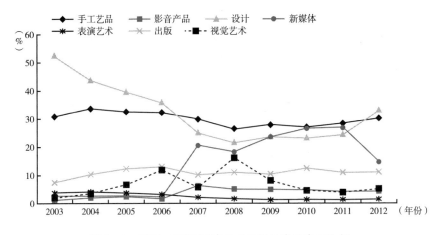

图 6 - 5   2003～2012 年韩国文化贸易产品出口比例

势。综上所述，韩国文化贸易成功的主要原因为政府的大力支持、优秀人才的培养、先进的国际营销手段和充裕的资金支持。

三 中国的制度文化对文化贸易的影响

我国于 1978 年开始实行改革开放，奠定了对外贸易的基础，2001 年加入世界贸易组织，文化贸易也在不断推进。基础的文化贸易制度起到引领全局的作用，文化贸易体制对基础文化贸易制度进一步补充，依据区域的经济承受能力，制定在区域实施的具体的文化贸易政策，依据这些具体的政策，企业选择文化贸易的目标、文化贸易产品或者服务，建立属于自己的具有国际竞争力的文化品牌。

1. 基础制度文化对文化贸易的影响

鸦片战争期间，林则徐、魏源等提出 "师夷长技以制夷"；太平天国提出中国第一个资本主义发展方案《资政新篇》，近代中国文化主流注重向西方学习，但是却没有正视中国传统文化。改革开放以来，拨乱反正，被禁锢的思想得到了解放。人们在反思中国之前走过的道路，20 世纪 80 年代，中国文化现代化问题受到重视，20 世纪 90 年代，国内受西方新思潮的影响，"国学热" 兴起，这些都为中国文化 "走出去" 提供了思想支持。进入 21 世纪，和平与发展成为主题，文化成为国际竞争的一部分，成为国家竞争力的一大助力。2002 年文化 "走出去" 正式成为国家战略，相应地，我国文化贸易开始突飞猛进。

我国 1985 年就译制了 29 部外国电视剧，还引进了大量的港台剧。直至 1987 年，第一批中国自己生产和制作的电视连续剧才开始向其他国家和地区输出，《红楼梦》和《西游记》等优秀电视剧开始进入国际市场。中国文化产品占世界文化产品出口的比重在逐年上升，尤其是视觉艺术产品与表演艺术，而影音产品以及出版业占世界同类产品比例较小，可见我国在影视制作、报纸期刊出版方面并不存在优势，尽管我国正式的制度文化鼓励我国影视创作走出去，但显然，我国影视作品起步晚，文化资源与视觉科技以及影视制作技术还存在不足，我国文化贸易出口额占世界比例较大，但并不能改变我国文化贸易存在的问题。

总之，基础的制度文化对文化贸易具有导向作用。从 1978 年开始，我国十分重视文化产业发展，从财税减免、资金支持到各项优惠政策，都为我国文化贸易打下坚实的基础。到 21 世纪，我国开始重视国际文化贸易，大力推进文化贸易"走出去"，正视本土文化与国际文化相结合，改善中国国际形象，增进文化认知度，大力推动文化贸易发展。不可否认，在政策扶持下，文化贸易在总体上取得很大成绩，但是，我国文化贸易起步较晚，大部分文化贸易领域仍处于逆差。

2. 文化贸易体制对文化贸易的影响

1949 ~ 1978 年，中国并没有明确提出促进文化贸易的政策，但是中国政府和外国的艺术交流访问却一直没有中断，此时中国文化贸易并没有得到重视，文化贸易发展并不明显。改革开放后，我国文化贸易主要制度如表 6 - 1。这些在国家政策保证下形成的我国文化贸易体制，一步步奠定了我国开放的文化贸易格局，但不可否认，在我国文化贸易体制形成的过程中，受政府干预较多，许多文化资源无法通过市场机制实现有效资源配置，在一定程度上造成地区文化产业发展较为缓慢。

3. 文化贸易政策对文化贸易的影响

从文化贸易政策作用的层次来说，可以将文化贸易政策划分为地区文化贸易政策与企业的文化贸易策略。地区文化贸易政策作用于整个地区文化贸易产业，而企业的文化贸易策略作用于企业文化贸易目标选择、文化贸易模式等。

（1）地区文化贸易政策

我国文化中心北京，具有深厚的历史底蕴，文化资源丰富，2006 年，北京市发布《北京市促进文化创意产业发展的若干政策》，鼓励支持文化创意企业的创意研发和产品出口,对其所得税、营业税等予以减免,允许加速其仪器和设备折旧;扩大对文化创意产品和服务的政府采购范围,在采购文化创意产品和服务时优先采购自主创新产品和服务;市政府对文化创意产品和服务出口业绩突出的企业予以奖励。2013 年 10 月,北京市发布《关于进一步鼓励和引导民间资本投资文化创意产业的若干政策》,鼓励民间资本进入文化艺术、广播影视、新闻出版、艺术品交易等文化主导行业,发展内容创作、交易传播等重要环节,鼓励民营文化创意企业"走出去"。加大国际市场拓展资金扶持和文化产品出口奖励,支持民营企业收购国际战略性投资项目,购置海外文化资产、经营资质和品牌资源。创新监管服务模式,加快文化保税区建设,扶持建立海外文化创意产品生产和对外文化贸易基地,搭建文化出口综合服务平台,加快促进文化"走出去"服务体系建设。支持民营企业开展境外投资、国际贸易、服务外包和技术合作,推动文化创意产品和服务出口。凡具有自主知识产权的文化创意产品及服务的出口,依法享受出口退(免)税政策。对境内单位或个人在境外提供文化体育业(除播映外)劳务暂免征收营业税。2014 年,《北京市文化创意产业功能区建设发展规划(2014~2020 年)》通过对北京文化创意产业功能区布局建设,优化空间结构,制定一揽子政策,完善保障措施,提升北京文化创意产业的国际竞争力。

在国际交流方面,随着中国经济的崛起及奥运会的成功举办,全世界更加关注中国、关注北京,首都文化软实力日益增强,相继举办了中国北京国际文化创意产业博览会、北京国际电影节、北京国际图书节、北京国际设计周、海峡两岸文化创意产业展、文化创意产业集聚区论坛、动漫游戏产业发展国际论坛等多项国际活动,成功入选联合国教科文组织评选的世界设计之都。北京采取加大政策扶持、搭建文化贸易交流平台等一系列措施,保障文化"走出去"工作取得实效。

上海市为了有效推动文化产品和服务出口这一国家战略任务,大力支持上海国际文化服务贸易平台对国内文化市场的开发和对国际文化市场的开拓,提升本市优秀文化产品和服务的国际影响力和竞争力,进一步加快上海文化大都市建设。上海市发布上海市文化"走出去"专项扶持资金,2008~2010 年,每年 5000 万元人民币,共计 1.5 亿元人民币。上海市政府在 2009~2016 年先后出台了各项促进文化贸易的政策,包括动漫、游戏产业专项资金,电影发展促进政策,上海市市级非物质文化遗产保护专项资金，国家艺术基金，上海文艺创作精品、优品和文艺家的配套扶持，传播推广自主艺术人才培养资助项目，美术创作、舞台艺术创作等资助项目等。从 2013 年起，上海设立文化"走出去"专项资金，重点扶持新闻服务，出版发行和版权服务，广播、电视、电影服务，文化艺术服务等领域文化服务和相关产品的国际贸易；积极扶持网络文化服务、文化休闲娱乐服务、广告会展服务等领域文化服务和相关产品的国际贸易；扶持文化用品及相关设备等领域的国际贸易。

深圳以改革开放闻名于世，深圳的经济特区发展史不到 30 年，1980 年 8 月，全国人大常委会颁布《广东省经济特区条例》，深圳经济特区正式成立。深圳对外和对港澳台文化交流与合作呈现出更加活跃和蓬勃发展的态势，近年来，深圳积极参与"中法文化年"、"中俄文化年"等国家重大对外文化交流活动，举办"深圳国际友城文化艺术周"，形成"深圳文化周"文化交流活动品牌，先后成功走进法国、德国、埃及和美国。深圳常设性的国际文化交流活动有"国际文化交流博览会"、"深圳大剧院艺术节"、"深圳国际民间艺术节"、"深圳国际水墨画双年展"、"欢乐谷国际魔术节"、"亚洲儿童艺术节"等。

深圳是国家动漫产业基地之一，是全国最早为海外加工动画的城市。20 世纪 80 年代中期，内地第一个港资动漫公司翡翠动画落户深圳，鼎盛时期曾汇聚了全国近 70% 的动画创作人才，为国内外加工制作了大量的动画片。深圳动漫行业已成为全球动漫游戏产业重要的生产制作基地之一，具有雄厚的漫画、二三维动画和游戏软件的加工能力。深圳在推进文化贸易方面出台了多项政策措施，如支持文化创意企业参加国际展会，鼓励与海外相关机构合作举办文化产业投资贸易推介活动，每年认定"文化创意企业出口十强"，并对进入国家重点文化出口目录的企业和项目给予支持。深圳先后有 55 家企业、14 个重点项目分别被评为国家文化出口重点企业和重点项目，腾讯、华视传媒、A8 音乐、迅雷等优秀文化企业在境外实现上市。在支持文化企业大力发展文化贸易的同时，深圳打造的 12 个国家级文化产业示范园区、基地和 54 个市级文化产业园区、基地，大力支持入园文化企业以"集团军"的形式联合"走出去"，使它们尝到了抱团远航的甜头。比如，大芬油画村是国际知名的油画交易中心，年出口额近 20 亿元；罗湖水贝珠宝城汇聚了 1500 多家珠宝企业，是全国黄金珠宝企业最集中、交易最繁忙的珠宝基地；笋岗工艺礼品城是国内最大的工艺礼品展示、交易和出口基地。2014年，国家级对外文化贸易平台在深圳落户。

大致说来，地区文化贸易政策的影响主要体现在本城市"走出去"的文化符号，一个城市的文化品牌由政府规划，通过具体规划促使文化产业与服务业和高端制造业相融合，促进城市文化贸易的展开。

（2）企业的文化贸易策略

企业的文化贸易策略是企业为实现自身目标对员工的行为给予一定限制的文化，它具有共性和强有力的行为规范的要求。企业的文化贸易策略的规范性是一种来自员工自身以外的、带有强制性的约束，它规范着企业的每一个人，企业工艺操作规程、厂规厂纪、经济责任制、考核奖惩制度都是企业制度文化的内容。企业制度文化主要包括领导体制、组织机构和管理制度三个方面。

盛大互动娱乐有限公司是中国目前最大的网络游戏运营商，盛大网络提供一系列大型多人游戏及休闲游戏供用户在线娱乐，其中包括多款在中国最受欢迎的网络游戏。盛大的游戏平台吸引并培养了庞大而忠实的用户群，盛大主营游戏、文学、盛大在线三大业务，在盛大网站主页上，游戏式管理在二级标题列表中显得特别醒目，这也是盛大管理的一大特色。盛大的核心规则是：所有员工都会像游戏中的人物一样拥有一个经验值，员工平时的表现和工作业绩，都将被经验值忠实地记录，而今后的盛大员工将像网络游戏角色一样，通过"练级"提升经验值获取晋升或加薪机会。游戏式管理使员工由被动变为主动，充分调动员工的积极性和主动性，自己的命运自己做主，也加强了员工的责任意识，最终实现个人价值和企业价值的和谐统一。

盛大重视版权获取，采用培养年轻作者和通过版权许可合同签约知名作家两种模式获得。注重延伸产品的开发，加强品牌企业间的合作，提升企业文化品牌，重视整合营销传播。1999年11月，盛大在上海成立；2003年9月，收购成都吉胜科技有限责任公司；2004年5月，在美国纳斯达克股票市场上市；接着连续收购了韩国ACTOR公司控股权、游戏茶苑、成都锦天科技公司；2009年9月，盛大网络旗下盛大游戏有限公司在美国纳斯达克市场上以股票代码"GAME"上市。2010年8月，盛大网络旗下酷6传媒在美国纳斯达克以"KUTV"为代码开始交易，成为全球第一家上市的视频网站。在第七届文博会发布的"中国文化品牌价值排行榜"上，盛大文学在总排行榜中排第58位，在数字出版分榜中排第一位。据统计，盛大文学已拥有近 500 亿字的原创文学版权，每天近 6000 万字的新增量，日平均访问量 4 亿次，日最高访问量 5 亿次，占有网络文学 90% 以上的市场份额。注册用户超过 4300 万，分布在全球 200 多个国家和地区。

四　以制度文化创新促进文化贸易的对策建议

对比欧美、日韩的文化贸易，我国既缺少像迪士尼、时代华纳这样的国际知名企业品牌，也缺少像手塚治虫、卡梅隆这样的国际知名文化大师，最重要的是，难以生产出类似韩国《太阳的后裔》、日本《哆啦 A 梦》、美国《速度与激情》这种引领国际文化潮流的力作。目前在我国文化贸易中仍存在品牌化不足、营销能力不够、出口模式单一、地价竞争等突出问题。针对这些问题，提出以下建议。

1. 创新产权制度，形成文化贸易动力机制

我国产权制度的创新偏重于以下几个方面：一是要进一步调整产权边界，优化产权结构，完善产权的激励、约束与协调机制，鼓励产权主体。二是要提高出口企业内部产权的明晰度，降低出口的文化产品由产权边界不清晰引起的交易成本。三是要提高出口文化产品产权的保护程度，主要是提高对出口文化产品知识产权的保护程度，包括技术专利、新产品专利、品牌和商标等，同时，应尽可能防止出口文化产品侵犯进口国的知识产权，以便最大限度地降低由此引发的巨额交易成本。

2. 创新企业制度，打造文化贸易微观基础

文化企业构成文化贸易的主体部分，企业制度决定企业是否具有出口、创新意识，从而为文化贸易的发展打下良好的微观基础。创新企业制度主要从以下方面入手：首先，构建出口文化企业自主创新的内生动力机制，激发企业自主将文化与科技相结合，打造出有创意的文化产品或文化服务，从而达到创新主体的收益与社会总收益一致。其次，确保出口的文化产品质量，制定质量为主的战略，树立质量竞争意识，建立和健全出口文化产品质量管理制度体系，鼓励企业出口高附加值的文化产品，全面提高我国文化出口产品与服务的质量水平。再次，企业要有品牌创造意识，创造具有核心竞争力的文化品牌，打造文化符号，建立自有的文化品牌支持体系和营销服务网络，通过文化的力量，延伸产品服务的价值链，积极营造除主营业务外的周边及衍生品生产与服务。达到提高文化产品附加值、美誉度以及知名度，进而增加国际影响力的目的。最后，完善企业内部管理

机制和治理结构，明确企业内部分工、职责、权力与利益的边界关系，防止权力滥用，完善企业委托代理制度，构建激励约束相容机制，明确委托代理之间的权责利关系，最大限度地降低出口文化产品的代理成本。

3. 创新市场制度，完善文化贸易环境支持

文化贸易能否有序进行，取决于文化贸易所处的市场环境是否有序，因而，创新国际贸易市场制度必不可少。第一，增加文化贸易出口优惠力度，在金融、保险、税收、人才、信息服务以及出入境等方面为出口文化产品与文化服务出口提供优惠。第二，形成国内高效、公平有序配置资源的市场竞争制度与机制，逐步减少、限制和取消经济资源的行政权力配置，尊重市场的资源配置作用，对不同所有制形式、不同资本来源的市场主体实行完全平等、公平的市场待遇，享有同等的资源配置权，取消国有企业对资源配置的垄断权，提高我国文化产业出口产品的资源配置和利用效率，降低文化贸易配置成本。第三，加快国内文化与先进制造业、服务业等的产业融合，形成统一、有序、公平、高效、发育健全的国内大市场，从而促进文化产品与服务的创新，为出口文化产品创造良好的国内市场条件。第四，完善市场体系，优化市场激励与约束机制，加大对商标、专利、品牌等知识产权的保护力度，严查严打假冒伪劣产品，净化市场竞争环境，规范市场竞争秩序，制定文化产业出口产品的品牌跨越和品牌延伸战略，加快培育和增强中国文化出口产品的品牌影响力以及文化符号的传播力。

4. 创新政府管理制度，构造文化贸易优势保障

改变管理方式，让企业自主管理。我国过去的制度文化过分强调文化经营单位的事业性质及其公益性，忽略文化的产业性质，给文化贸易发展带来思想障碍。我国政府需要进一步转变政府职能，由过去的"办"文化转变为"管"文化，变直接管理为间接管理，让企业拥有更多自主权，遵循市场规律。首先，大力支持文化贸易产品走向高端化，提高我国文化产品的科技含量，从而大幅度提高文化产品的技术含量、文化附加值。其次，加大文化产品出口退税力度，促进文化产品创意化发展，从而形成文化出口企业的结构优化、转型与升级。再次，要构建支持科技创新的财政资助和减税方案，推动产业、企业、科研院所及大学的科技协同创新，激发科研主体的创新活力，提高原始创新、协同创新、集成创新和引进、消化、吸收、再创新能力，助推科研成果转化为出口产品；要完善政府治理结构和治理机制,明确各管理层和管理者的分工、职责、权力和利益的边界及其关系,构建协调有效的权力制衡机制,防止权力滥用、失控及以权谋私的机会主义行为,杜绝权力寻租和腐败行为,不断提高宏观管理效率和公共服务效率,降低宏观管理制度的运行成本。

5. 创新融资制度,优化资金结构

用正式的制度文化,积极推进我国文化产业的投融资体制改革,建立与市场经济相适应、与国际惯例接轨的投融资体系,为文化及其相关产业提供金融支持。善于利用国家财政、文化基金对地方文化贸易的投资,资本市场以及各种民间资本参与等手段,拓宽开展对外文化贸易企业的融资渠道。

第七章 文化资源与文化贸易发展

第一节 文化资源的概念与分类

随着经济社会日新月异的发展，科学技术突飞猛进的进步，文化与经济的相互交融已经成为一种客观趋势。文化资源成为人类除自然资源外最重要的资源，它既存在于人类的物质领域，又存在于人类的精神领域，构成了人类赖以生存的基础，也是人类社会发展的重要推动力。

文化资源既是历史的也是社会的。没有文化资源，就如同没有自然资源一样，人类社会的发展和进步将不堪设想。在现代社会中，文化资源在经济发展中所起的导向作用表现得愈加突出，文化资源的开发与利用为经济发展提供着强大的精神力量和动力源泉，带动着文化产业乃至整个社会经济的发展与繁荣。

一 文化资源概念

什么是文化资源，文化资源的概念应如何界定，这是研究文化资源必须首先解决的问题。我国学者吕庆华在其著作《文化资源的产业开发》中指出，文化资源是人类通过劳动所创造和形成的物质成果及其转化。由欧阳友权主编的《文化产业通论》中，文化资源被定义为能够突出原生地区的文化特征及其历史进步活动痕迹，具有地域风情和文明传统价值的一类资源，其中包括历史遗迹、地域文化、民俗文化、乡土风情、文学历史、民族音乐、宗教文化、自然景观等。由姚伟钧所著的《文化资源学》一书中将文化资源定义为：人类在漫长历史发展过程中所积淀的，通过文化创造、积累和延续所构建的，能够为社会经济发展提供对象、环境、条件、智能与创意的文化要素的综合。周正刚认为，文化资源是各种文化客观现象的总和，能够形成文化实力，可供主题开发和利用，既包含了历史所积累的文化遗产库，也包含了现代社会所创造的文化信息和文化形式库，作为文化活动措施与手段的文化载体库等。

这些界定方法囊括了学者们从不同角度来剖析文化资源的精华。尽管所处立场不尽相同，表述方式也各有千秋，但其主旨大同小异。本书将着重从文化资源的两个属性出发，来剖析文化资源的内涵。

1. 从文化资源的文化属性出发

文化资源首先是一种凝结了人类在社会历史发展过程中创造出的物质和精神财富的文化形态，文化资源是具有一定历史积淀的产物，这意味着文化资源在时间和空间范围内有变化与运动过程。在这一动态过程中，文化所包含的知识、习俗、惯例、法律、道德、传统等种种表现形式或传承，或淘汰，或延续，或升级。总之，文化资源是在曲折的历史演变过程中不断发展演变着的。

2. 从文化资源的资源属性出发

文化资源是自然资源和社会资源的相互交融。以人类赖以生存的自然资源为物质基础，人类依靠自身智慧后天创造的文化知识形成了广博的社会资源。人类因水、空气、土地、能源等得以生存，因教育、文化、习俗、科技等得以发展。相对于有形的"硬资源"即自然资源，社会资源则表现为无形的"软资源"。由于文化资源中含有深厚的文化传统、宗教信仰、价值观念、伦理道德等精神文化因素，它能深刻地影响人们的内心世界和精神追求，因此，提升国家文化"软实力"成为各个国家体现综合国力的强有力要素。

综上所述，结合文化资源的文化和资源两大属性，本书将文化资源概括为：人类在生产生活过程中，依托自然生存环境和后天创造逐渐形成的具有文化内涵的物质和精神成果。它能够通过合理的开发和利用，转化为推动社会经济文化发展进步的生产要素。

二 文化资源分类

通过对文化资源的属性分析，文化资源一般呈现出两种形态：一是具体化、符号化的物质文化资源，它是文化资源的源泉；二是抽象化、非物质化的精神文化资源。文化资源中包含深厚的历史文化传统、宗教信仰、制度文化、价值观念、伦理道德等精神因素。

从不同的角度出发，对文化资源的划分标准也不同。按照有无实物形态，文化资源又可分为有形文化资源（如历史遗址、历史文化名城、特色居民建筑、特色服饰、民间工艺品等）和无形文化资源（民族传统、民俗风情、神话传说等）；从可持续发展的角度出发，文化资源可以分为可再生文化资源和不可再生文化资源；按照物质成果转化的智能科技含量，又有人将其分为文化智能资源和文化非智能资源；根据成因、形态和作用分类，文化资源可以分为自然文化资源（即土地、矿物质和水资源）、传统文化资源（即历史、民族、民俗、风俗、文物等）、智力文化资源（即人的智力、智慧、创造力等）、资本与信息文化资源（即文化设备、工艺、信息网络和技术应用等）。

本章将从历史性角度出发，将文化资源分为历史文化资源和现代文化资源。历史文化资源主要包括物质遗产资源和非物质遗产资源两类：物质遗产资源有历史文物、历史建筑和人类文化遗址等；非物质遗产资源有各种语言、文学、民族传统和礼仪、传统艺术表演等。现代文化资源指萌芽于中国近代时期，形成于现代社会的追求现实主义和主张民主科学的文化，它是适应当前经济和社会形态的文化，反映了新时代的思想潮流，是一种意义重大的文化资源。现代文化既是历史文化的传承，也是对其的发展，例如当前十分流行的网络文化、动漫游戏文化、休闲娱乐文化等都属于典型的现代文化。

第二节　文化资源影响文化贸易发展的路径

文化贸易与其他国际贸易的不同之处在于文化贸易除了能创造经济价值，还能创造社会价值。文化贸易具有政治、经济、文化价值等传播功能，是一个国家的"软实力"的体现。在当今国际社会中，当一个国家的综合国力越来越多地强调国家"软实力"的强弱的时候，文化贸易的重要性也越来越凸显。

本章在文化资源与文化贸易发展关系研究的基础上扩展延伸，概括了文化资源影响文化贸易发展的作用机理和具体路径。

一　文化资源产业化开发的可能性与必要性分析

1. 文化资源产业化开发的可能性分析

文化软实力已成为当今国际社会体现国家综合国力的重要标志。我国

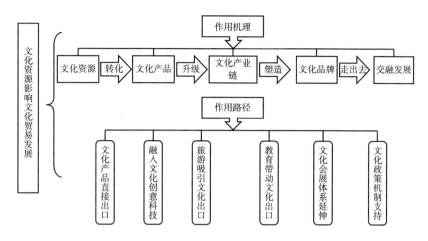

图 7 –1 文化资源影响文化贸易发展的作用机理与作用路径

自 2001 年加入世界贸易组织，国外文化产品大量涌入，在丰富我们的文化生活的同时，也带来一些与我们的思想意识、价值观念相抵触的东西。为了顺应开放式的文化潮流，同时又能有效维护和发扬本国民族文化，参与国际文化资本的竞争，就要从根本入手，深化文化资源产业化改革，不断提高我国文化产品和文化服务的技术含量，推进文化产业快速健康发展。

当前，我国已经具备了文化资源进一步产业化发展的基础。改革开放以来，中国的文化产业得到长足发展，特别是大城市和沿海经济发达地区，发展尤为迅猛。经国家统计局核算，2014 年，全国文化及相关产业增加值为 23940 亿元，比上年增长 12.1%（未扣除价格因素），比同期 GDP 现价增速高 3.9 个百分点；占 GDP 的比重为 3.76%，比上年提高 0.13 个百分点。核算数据表明，文化及相关产业在稳增长、调结构中发挥了积极作用。

由于文化资源分布的区域性，不同地区的文化资源禀赋在数量和种类上差异较大，使得各个地区的文化资源各具特色，形成了丰富多彩的民族文化。在区域间经济发展不平衡的局势下，以文化资源产业化开发来促进区域经济协调发展的道路尤为清晰。

随着"可持续发展"理念被提出后引发人们关于人与自然关系的讨论，就是要做到经济、社会、资源和环境保护的可持续、协调发展。文化资源虽然不像自然资源一样存在资源枯竭的问题，但也同样存在可持续发展问题。文化资源要长久留存下去，一方面要做好保护工作，另一方面也不能因受保护而被束缚不敢变通，死守传统，应该将传统资源融入当代文化与生活之中，使之有机结合，满足当代消费者的需求。

2. 文化资源产业化开发的必要性分析

文化资源是文化贸易发展的基础。文化资源的开发与利用程度直接影响着文化贸易发展的成效。我国虽然是一个文化资源蕴藏丰富的文化大国，但还不是文化强国。文化资源的开发与利用程度不高；文化资源大量闲置和浪费，得不到充分有效的利用；文化产品创新力竞争力较弱，文化主题不够突出，文化产业发展缓慢。这些亟待解决的问题阻碍了我国文化贸易的发展。

无论是与人们的消费需求相比还是与发达国家相比，我们目前的文化产品和文化服务都存在极大的不足和进步空间。存在的主要问题有：一是思想观念落后，长期以来仅把文化作为活跃群众文化生活，改善投资环境的一种手段，没有把它当作产业来开拓。二是缺乏统一规划，没有相应的发展战略。三是产业结构不合理，传统文化产业的比重较大，现代新兴文化产业发展不够，文化产品的科技含量低、竞争能力差，产业发展的问题没有从根本上解决。四是创新不够，在思想观念、体制机制、制度管理上延续和遗留下来的计划体制的东西比较多，制约了各单位的体制创新、机制创新和管理创新。

同时，对文化资源进行整合也离不开产业化方式。这是因为，没有经过整合的文化资源还不具有文化产品的形态，更不是产业，它只是一些零散的、分散的文化资料，通常是以传统和历史文化遗迹的形式分布在我们的日常生活中，有的还以消逝的历史和文物的形式与日常生活保持着某种隔绝。这些历史性的文化资源对发展文化产业来说具有重要意义。另外，在现代社会中直接通过产业化方式实现其经济价值的文化资源，如传媒产业、旅游产业、信息产业、休闲产业、娱乐产业等，直接以某种特定文化产品的形态出现，因而就具有了文化商品的属性，在现代社会已经成为最直接的文化产业资源。

文化资源是构成综合国力的重要基础，但文化资源只是为综合国力带来某种条件和可能性，文化资源要变为综合国力的要素，关键还在于通过文化产品的形式来实现，而文化产品是文化产业的一种表现形态，它是通过文化资源的开发利用来体现的。因此，发展文化产业的根本目的就在于把各种丰富多彩的文化资源以产业化的方式使它们的价值属性为社会公众所认识和了解，加速它们在社会上的传播和影响。从这个层面上讲，产业化方式是促成文化与大众相互联系的必要环节。

二　文化资源影响文化贸易发展的作用机理

习近平总书记在文艺工作座谈会上指出，传承中华文化，绝不是简单复古，也不是盲目排外，而是古为今用、洋为中用、辩证取舍、推陈出新，摒弃消极因素，继承积极思想，"以古人之规矩，开自己之生面"，实现中华文化的创造性转化和创新性发展。为此，探索传统文化与现代生活的"无缝对接"是文化工作者应开展的领域，同时，政府要加快转变经济发展方式，优化升级产业结构，推动文化资源走向市场化配置是文化资源得以推动文化贸易高速发展的重要引擎。

各地区要将其文化资源差异化转变为特色化，因地制宜将特色文化资源转变为具有丰富内涵的文化产品，形成具有规模经济的文化产业链，进一步在市场经济中充分发挥其影响力，打造成极具市场竞争力的特色文化品牌，最终走出国门，走向世界。本节将从文化资源转化为文化产品、文化产品升级成文化产业链、文化产业塑造成文化品牌、推动文化品牌"走出去"四个阶段分析文化资源对文化贸易发挥关键影响力的作用机理。

1. 文化资源转化为文化产品

文化资源是文化产业发展的前提和基础，文化产业则是对文化资源开发与利用的延伸。通过对文化资源进行生产加工，赋予文化资源更丰富的产品属性和更高的附加价值从而成为文化产品，进一步推动文化产业的发展。文化产业发展的过程其实质也是文化资源不断转换为文化产品与文化服务的价值实现过程。文化产业的发展依赖于文化资源的开发与利用，就像工业产业的生产需要自然资源一样，没有了文化资源，文化产业的生产和发展也就没有实现的可能。

丰富的文化资源往往能为文化产业提供更多更好的发展空间和机会，某一地区文化产业的发展常常与它的文化资源息息相关。虽然说文化资源是文化产业的基础，文化产业的兴办与发展必须以文化资源为依托，但是我们还需要清楚认识到文化资源的多寡并没有对文化产业的强弱起到决定性的作用，是基础因素但不是决定因素。我们应该清楚认识文化资源对于文化产业的重要性，即文化资源是文化产业发展的基础，离开文化资源这一基础，文化产业只能是无本之木、无源之水。与此同时，我们不能只关注拥有多少文化资源，更值得我们关注的是如何去充分开发和利用各种文化资源，有效挖掘文化资源的经济价值，通过现代化市场的运作及商业化的经营，最大限度地实现文化资源的产业化，再在此基础上做大做强文化产业，提升文化产业国际和国内的产业竞争力，同时促进社会物质财富和精神财富的积累增长。

2. 文化产品升级成文化产业链

产业化形态是文化产品实现其社会价值的一种基本方式，也是当今文化生产和文化消费的一条重要途径。就文化产业来说，产业化的核心是对文化资源的开发利用，这种开发利用通常是有效而充分地整合文化资源的结果。如何整合文化资源已经成为文化产业发展的关键，成为世界各国关注的重点。

为了使文化资源达到永久性的可持续利用，在产业化开发中必须高度重视文化保存问题，这是我们在文化资源开发的创新追求中应特别注意的。文化保存最重要的在于保持文化资源的真实性与完整性，这是确保文化资源具有永久生命力和永久利用价值的关键，不真实的和不完整的文化资源是没有多大开发价值的，即使开发出来也不可能具有生命力，因为它失去了特定的历史文化内涵，不再具有真实的历史情境，其产生的意义是虚假的，这种文化资源只能是现代社会的一堆廉价的堆积物，毫无价值可言。世界许多国家都在通过各种方式和手段抢救和保护那些真实的文化资源，采取修复、整修、整旧如初的方式维护这些文化资源的真实感与完整性，达到重建历史的目的。

在开发利用文化资源时，要有一种开放的目光和创新的意识，要善于把文化资源保护与创新型产业化开发有机结合起来。创新是文化发展的根本动力和本质特征，没有创新的文化，必然会走向萎缩。而文化资源产业化开发就给文化资源可持续发展提供了可能性。现代社会发展过程中在不断创造新的文化形式、文化内容和文化媒介，新技术的迅猛发展和广泛应用也给文化资源的创新提供了极大的现实可能性，这些都是文化产业的新资源。作为文化资源产业化的开发者，一定要跟上时代的步伐，善于研究新资源、开发新资源、形成产业链。

3. 文化产业塑造成文化品牌

文化品牌是文化软实力的重要标志，体现了文化的核心竞争力，是在文化建设中形成的具有独特性和广泛影响力的文化现象，是文化的经济价值与精神价值的双重凝聚。搞好文化品牌建设对文化产业有着巨大的提升和带动作用，打造具有强大竞争力的文化品牌是文化产业赢得市场、在国际国内竞争中立于不败之地的必然选择。

中国是世界上仅存的四大文明古国之一，具有极其丰富的历史文化资源，所以，我国历史传统文化品牌较多，而现代文化品牌较少，以高科技为基础的新型文化品牌更少，文化资源性品牌较多，创意性文化品牌较少，具有国际和国家影响力的文化品牌更少。而文化产业是"以内容为主"的新兴产业，其文化产品的特殊性在于没有固定的、明确的物质实用价值，而是追求其丰富独特的文化内涵。要发展文化产业就要非常重视打造民族文化品牌，不仅要有丰富的文化信息含量，提高产品的文化功能效益，而且要突出文化信息的民族性要素，满足民族的审美偏向、符合民族的认知心理等；不仅要融入独特的文化意蕴，而且要把握和表现民族深厚的文化底蕴。

当今世界，独具特色的文化都有其特殊的优势，有特色才有互补性，有互补性才有存在的合理性。市场经济发展到今天，产品的竞争、市场的竞争就是品牌的竞争。在经济全球化态势下，以民族文化品牌扩大世界文化市场的占有份额，在对外文化贸易中实现民族文化全球化，是中华民族为人类文明做出的贡献。

4. 推动文化品牌"走出去"

在市场化经济主导的经济体制下，文化产业作为世界文化交流的中坚力量，顺应了国内外文化受众对精神文化多样性与丰富性的需求。文化品牌"走出去"是中国经济社会发展到新阶段的必然选择。在文化产业国际分工新形势的浪潮中，中国的文化品牌也应该以高度的文化自觉性和充足的信心，采取相应措施树立新型的中国形象，提升国家软实力和国际影响力。

根据《2011年中国文化产业发展报告》，中国文化产业占世界文化产业的比重不足4%。与世界文化产业强国相比（美国约占世界份额的43%、欧盟约占34%、日本约占10%），差距非常明显。在文化产业出口中，核心文化产品和文化服务出口均不到中国同期出口贸易总额的1%。从文化产业对外开放的结构看，当前中国文化产品出口处于严重逆差；产品出口品种比较单一，主要集中在电影电视、图书版权、文艺演出、动漫产品等；文化出口地理方向过于集中，最大的目标市场仍为我国港台地区和东南亚地区。这些数据说明中国文化品牌扩大对外开放仍有较大的空间。

中国文化"走出去"已经成为显而易见的潮流。当然，中国文化"走出去"的更高要求应当是如何改变西方国家对中国的误解，进而改善中国的国家形象。如何讲好中国故事，这或许是需要思考的一个问题。走向世界的中国，是历史的中国，同时也是开放的中国。因此要着眼于推动中华文化走向世界，形成与我国国际地位相对称的文化软实力，提高中华文化国际影响力。

5. 促进中外文化交融互通、共同发展

近年来，我国文化品牌"走出去"已取得长足进步。然而，与欧美发达国家相比，我国在国际文化市场中所占份额仍然偏低，文化品牌种类单一，精品内容稀缺，文化影响力偏小；"走出去"的文化品牌大多为直接输出型，未能与国际市场接轨，一些特定的民族文化进军国际市场后出现"水土不服"的现象，不被外国市场所接受；西方国家对中国文化的认知仅仅停留在传统文化层面，对反映现代气息和时代精神的文化则关注不够；同时我国文化消费市场的发展速度较快，很多企业专注于国内市场，尚未大举进军国际市场，缺乏参与国际文化市场的竞争的经验。

从长远来看，在全球化竞争的大趋势下，文化品牌"走出去"不能像过去那样仅以产品直接输出为主，我们要着力丰富传播内容，不但要关注我们想"说"什么，也要考虑国际市场想"听"什么。为此，有针对性地研究文化贸易伙伴国和文化产业竞争国的特点，与当地文化相结合，因地制宜，并在此基础上探索促进文化出口的新机制与新方法。应从需求侧出发，更多地参与到国际市场当中，提升我国文化产业的国际竞争力。这对文化品牌"走出去"战略的长远发展至关重要。

全球经济一体化促进了国际贸易和国际合作，引发了人才流动，促进了中西方文化的交流。中国企业家身处改革开放的转型期，也应该清醒地认识到学习和借鉴国外先进管理思想，转变固有思维方式和管理模式的必要性。双方本着谋求企业发展的共同目标，创造出中西合璧的企业文化，使企业的产品在国际市场具有竞争优势。进入交流、互动、合作的新阶段，探索培育共享型、出口型文化，加快文化产业"走出去"步伐，促进多元文化交流互通、共同发展，打造文化共同体。

三 文化资源影响文化贸易发展的路径分析

对外贸易是拉动我国 GDP 的第三大重要因素，反映并影响着我国的产业结构和经济增长状况，而文化贸易在对外贸易中所占的分量举足轻重。发展文化贸易，必须首先立足于各区域文化资源禀赋，再确定区域文化产业发展模式，因地制宜推动我国区域文化贸易可持续发展。本节将立足于我国文化资源在文化贸易领域的主要影响方式，总结出文化资源推动文化贸易发展的具体路径。

1. 文化产品直接出口

从生产要素的角度看，中国地大物博，历史悠久，人口众多，物质文化资源极为丰富。其中呈现出的符号化、具体化的可度量文化要素如古董、石刻、文献、工艺、图书资料等物质文化资源，无需经过加工制作而以原生态面貌对外出口的文化贸易即为文化产品直接出口。原汁原味的文化资源直接出口，而不经过工业化流程的加工制作，使其民族文化的韵味更浓，文化特色更加凸显。

统计数据显示，在 2004～2013 年，尽管全球经历了经济衰退以及电影、音乐等产品在消费者中大规模向基于网络平台服务的转移，文化产品贸易在此期间仍然增长了一倍，显示了文化产业的强劲恢复力。艺术品和手工制品在全球贸易额最大的 10 类文化产品中排名有所上升。这主要是受到黄金饰品的影响。在经济不稳定时期，黄金饰品通常成为安全的保值产品。2013 年，全球黄金饰品贸易额超过 1000 亿美元。中国、美国作为黄金饰品的最大出口国，出口额分别为 320 亿美元和 107 亿美元。另外，雕像、塑像和绘画等产品在艺术和手工制品类中的份额有所上升，2013 年的贸易额为 190 亿美元，其中中国、美国和英国为最大出口国。

《中国文化产业年度发展报告（2015）》指出，2014 年是中国接入互联网 20 周年，网民对网络应用的使用更为深入，互联网文化产业呈爆发式增长；2014 年新闻出版业销售额总体呈增长趋势，传统出版业处于低增长阶段，数字出版继续呈迅猛增长态势，传统新闻出版传媒业继续向数字领域进军，探寻融合发展新路径。文化产业作为一种新兴产业，已经成为主要经济增长点和引领经济发展的重要引擎。

2. 融入文化创意科技

文化资源当中的思想化、抽象化的不可度量文化要素如语言、设计、音乐、习俗等，融入了创造者的创新思想或科学技术等不可观测的加工制作形成文化创意产业。它是以完善的知识产权制度构建及高科技的应用为基础，依托于传统文化资源，加以创意与科技要素，将人的智慧、技能与天赋作为主要投入，通过创新的形式展现文化内涵，大力发展文化创意产业，以此实现文化资源的现代化转型，促进文化产业结构的新升级。

纵观 2015 年，我国经济发展新常态的特征已经明朗，"互联网＋"的浪潮席卷而来。以互联网为基础平台的"互联网＋"也为文化产业的发展带来了无限的想象空间。文化创意产业未来的发展方向就是要打破传统产业的界限，通过将智力、品牌、科技、文化等无形要素与不同的产业相关联，实现创意科技产业与传统产业的交互与融合，加速我国产业结构的新升级，推动传统产业的新发展。"互联网＋文化产业"意味着文化与科技的高度融合。"互联网＋"可以引导文化产业更贴近市场，市场化的发展方向能实现文化产业从以政府部门引领的自上而下发展模式向以企业为主的自下而上发展模式的转变。

文创产品是"互联网＋文化产业"的产物，是创意设计的结晶。将"高大上"的文化转化为"接地气"的文创产品，既让传统文化在产品中得到开发和传播，也让制造业有了新的内容和品牌，可谓一举两得。例如，2015 年大热的博物馆衍生品和旅游商品设计开发领域，都在积极探索"文化创意和设计服务与相关产业融合"。这种把文化创意与科技的基因植入其他产品中，不仅增加了产品的内涵，让传统产业焕发新的活力，更以实际行动助力"中国制造"向"中国智造"转型。

3. 旅游吸引文化出口

我国是文化资源大国，具有得天独厚的资源优势。大力发展文化旅游产业，必须立足于区域文化资源禀赋，因地制宜推动我国区域文化产业可持续发展。旅游业作为一项战略型产业，以吸引文化出口来促进文化贸易发展，具有降低资源消耗、带动相关产业、增加就业机会、提升综合收益等优势。文化产品和服务不走出国门，而是通过吸引国外消费者来国内进行文化消费，从而实现对外文化贸易新模式。这种贸易模式的转变，体现了文化贸易的新机遇和新发展。

文化是旅游的灵魂，旅游是文化的重要载体。文化旅游产业依照旅游市场要素对社会历史文化资源进行开发和配置，挖掘出具有当地特色的历史、自然、人文、文化、风俗、老街、古建等，利用挖掘出的素材加以包装和渲染，通过各种渠道进行宣传，以此拉动海内外旅游者对于文化旅游的消费需求，最终形成文化旅游产业体系。文化旅游呈现出以物质性的历史文化遗产为主题开发出来的景区、景点、博物馆、纪念馆等形态，或是以非物质性历史文化遗产开发出来的历史文化园、历史文化主题公园以及文化类展馆等形态。

相较于单纯的观光旅游，文化旅游是一种特殊的旅游形态，旨在让游客通过体验式地接触旅游资源的文化内涵，从而获得精神愉悦和文化渗透。这不仅仅需要用心经营，在"好酒也怕巷子深"的今天，国内各地文化资源有很多雷同之处，并不能形成独具一格的旅游市场格局。如何做到从众多旅游项目中脱颖而出，做到善于营销和推广，更是摆在我们面前亟待攻克的难题。因此要深度挖掘旅游产品的文化内涵，走差异化发展之路；制定文化旅游资源保护规划，以敬畏之心对待历史留下的珍稀人文景观；完善景区配套设施，打造文化旅游产业链；充分利用各种媒介工具，强化舆论宣传。

在文化旅游宣传方面，张艺谋的"印象"系列演出对桂林、西湖等地的旅游提升效果极为显著。"印象"系列通过借助张艺谋的明星效应，精心打造了一个以"强大演员阵容、政府倾力支持、科技手段参与、融入旅游线路"为特点的极具民族特色的中国户外演出"第一品牌"。就像美国有个"百老汇"，法国有个"红磨坊"，这些具有典型代表性的文化旅游品牌吸引的不仅仅是本国居民，同样大受外国旅游者的欢迎。打造精品文化项目，以文化旅游推进文化贸易多元化发展，是文化资源影响文化贸易发展的高效路径。

4. 教育带动文化出口

文化资源的传承与发展离不开教育的支持。而教育出口对文化贸易出口的带动效应则是影响深远的。教育主要有三种形式的出口方式：一是吸引国外留学生来我国留学以及鼓励国内学生出国留学；二是人才的流动，主要指教师、教授等教学研究人员出国进行教育培训；三是指语言、艺术等培训机构扎根海外。

留学教育是一种跨国界的特殊教育形式，学生的跨国流动不仅加速了人类文明、科学技术的传播与交流，促进了国际社会的发展。学生的跨国流动在国与国之间架设了文化的桥梁，传递了国与国之间的友谊，促进了文化交流发展。对我国而言，一方面出国留学生奠定了我国科学技术发展的基石，并使其蓬勃发展，还传播了新思潮，开启了新风气。通过发展出国留学生教育还将获得长期的社会收益，有利于接受国建立长期的国际人际网络，巩固和强化外交、经贸关系，不断提升学术品质和国家竞争力；另一方面，我国接收国外留学生也给国内带来了巨大的经济利益，对于文化贸易发展有重要战略意义，并有效促进了国内科学技术的发展和国际合作。同时，本国的学生也将得益于与各国留学生接触的机会，通过日常的互动交流，本国学生能更好地了解其他国家的文化，增强他们对于世界的认识，扩大自身国际化的视野，进一步促进文化贸易的全球化。

孔子学院作为一种文化产品批量出口，是中国对外关系中的一个新现象。孔子学院走出国门十余年，坚持以汉语教学和传播中华文化为己任，抢占机遇，快速布局，逐渐形成品牌效应，最有说服力的就是各国主流社会对孔子学院的接纳和支持。它标志着中国综合国力与国际地位的迅速提升，世界各国通过学习汉语来了解中国的需求急剧增长。这也证明了中国经济发展的高潮，必然会带来中国文化思想向外传播的软实力和国家之间文化贸易的发展。

5. 文化会展体系延伸

文化贸易的发展需要建立在展示文化资源大舞台的基础之上，而这个舞台就是文化会展体系。作为现代服务业与文化产业的结合产物，中国文化会展业除了作为一个文化产业门类直接创造经济效益，很大程度上担负起了活跃国内文化市场，搭建文化产业的展示、交易和融资平台，优化文化产业结构等服务职能。

近五年来，中国文化会展业实现了跨越式发展，文化部重点培育扶持上海世博会、文博会、艺博会等重要会展，打造精品会展品牌。在此期间，文化部不断转变政府职能，完善会展运作模式，协调会展业及其相关产业链条的发展和提升，同时加强对地方文化会展和节庆活动的规范和引导，进一步发掘传统节庆文化内涵，提升新兴节庆文化品质，培育一批群众参与度高、社会影响力大、经济和社会效益好的节庆活动。加强品牌性文化节庆活动的社会推广和宣传，扩大品牌影响力和经济带动力。建立健全会展评估机制，完善会展评估和反馈体系，促进文化会展业可持续发展。文化会展体系作为文化贸易发展的平台作用日益显著。

文化会展业所带来的巨大的经济效益，充分说明文化与经济相互交融，文化产业迅速崛起，文化消费更加丰富，文化生产力在现代经济总体格局中的作用越来越突出。文化会展作为对外文化交流合作的重要平台，将为我国文化产业直接对接世界打开一扇窗口。文化会展体系是一种文化产业形态，更是产业结构调整的一个重要杠杆。文化会展的举办，不仅拉动的是当地的旅游、文化、创意、科技效应，更将带动全国经济发展方式转变、产业结构调整和文化贸易发展。

6. 文化政策机制支持

文化贸易的发展离不开文化政策战略选择的保驾护航。要推进文化资源的产业化和市场化的进程，就必须把握好文化资源供给与文化产业发展、资源条件以及市场需要、资源转化和产品效益的关系，提高自主开发能力和市场开发效应。这得益于政府以市场化的战略来推动文化资源的产业化发展，完善文化立法，以适应社会主义市场经济发展的思维。同时保障公民享有文化权利，满足人民群众日益增长的精神文化需求，建立和保持公平、公正、公开的健康有秩序的文化市场。

与此同时，要推动文化资源的产业化开发，必须建立多元的投融资机制来吸收社会资本和国外资本，提高文化投资收益；鼓励和吸引国内各种非公有资本进入文化投资领域，积极参与文化基础设施建设、文化产业项目开发和文化产品的生产经营；积极鼓励金融资本主动参与，使文化企业顺利从金融市场融资以解决资金短缺问题；鼓励和支持组建各种类型的文化发展公司，以广泛吸引和利用更多的社会资本；把握文化资源配置的国际化趋向，有效吸收和利用国际文化资源。例如"一带一路"倡议的实施与深入，在形成文化共识的基础上，不断建构共同参与、共同建设、共享利益、共识推动的文化平台，不仅整合了丰富的文化资源，形成非物质文化遗产的保护发展长效机制与产业优势，而且在文化及其利益的共享中也会进一步提升沿线国家对"一带一路"的认同感，拉动沿线国家之间的文化交流，同时加强与相关国家的文化多边贸易发展。

全面实施可持续发展战略，对文化资源进行科学有效的保护是文化资源产业化开发的根本保障。因此要充分认识文化资源保护与开发的关系，在进行文化资源产业化发展的同时重视资源的保护。

以上六条文化贸易发展路径是基于我国文化资源的主要表现形式和优势，总结出的文化资源推动文化贸易发展的六条具体路径。随着经济的发展和科技的不断进步，文化贸易的发展路径会更加多样化和创新化。

第三节　文化资源影响文化贸易发展的实证研究

一　文化创意产业——以迪士尼乐园为例

迪士尼和它的迪士尼乐园打造了一个近乎坚不可摧的娱乐王国和童话世界。在顶级品牌的调查中，迪士尼乐园在休闲旅游项目中遥遥领先，而它的市场力度和品牌深度也分别位居世界顶级品牌中的第一位和第二位。市场力度和品牌深度的突出表现，表明迪士尼乐园涉入新领域以及与客户建立亲密关系的能力都非常强大。这两个品牌发展的重要必经之途被一个专门制造卡通形象和梦想概念的迪士尼展现得淋漓尽致。迪士尼的发展向世人直观地展现了创意经济的力量，也展现了文化产业的经济潜力。

1. 发展概况

1955 年，美国著名动画片制作家沃尔特·迪士尼在加利福尼亚州的阿拉罕建成了世界上第一座迪士尼游乐园，世界上第一个现代意义上的主题公园就此产生。1966 年，迪士尼公司又在本土建成了由 7 个风格迥异的主题公园、26 个高尔夫球俱乐部和 6 个主题酒店组成的奥兰多迪士尼世界。随后，1983 年和 1992 年，迪士尼以出卖专利等方式，分别在日本东京、法国巴黎建成了两个大型迪士尼主题公园，2005 年，在我国香港建成迪士尼乐园，上海迪士尼乐园于 2016 年 6 月开园。经过半个多世纪的经营，迪士尼乐园已然成为主题公园的霸主，在世界上游客数量最多的十大主题公园中，迪士尼占据半壁江山。而 2013 年迪士尼在全球的 11 座主题公园更是创造了 107 亿美元的经营利润，为该公司 450 亿美元的营收贡献了近 1/3。其中，东京迪士尼乐园营业额较上年增加 19.7%，达 4735 亿日元，净利润增长 37.1%，达 705 亿日元，均创下历史新高。而香港迪士尼乐园上年入场人次增加 10%，至 740 万，年度营业额达 48.96 亿港元，净利润达 2.42 亿港元。迪士尼乐园不仅是所有孩子心中的梦想乐园，同时也吸引很多成年人。迪士尼乐园如今在世界上取得了成功，但它的发展道路却并非那么一帆风顺。1992 年初，迪士尼公司在法国巴黎市郊的第一个欧洲迪士尼乐园的开张就遭遇了"滑铁卢"。在众多欧洲国家中，法国在抵制美国流行文化传播上是最为强硬的。法国人追求时尚自由，而美国人却按照自己的企业文化禁止当地职工上班时穿牛仔裤并禁止文身，不许留长指甲戴耳环等，这些都惹恼了无拘无束素以时尚为荣的法国人。于是，公司的法国雇员及其工会开始造反，大大削弱了美国管理者的士气。迪士尼乐园在法国运作方面对欧洲文化和工作规范了解的不足，导致很多问题在开园不久慢慢浮现并最终遭遇"滑铁卢"。18 个月后，迪士尼公司吸取教训，采取了一系列补救措施，废除原来的"迪士尼"式管理模式。提高对不同地域间文化差异的重视，重新定位法国迪士尼乐园形象，从根本上形成法国迪士尼的特色，做好市场宣传公关工作，塑造良好公众形象，改变法国人对美国文化先入为主的排斥态度。经过不断努力，迪士尼乐园在法国开始慢慢被大众接受。2002 年 3 月，迪士尼在法国巴黎的第二个主题乐园也开幕了，而这一次，迪士尼公司在取悦法国人甚至欧洲人上花了很大功夫，游客在这里能听到原汁原味的音乐旋律，还能在公园看到一些欧洲电影中的著名场景。迪士尼所做的一切努力都是希望能让欧洲游客们在迪士尼乐园找到宾至如归的感觉。虽然在法国生存之路不是一帆风顺，但现在的巴黎迪士尼已经日益发展成熟，自 1992 年开业以来，巴黎迪士尼贡献了超过 7 亿美元的利润，仅 2013 年一年就达到了 8570 万美元。巴黎迪士尼为整个法国造就了强劲的经济动力，同时也成为迪士尼帝国的一颗摇钱树。

2. 成功原因分析

（1）因地制宜，本土化经营理念

迪士尼公司在巴黎的第一个迪士尼乐园的失败就是因为其之前取得的成功使其态度自大，想强硬地传播美国文化而忽略法国当地文化。在经历法国迪士尼乐园惨败的教训后，现在的迪士尼公司在设计迪士尼乐园中考虑最多的就是文化本土化，他们知道只有这样才能被当地人所接受和喜爱。在其后开发的巴黎迪士尼乐园、东京迪士尼乐园以及上海迪士尼乐园都充分运用本土化方式去打造。而巴黎迪士尼乐园经历了文化碰撞、文化交融后变得更加有吸引力了，现在的巴黎迪士尼乐园既有自己的文化元素，又充满了法国乃至欧洲的独特文化元素。而上海迪士尼乐园也是充满了浓浓的中国元素，到处都可以看到中国符号。如"十二朋友园"：在这座神奇花园里，有 12 幅大型马赛克壁画，生动描绘出化身中国的十二生肖的角色。游客可以找到属于各自的生肖形象，在这面由中国手工艺人打造的生肖壁画墙前合影留念。在中国，十二生肖有着举足轻重的地位，迪士尼深谙于此。"十二朋友园"将迪士尼标志性的故事讲述和传统中国元素完美融合，为全球首创。为游客创造与本命年生肖合影的绝佳机会，使其与亲朋好友一起在此留下永恒的美好回忆。

（2）高科技手段打造梦幻王国

迪士尼公司一直坚持创新的传统，现代化的科技手段和数字网络不断被应用于主题乐园的设计中。上海迪士尼乐园是史上科技含量最高的迪士尼主题乐园。在施工建设方面，通过运用3D打印设计技术，取代传统模型制作，搭建一座城堡所需的时间从3周缩短到8小时，楼梯、楼道、回廊等细节纤毫毕现，提高了设计效率。在游览节目设计方面，通过引入三维沉浸式体验技术，设计工程师戴上特制的眼镜后，在他们面前的环形银幕上就会出现超真实的虚拟场景，帮助工程师设计更刺激、奇幻的游乐项目。在参观游览时，游客们戴上基于物联网技术的腕带设备后，可以凭腕带进入园区、预约热门游乐项目、购买纪念品，极大地方便了游客。

（3）形成文化产业链带动经济发展

迪士尼不仅是游乐场，还是集动漫、影视、服装、玩具、出版、电影、网络等于一体的美国文化产业的巨无霸式航母，它背后有广泛的产业链条、资本基础和一个庞大的创意团队。通过不断地复制不同的经典故事，弘扬了一种自我价值的实现和对传统观念的赞美，使创意产业成功地商业化。在上海迪士尼乐园中，游客可以在乐园入口的米奇大街、两座迪士尼酒店以及迪士尼小镇上购买到近7000种各类商品，包括文具、玩具、家居服饰等，其中一半专门为上海迪士尼度假区打造，一套"复古上海"系列产品，设计灵感来自老上海的月份牌。

3. 上海迪士尼乐园带来的经济效应

（1）旅游业方面

作为首个在中国大陆建成的迪士尼乐园，上海迪士尼乐园引起广泛的关注。而上海迪士尼中还有几个全球首创，上海迪士尼乐园的城堡约为60米，是全世界最高的游乐园城堡，上海迪士尼乐园融入中国元素，首次将中国12生肖元素融入迪士尼，建成"十二个朋友"的景点等，这些"全球首创"更是为上海迪士尼乐园增添了吸引人的色彩。上海市缺乏具有红色革命纪念意义的旅游景点和历史古迹，更不用说自然景观，它以一个现代化大都市的身份吸引游客的目光。东方明珠、外滩、南浦大桥，加上迪士尼这个绝佳无比的主题公园，上海势必会更加吸引消费者的眼光。迪士尼乐园在内地人的眼中一直有一种神秘感，迪士尼在上海落户，专程为迪士尼而来的消费者也会投身于上海其他旅游景区，在未来的 10 到 20 年内给上海地区的旅游业带来持续不断的新鲜血液。

（2）劳动就业方面

上海迪士尼为上海市带来大量就业机会，改善当地民生。迪士尼乐园不仅涵盖了制造、加工、建筑以及酒店餐饮等服务行业，而且有设计、金融、法律、设备制造、媒体广告等行业的就业机会。有关数据显示，上海迪士尼的建成到开园能为当地创造 5 万个新职位，其中餐饮业务、乐园运营、商品业务、酒店运营、安保、零售餐饮娱乐区运营及演出服装等将成为就业热点。

（3）文化创意产业方面

上海迪士尼乐园除了包含全球游客所熟知并喜爱的迪士尼标志性体验，还有专门为中国人量身设计的、上海迪士尼度假区独有的元素，上海迪士尼融合了鲜明的迪士尼特色和中国特色。事实上，迪士尼已经与中国著名动漫品牌"喜羊羊"展开合作，《喜羊羊与灰太狼》已通过迪士尼频道向亚太区 52 个国家和地区播映，同时还授权迪士尼作为总经销商，共同开发衍生品，而迪士尼为这一"联姻"付出金额达 16 亿元。除此之外，旅游纪念品等相关文创化产品消费也是迪士尼乐园体验的重要组成部分。上海迪斯尼项目带动文化产业总产出年均近 60 亿元的增量，拉动文化产业增加值每年近 40 亿元的增量。

二　动漫产业——以《海贼王》为例

20 世纪初，动漫以其独特的表现和传播方式，在全世界快速传播并受到大众喜爱。动漫不仅可以传播一个国家的思想文化，还能给国家经济发展带来巨大利益。近年来，很多国家都在大力发展动漫产业，然而，日本早已领先其他国家，成为行业先行者和领头羊，其动漫产业的出口值甚至高于钢铁出口值，成为国家主要经济体之一。这也是"二战"后日本经济迅速增长跻身于发达国家之列的主要原因之一。

1. 案例简介

《海贼王》是日本漫画家尾田荣一郎的少年漫画作品。在《周刊少年 Jump》1997 年 34 号开始连载。描写了拥有橡皮身体戴草帽的青年路飞，以成为"海贼王"为目标和同伴在大海展开冒险的故事。另外，有同名的海贼王剧场版、电视动画和游戏等周边媒体产品。截至 2013 年 11 月，《海贼王》发行量在全世界突破3.45亿册，是全世界发行量最大的日本漫画。《海贼王》是一部充满泪点的动漫，它讲述了一群小人物追求梦想的不易和对信念的坚守，能引起很多人的共鸣，其中路飞等人物所展现给我们的至真、至善、至美更是能打动观众。同时《海贼王》又是一部充满笑点的动漫，比如海贼王跟着草帽一伙，无论走到哪里，都阻止不了路飞要宝逗乐，满满的都是令人捧腹的笑。《海贼王》给大众带来的不仅是视觉上的满足，更是精神上的享受。

2. 成功原因分析

（1）从整个日本动漫产业大环境来说，日本动漫产业的发展要归功于它的文化开放包容性。日本是一个民族文化比较单一的国家，地理位置四面环海，所以日本文化包容性很强；但同时日本资源匮乏，聪明的日本人很会学习并利用其他资源，取其精华去其糟粕，所以日本动漫的特点就是取材范围广泛而自由。这样一来，日本动漫就很容易被大众所接受。日本人善于打破传统文化桎梏，吸收改造外来文化。日本动漫充分考虑不同文化的历史特点，将日本本土文化和外来文化有机融合，既能够创新糅合其他优秀文化又无形中传播自己的民族文化，从而能很好地满足观众的口味。

（2）从《海贼王》的内容和人物特点来说，《海贼王》的内容积极向上，讲述了路飞和他的朋友们坚定信念追求梦想的故事。路飞的梦想是"成为海贼王的男人"，索隆的梦想是"成为天下第一剑客"，娜美梦想环游世界并自己绘制出世界地图，乌索普希望自己能"成为勇敢的海上狙击之王"，乔巴想"成为万能医生"，弗兰奇想"制造梦想之船"。他们坚守自己心中最初的梦想，不断努力克服各种困难，永不放弃地去追求梦想。追求梦想的途中总是充满坎坷和曲折，但是他们没有因此退却，他们总是互相帮助一起克服种种艰难险阻。比如路飞，他展示的是一种乐观向上、讲义气的形象。在遇到危险的时候，他会誓死保护同伴；乌索普虽然自私胆小，但他从来都是该出手时就出手；娜美把金钱看得很重，本质上是个细心、善良、重视感情、疾恶如仇、偶尔有些温柔、能干的女性；青雉虽然奇懒无比，简单的加减法都懒得计算，但是非分明，立场坚定，典型的外冷内热；罗宾是一个个性冷静，就算遇到暴风雨，也能安然坐在椅子上看书，绝不饶恕践踏历史文物的人……不同个性的人物一起共同书写了《海贼王》的成功。

3. 对发展中国动漫的启示

（1）恰当地继承和弘扬中国文化

中国文化历史悠久，很多素材可以取之做成好的动漫。但是中国动漫目前的一大缺陷就是教条色彩严重，动漫内容僵化死板，最后往往是直接讲大道理。这样一来对观众的吸引力就大大降低，日本动漫就是将人生道理穿插在动漫中，寓教于乐。中国传统文化有很多可以吸收借鉴的优良素材，既可以保证趣味性，又可以体现出很好的教育意义。

（2）以包容的心态去接受其他文化

动漫的取材并不局限于中国历史文化，而是应该将视野扩展到邻国和全世界，在世界文化宝库中寻找多样题材。然后结合中国传统文化、民族文化等进行包装改造，从而取百家之长，并为我所用，打造成看起来没有体现中国文化大背景但能看到无处不在的中国元素的中国动漫。只有这样，中国动漫才能以更加多样的形式和丰富的内容受到更多人的喜爱。中国动漫产业应该学习日本，一方面要不断挖掘自身所拥有的文化资源，另一方面也要用包容学习的心态采百家之长，只有这样，中国动漫才能走出中国走向世界。

（3）以大众化的精神适应更大市场

中国动漫很多仅仅是针对儿童或者年轻人，主题内容过于简单甚至幼稚，受众很小。而日本动漫对不同年龄层都有考虑，很多作品不仅为儿童喜爱更为很多成年人所接受。日本动漫内涵丰富且蕴含深刻的大众化精神，其所表达的人生哲理和价值观无形中传达给观众。在这一点上中国动漫应该加以改进，不能总是主题单一、内容简单，只是为了娱乐而娱乐。

三　宗教文化——以少林寺佛教文化为例

自古以来，少林寺一直被称为"天下第一名刹"，它不仅是中国佛教禅宗的祖庭，还是中国武术最大流派——少林武术的发源地，有"天下功夫出少林，少林功夫甲天下"的美誉。而30多年前，一部功夫电影《少林寺》轰动全世界。电影里的演员不是科班出身而是一群武术运动员，他们各怀绝技在电影里一拼高下，让人感受到了中国武术的魅力。电影的走红不仅在世界范围内掀起一股习武热潮，更是开启了外国人对中国少林文化的认识。

1. 发展概况

少林寺位于河南省登封市嵩山五乳峰下，由于其坐落于嵩山腹地少室山的茂密丛林之中，故名"少林寺"。始建于北魏太和十九年（495），是孝文帝为了安置他所敬仰的印度高僧跋陀尊者，在与都城洛阳相望的嵩山少室山北麓敕建而成。2010 年，嵩山少林寺总接待人数 270 万人次，实现总收入 1800 万元。而 2015 年接待游客首次突破千万人次，实现旅游总收入 72 亿元。游客中不乏世界名流，包括澳大利亚前总理霍华德、南非前总统曼德拉、英国女王、美国前国务卿、国际奥委会前主席等大批政要，还有世界泰拳王、NBA 球星、好莱坞影星等世界巨星。2004 年，美国加利福尼亚州众议院和参议院先后两次通过投票的方式将每年的 3 月 21 日确立为"加州嵩山少林寺日"，成为加州议会以立法形式确立的节日。这些都进一步证明和彰显了少林寺非同凡响的广泛影响力。少林寺文化是古代和现代的交融，其独特的少林文化也是华夏五千年文化的一个缩影。中国传统文化的瑰宝——少林功夫，也因其深远的影响力，被列为我国第一批非物质文化遗产。

2. 文化基础

嵩山少林寺历史悠久，文化积淀浓厚，旅游资源也十分丰富。有禅宗祖庭的少林禅宗文化；有七百余种的少林功夫文化；有医学秘方和养身的少林医学文化；有常住院、塔林等少林建筑文化，还有嵩山世界地质公园等山水美景……

在众多文化中，少林功夫文化最为出名。少林寺是少林功夫的发源地，少林功夫因此得名。为了强身自卫，少林寺的僧人们形成了习武的传统，而中国武术与佛法禅学思想的结合，久而久之便造就了"禅武合一"这一独特的少林功夫。少林功夫产生在嵩山少林寺这一特定的佛教文化环境中，在武术之外还有更深刻的文化意义。它是以"少林寺僧人演练的武术为主要表现形式"的功夫文化。1500 多年历史和文化积淀所形成的兼禅学、武学、医学、艺术为一体的少林文化，尤其是以佛教信仰为核心，同时凝结了禅宗智慧的"少林功夫"文化，是中华传统文化的瑰宝。

少林寺方丈释永信指出，通常所说的"少林功夫"，是指在嵩山少林寺这一特定的佛教文化环境中形成的，以佛教信仰为基础，充分体现佛教禅宗智慧，并以少林寺僧人演练的武术为主要表现形式的传统文化体系。

可见，少林功夫首先表现为一种信仰，一种对超长神力的追求，它与其他武术的区别就在于这种信仰。对少林弟子而言，"少林功夫"侧重于佛教修行的方面，而其中所包含的"武"在很大程度上被作为一种修行方式，"少林功夫"本身就具有一定的宗教意味，而且其宗教功能是第一位的，这是许多其他武术所不具备的。

3. 发展特色

（1）积极打造少林寺旅游产业

少林寺是宗教旅游胜地，当地大力发展文化旅游产业。近年来，光是少林景区就可以吸引上千万游客，少林景区以门票为主的直接收入更是每年高达 70 亿元左右，旺季的时候一天接待量就有好几万人，旅游收入占登封市财政收入的 1/3。郑州市近几年明确提出了"禅武休闲旅游"新理念，努力打造"禅宗文化产业＋武术产业"的旅游新模式。登封市则突出"禅武少林"、"神奥嵩山"两大主题，提高城市品位，全力塑造"功夫之都"形象。

（2）通过旅游带动相关产业发展并形成以少林寺为核心的经济生态圈

现在的少林寺组建了少林实业发展公司。旗下有"河南少林寺影视有限公司"，专门培养影视明星；有"少林寺事业发展有限公司"，经营少林素饼和少林禅茶；有"少林寺武僧团"，每年都在全球进行少林功夫演出，传播功夫文化；还有少林寺网站、少林寺红十字会等。旅游对当地经济的促进有力带动了通信、交通、餐饮、购物、娱乐等行业的快速发展。以旅游为龙头带动第三产业的增加值更是占全市生产总值的 30% 以上。利用"少林"品牌效应，成功招商引资。大批非资源型新型产业在登封落户，从而带动新的经济增长点。

（3）践行文化"走出去"战略，走进主流社会

截至 2016 年，少林寺有分布在世界数十个国家的 50 多个海外文化中心，还有各种少林文化机构遍布全球各个角落。欧洲第一家少林文化机构——德国少林寺于 2001 年在德国柏林成立。2012～2014 年，少林寺在欧洲和北美地区先后举办三次少林文化节，先后有来自欧洲和北美地区的一百多个代表团、1800 余名"赶考者"参加少林功夫考功大会，接受少林文化传承人的检阅。2015 年 8 月 2 日至 6 日，少林文化代表团赴泰国开展"少林文化丝路行"活动，受到泰国当地政府和信众的热烈欢迎。少林僧侣在这些少林文化中心讲经授法、练武修禅。少林寺还先后在欧洲和北美

举办少林文化节，通过各种方式向世界各国主流社会传递中华文化的精神内涵和东方价值观。少林寺与世界各地的文化交流在规格、规模、频次和范围等方面不断提升。

四 戏剧文化——以《牡丹亭》为例

昆曲是我国最古老的剧种之一，发源于元末明初苏州昆山的曲唱艺术体系，糅合了唱念做打、舞蹈及武术的表演艺术，现在一般亦指代其舞台形式昆剧，素有"百戏之母"的雅称。昆曲乃戏曲之经典，更是被联合国教科文组织定义为"人类口述遗产和非物质遗产代表作"。乾隆年间"花雅之争"后，雅致至极的昆曲日渐凋零。而青春版《牡丹亭》则又在世界上掀起一股"昆曲热"。

1. 案例简介

《牡丹亭》是明代戏剧家汤显祖的"临川四梦"之一，更是中国"百戏之祖"昆曲的经典。主人公杜丽娘为大家演绎了超越生死的爱情神话，她为了追求自己的爱情与世俗做顽强的斗争。杜丽娘被誉为"天下第一有情人"，"情不知所起一往而深"等经典台词也被后人所传颂。而台湾著名文学家白先勇先生策划和创作的青春版《牡丹亭》更是让昆曲这门古老的艺术重新燃起新的生机。白先勇携青春版《牡丹亭》不仅踏遍大陆和港台各大高校，更是获得文化部的支持成为国家级文化出口扶持项目走向世界。在美国、英国、希腊、新加坡等海外演出已达近50场之多。其中，2006年的美国之行可谓轰动一时。该剧于9月中旬至10月初先后在加州大学演出4轮共12场，场场爆满，气氛热烈，在国内外甚至出现了一票难求的盛况，很多年轻人涌入剧院，哪怕站着也要看完。从2007年到2012年，演出600场，观众3万多人次，其中30%是外国观众，票房4000万元。

2006年青春版《牡丹亭》的美国之行后，加州大学伯克利校区音乐系及东方语文学系就接连两个学期开设昆曲课程，聘请昆曲专家李林德教授讲授。而圣塔芭芭拉市市长Marty Blum在市政大厅举行隆重的命名仪式，宣布10月3日到8日为"牡丹亭"周；时任我国驻旧金山总领事馆彭克玉总领事表示："青春版《牡丹亭》赴美演出开创了中国戏曲进入美国主流社会以及社会力量和市场运作结合的一个成功范例。"

2. 成功原因分析

（1）立足本土与辐射世界的双重定位

青春版《牡丹亭》是在牢牢立足本土的基础上将戏曲之美辐射到整个世界。青春版《牡丹亭》的海外演出是在海内巡演获得成功的基础之上进行的。其跨国演出，是本土演出的延伸。昆曲的根扎在中国的土地上，青春版《牡丹亭》让古老的昆曲在现代中国的土地上"回春"。

（2）保持内容的原汁原味和形式的多样化

在国外市场获得成功的关键是其展示中国戏曲文化魅力时会融合当地文化，不仅可以向国外友人传播中国传统文化，又能很好地迎合当地观众的口味，从而取得更大的成功。《牡丹亭》主要表现的是爱与死这一永恒主题，同时又是一种东方式的爱、东方式的美。在美国演出的时候，剧中男女主人公"东方式的吻"，得到了美国主流观众的认同与共鸣。谢幕时，男女主人公再现含蓄之吻，现场观众热烈欢呼。实际上，这就是美国观众对中华文化的一种认同。

3. 对中国非物质文化遗产发展的启示

（1）大力培养高水平人才和专业人才对非物质文化遗产进行创新和传承

当前，文化市场的竞争不仅是文化的竞争更是人才的较量。要使我国非物质文化遗产发扬光大，需要有志之士为其做出贡献。青春版《牡丹亭》的成功离不开白先勇先生的心血。其策划、制作青春版《牡丹亭》，立意本不是以单纯营利为目的，而是希望将昆曲发扬光大，让全世界欣赏到中华文化之美。如今，越来越多的年轻人受国外文化的影响，越来越忽视自己本土的传统文化。只有大力培养高水平人才和专业人才，给予他们一定物质鼓励，让他们来推动中国非物质文化遗产的发展，才能最大限度地开发利用和保护我国非物质文化遗产。

（2）加大对非物质文化遗产保护力度，并以此为契机发展非物质文化遗产产业

非物质文化遗产作为无形资产，其保护面临更大困难，尤其是对于一些民族传统非物质文化遗产，可能在现代社会竞争中处于劣势而淘汰甚至失传，政府必须加大对这类非物质文化遗产的保护。非物质文化遗产是文化资源的一项重要内容，作为一种无形资产，最好的保护方式就是对其加以发扬传承，进行产业化发展，实现文化张力。这样不仅能有效促进非物质文化遗产的传承还能创造效益，使非物质文化遗产价值最大化。

五　民族文化——以《云南映象》为例

云南是祖国西南边疆的一个多民族省份，这里有深厚的文化底蕴，是人类发祥地之一，为人类文明留下宝贵的世界文化遗产、世界自然遗产，是人类遗产重要的共生宝库；这里有多彩的民族文化，26 个世居民族团结和睦，生生不息，形成了多民族群体、多文化形态共生的独特文化类型，在中华民族文化宝库中熠熠生辉。

1. 案例简介

著名舞蹈家杨丽萍所导演并领衔主演的大型原生态歌舞《云南映象》将最原生的原创乡土歌舞精髓和民族舞经典全新整合重构，再创云南浓郁的民族风情。在国内近 40 个城市纯商业化演出近 1500 场次，上座率更是达到 100%。在北京演出期间党和国家领导人及 150 多个国家驻华大使、文化参赞等观看演出并给予高度评价。国内外多家主流媒体也进行采访或报道演出盛况。《云南映象》创造了中国舞台阵容最大、巡演时间最长、所到城市最广、演出场次最多、上座率最高、票房收入最好"六个第一"。除此之外，2004 年更是将舞步"跳"到了巴西、阿根廷、美国等世界舞台上。在美国演出取得巨大成功，引起当地人对云南文化的一致好评，辛辛那提市政府更是将 2005 年的 11 月 16 日命名为"云南映象日"。2008 年初，《云南映象》又赴日本东京进行 12 场商演，在日本公演期间，每场演出都座无虚席，场面宏大，令人震撼。《云南映象》缔造了日本演出市场两项新纪录——日销售门票超过 5000 张（28000 多张入场券早在一个多月前就已售罄）；公演时观众上座率达到 100%。并且，每场演出都不得不卖站票，就连站票都要提前 4 小时排队。2011 年法国"中国文化年"开幕，《云南映象》作为首场演出在巴黎上演……这些都表明国内外观众对中国少数民族原生态文化的兴趣和认可，《云南映象》也成为第一部走向国际主流舞台的中国歌舞剧。

作为中国舞蹈史上第一个自己营销、包装、推广的原生态民族歌舞剧，《云南映象》从高原村寨走向世界，为中国的舞台艺术走向市场探索出了一个崭新的运作模式，《云南映象》本身也已经成为一个中国舞蹈界的共有品牌、一张获得广泛赞誉的"中国名片"。"万绿之宗，彩云之南"在观众目驰神夺的审美愉悦中成了人人向往的理想栖居地。数据显示，2013 年云南累计接待海外旅游者 533.5 万人次，同比增长 16.5%；接待国内旅游者 2.397 亿人次，同比增长 22.1%；全省实现旅游业总收入 2111.24 亿元，同比增长 24.1%。

2. 文化基础

在歌舞剧中，原生、古朴的民族歌舞与新锐的艺术构思的碰撞，给人带来一种特定的"云南映象"。而彝、藏、佤、哈尼等 10 多个民族原始、粗犷、充满绚丽色彩的生活因了《云南映象》而生动地展示在舞台上。奔放的肢体动作、抽象的画面构成、空灵悦耳的音乐、清亮具有穿透力的山歌，将人类对于心灵回归、生命激情、灵魂升腾的情感渴望表达得淋漓尽致。在《云南映象》这部大型的既充满了传统之美又有现代张力的歌舞剧中，观众们看到了云南少数民族原生、古朴的劳动生产生活和民俗祭祀；而他们原型的生活着装、六十二面鼓的鼓风鼓韵、一百二十个特色面具、70% 的云南籍少数民族的村民演员等又能让观众依稀看到了千百年前那里的天地自然、人文情怀以及人们对生命起源的追溯和对生命永恒的期盼。这部大型歌舞剧之所以能够吸引人们的眼光，一个主要的原因就是它所蕴含的这种原始文化气息。

在走向国际舞台的过程中，《云南映象》一方面不断向观众展示云南本土原生态文化，另一方面为了加强与海外观众沟通的效果，《云南映象》对节目进行了大刀阔斧的改革：首先是名称，利用英国文学家詹姆斯·希尔顿的著名小说《消失的地平线》中描写的人间仙境香格里拉在西方的深远影响，《云南映象》改名为《走进香格里拉》。然后是节目内容的变革，首先是节目长度由原来的 2 小时 45 分钟缩短为 1 小时 40 分钟，以便适应国外观众的观赏习惯。

3. 对中国民族文化发展的启示

（1）实施民族文化保护战略

中国地大物博，56 个民族创造了华夏五千年文明。民族文化是国家文化软实力的重要组成部分，发扬民族文化对国家的影响重大。而由于历史社会地理等原因，很多民族逐渐地没落脱节于时代发展，实施民族文化保护战略迫在眉睫。而这一方面需要政府去加强对传统民族文化资源的保护，以及对民间艺人的经济和精神支持；另一方面，需要社会上有志之士自愿加入文化保护和传承的队伍中。《云南映象》的成功离不开政府对当地文化保护的大力支持，也离不开杨丽萍对云南民族文化艺术的奉献。杨丽萍正是出于对家乡艺术的热爱和责任感，走上了一条艰难之路，开始采风寻宝行动。她花了 3 年时间，亲自从各村寨的田间地头里挖掘出歌舞、演员、服饰等。从鲜为人知到闻名于世，从濒临消失到广为传承。

（2）鼓励文化创新，大力发展民族文化产业

文化创新能够促进民族文化的繁荣。只有在实践中不断创新，传统文化才能焕发生机、历久弥新，民族文化才能充满活力、日益丰富。文化创新，是一个民族永葆生命力和富有凝聚力的重要保证。依托民族文化比较优势大力发展文化产业从而转换成竞争优势，更是提高民族文化竞争力的关键。杨丽萍对云南原生态文化不断整合创新才有了今天《云南映象》的成功，《云南映象》也成为云南民族文化产业的一个经典符号。

六 教育产业——以孔子学院为例

高等教育是中国文化事业的重要组成部分，实现在教育领域的国际合作，是现代教育发展的一个趋势。在中国不断推进改革开放的进程中，中外教育合作与交流不断深化。其中一个重要的标志，就是从单纯的学术交流和人员往来扩大到机构性合作。对国外教育机构到中国来合作办学，中国采取积极欢迎的"请进来"的方针；同时中国也积极倡导中国教育"走出去"，举办孔子学院就是中国教育走向世界的一个重要举措。

1. 案例简介

孔子的学说传到西方，是从 400 多年前意大利传教士把记录孔子言行的《论语》一书译成拉丁文带到欧洲开始的。而今，孔子学说已走向了五大洲，各国孔子学院的建立，正是孔子"四海之内皆兄弟""和而不同"以及"君子以文会友，以友辅仁"思想的现实实践。为发展中国与世界各国的友好关系，增进世界各国人民对中国语言文化的理解，为各国汉语学习者提供方便、优良的学习条件，中国国家对外汉语教学领导小组办公室在世界上有需求、有条件的若干国家建设以开展汉语教学为主要活动内容的"孔子学院"，并在中国北京设立"孔子学院总部"。孔子学院最重要的一项工作就是给世界各地的汉语学习者提供规范、权威的现代汉语教材；提供最正规、最主要的汉语教学渠道。全球首家孔子学院 2004 年在韩国首尔正式设立，截至 2014 年 12 月 7 日，全球 120 个国家（地区）建立了475 所孔子学院和 851 个孔子课堂。其中，亚洲 32 国（地区）103 所，非洲 29 国 42 所，欧洲 39 国 159 所，美洲 17 国 154 所，大洋洲 3 国 17 所。孔子课堂设在 65 国共 851 个（科摩罗、缅甸、马里、突尼斯、塞舌尔、瓦

努阿图只有课堂，没有学院），其中，亚洲 17 国 79 个，非洲 13 国 18 个，欧洲 25 国 211 个，美洲 7 国 478 个，大洋洲 3 国 65 个。孔子学院的广泛建立激起了国内文化市场积极做出回应，以孔子为题材的影视剧层出不穷，助推了"传统文化热"。中国电影导演韩刚说："从国际市场看，现在全球仅推广中国文化的孔子学院就有 300 多所，这就意味着很大的市场前景。"2009 年初，一部计划投资 1.5 亿元人民币、以孔子为主题的电影开拍；2009 年 12 月，由响巢国际与湖南卫视联手打造的电视剧《孔子春秋》进入筹拍阶段。2010 年出现了三部孔子大戏，即电影版《孔子》、赵文瑄主演的电视剧《孔子》和张黎版的《孔子春秋》。孔子学院的兴起也掀起了汉语热，汉语水平考试（HSK）一项，已由原来每年国家补贴 400 万元发展到现在每年赚 1000 多万元。

2. 孔子学院走出去的原因分析

（1）国家实力提升，掀起汉语热

随着我国国际地位的不断提高和国际交往的日益广泛，中国经济的迅速发展对外国人掀起学习汉语的热潮起了决定性的作用。目前有 4000 多万外国人在学习汉语，并且人数还呈上升趋势。这说明中国文化已经随着国家的发展，对全世界有越来越大的影响。汉语成为继英语、法语之后的热门语言，很多国外中小学都设有汉语课程。在这种时代潮流下，孔子学院得以成立并受到欢迎。越来越多的人纯粹为了兴趣走进孔子学院学习汉语，说明中国的软实力正逐步提升，而越来越多的孔子学院出现在世界各个角落也说明中国在有意识地培养发挥自己的软实力。

（2）具有特色的办学特点吸引眼球

孔子学院借鉴了法国、英国、德国和西班牙等国推广本民族语言的经验，又拥有自己独到的办学模式。孔子学院从启蒙和普及出发，逐步向高端延伸，采取灵活多样的形式，最大限度地满足了多层次、多样化的汉语言文化学习需求。伦敦中医孔子学院是世界上第一所中医孔子学院，针灸是其设立的第一个学位课程。据学院领导介绍，中医课程的开设，激发和培育了众多英国年轻人对中国文化的兴趣。汉语教学、特色教育、文化活动构成孔子学院的办学特点。美国的孔子学院除了进行汉语教学，还举办各种讲座和丰富多彩的文化活动，帮助美国人了解和认识一个真实的中国。此外，美国各地的孔子学院还定期举办"开放日"活动，邀请社会各界品尝中国小吃，欣赏中国音乐，展示中国艺术。一些孔子学院还举办中国文化夏令营,寓教于乐地向当地少年儿童介绍中华文化。

(3) 中国传统文化价值受到肯定

中国传统文化理念精髓之一的儒学,就是以孔子学说为基础、以历代儒家宗师的理论为主体形成的价值观念和思想体系。孔子学院的兴起说明了以孔子为宗师的儒学文化逐渐为世界爱好和平的国家和人民所接受。

3. 孔子学院走出去的意义

(1) 有助于中华传统优秀文化的传承与发展

中国历史悠久,文化底蕴深厚。而孔子文化也是中华民族众多文化中独特的文化代表之一,是经过长期的历史发展沉淀并经受住层层考验而越发吸引人的一种文化。孔子文化不仅是华夏子孙的骄傲,也是全人类的宝贵文化遗产。孔子学院走出国门走向世界,通过展示中国优秀的儒家文化和传播中国文化精髓,让世界各国人民对中国有了更深刻的了解,为中国和世界人民搭建了友谊之桥。

(2) 促进发展中国文化事业与文化产业

孔子学院引领中国高等教育走向国际的同时,也将国外语言文化教育直接引进国内,在相互交流、融合中必将加速中国高等教育的国际化进程,使我国的大学办学水平不断提升,有利于促进中国高等教育国际化,因而对中国文化事业的发展具有促进作用。而近年来中国经济发展水平在不断提升,中国在国际舞台上影响力不断扩大,中国语言和中国文化将会得到更多世人的喜爱,这必将带动和催生中国国际汉语推广产业的不断发展壮大,从而提高我国文化产业的竞争力。

(3) 展示大国形象,提升文化软实力

孔子学院作为一个全新的平台,不仅在汉语推广而且在对外文化交流方面正发挥着新的重要作用,甚至扩大了国家外交的舞台,促进了中国文化外交发展。在国际上为中国塑造了积极友善的国家形象,有利于提升国家文化软实力,消除外界对中国改革开放以来不断发展而和平崛起的误解。

第八章　文化影响文化贸易发展的案例分析

文化影响文化贸易发展的成功案例，在国际国内市场上比比皆是。本章以文化贸易发展得最好的美国、韩国和日本等国家，以及我国文化贸易的一些成功案例作为分析对象，从文化性质，发展路径等方面进行梳理，力图证明文化对文化贸易具有内源性的影响，是文化贸易长期可持续发展的动力源泉。

第一节　文化贸易的国际案例分析

文化资源是文化产业和文化贸易的基础条件，离开文化资源这一基础，文化产业和文化贸易只能是无本之木、无源之水。但如何去充分开发和利用各种文化资源，有效挖掘文化资源的经济价值，推动文化产业和文化贸易的发展是值得深入研究的问题。下面我们对韩国、美国和日本的成功案例进行分析，从中获得启示。

一　韩剧《大长今》的经验和启示

近几年，世界迎来了韩剧的热潮，韩版的服饰、影视作品风靡中国乃至世界。韩剧作为一个文化大餐，从开始出现在银幕上的《人鱼小姐》《看了又看》《大长今》等到现在的《继承者们》《来自星星的你》《百万新娘》等，都让人百看不厌。例如，在世界影响较大的《大长今》在世界各地取得了高收视率。在香港，平均收视率达47%，最高收视率至50%，收看观众人次多达321万，差不多占全香港人数的一半，是香港25年电视剧收视纪录排行榜三甲之首。在台湾，则一举打破韩剧收视不景气的僵局，获得有线电视收视率第一、综合收视率第二的好成绩。该剧出口到60多个国家和地区，播放范围几乎覆盖全世界的各个角落。深受世界各地消费者的青睐。

1. 韩剧中蕴含着丰富的韩国文化元素

（1）剧中彰显了韩国精神文化

《大长今》被定义为一个大型的励志剧，讲述的是无父无母的女主角徐长今通过自己的努力成为朝鲜王朝历史上首位女性御医，并且被中宗赐予"大长今"称号的故事。影片中我们可以感受到主角人物面对身边所发生的各种悲剧和命运的残酷，积极面对人生，在自己所处的御膳房做好自己的事，同时也影响着身边的人，最终完成了自己的梦想，给予观众"正能量"。

（2）剧中蕴含着韩国服饰文化

韩国服饰包括传统韩国服装和现代韩国服装，典雅而有品位，是韩国优秀的传统文化之一。一般来说，韩服的线条兼具曲线与直线之美，尤其是女式的韩服以短上衣搭配长裙，上薄下厚，表现出女性的端庄大方之美。男士则短褂搭配长裤，用细带绑住裤脚，体现了男士的魁梧风姿。衣服的颜色绚丽多姿，明艳秀丽，表现了韩国明亮内秀的民族特色。宫服中有一定的规定，按照等级的不同穿着不同颜色的衣着。《大长今》中演员们穿的都是韩服，充分展示了韩国服饰文化，让观众在观看电视剧的过程中领略韩国文化的魅力。

（3）剧中融入美食文化元素

美食是一种文化，吃是文化的符号，同时更能体现出一个国家或民族的生活习惯、地理状况和风土民情。不同的民族饮食文化各异。韩国的饮食以清淡为主，注重养生和饮食的关系，在药物和食材的杂糅中体现出了一种别具特色的饮食文化。韩国的古代以大米为主食，以泡菜、海鲜酱、豆酱等发酵食品为佐料，搭配以各种蔬菜、肉类和鱼类，在饮食中注重营养的均衡摄取。韩国的摆餐是将所有的饮食同时摆出，细化的则分为贫民三种、王族十二种等，其中搭配汤品，具有悠久的历史。《大长今》深刻地体现出韩国的饮食文化，观看《大长今》的同时，一道道诱人的韩国料理展现在观众们面前，有人甚至从此爱上了韩国菜。一些主营韩国料理的店铺被这部电视剧带火，中国的一些韩国餐厅更是在电视剧热播后推出了以《大长今》为主题的套餐，深受消费者欢迎。

（4）剧中体现了韩国的礼仪社交文化元素

韩国崇尚儒教，尊重长老，长者进屋时大家都要起立，问他们高寿。

早晨起床和饭后都要向父母问安；父母外出回来，子女都要迎接。乘车时，要让位给老年人。吃饭时应先为老人或长辈盛饭上菜，老人动筷后，其他人才能吃。韩国人见面时的传统礼节是鞠躬，晚辈、下级走路时遇到长辈或上级，应鞠躬、问候，站在一旁，请其先行，以示敬意。鞠躬的姿势也有讲究，宫女要双手重叠平放在胸口上方，低头含胸，微微下蹲。不仅如此，宫廷之间有着严格的管制和宫女制度，用来规范和约束宫里不同阶层的行为。《大长今》运用电视剧这种当今社会比较容易接受的形式，很好地展现出了古代朝鲜的文化，可谓文化传播与转化的成功典型。

2. 韩国推动文化产品"走出去"的举措

《大长今》热播作为一个文化传播现象受到了广泛关注，其中有两点重要的原因推动它作为一部优秀影视剧的广泛传播，一个是韩国多年积累的先进的电视剧营销模式，另一个是剧中所包含的受广大人民喜爱的各种文化符号。

（1）成熟先进的文化营销传播模式

韩国是一个文化强国，国家和企业对文化传播有着极高的重视程度。韩国将文化产业作为国家经济战略中的支柱产业，提出了"文化立国"方略，制定了《文化产业与发展计划》，并在管理体制、资金投入、产业布局、人才培养、法规建设和开拓国际市场等方面采取有力措施。《大长今》作为韩国影视剧首先是在韩国热播并得到了追捧，之后再通过文化贸易的途径逐渐推向世界其他国家。韩国文化贸易主要特征是：第一，强调产品适用性。韩国政府通过驻外领事馆的大力协助，在文化产品输出重要国家的大城市设立驻外文化院、文化研究机构。除政府官方协调驻外机构外，很多韩国大型跨国文化企业也通过在所在国设立办事处以及企业网络等多种手段，加强调研，针对不同地区国家民众的消费习惯和特点，开发不同产品。第二，通过举办和参加国际性展销洽谈活动来开拓国际市场。很多韩国大型文化企业通过举办各种形式的商业展会，展示文化产品的科技性和创新性，促进跨国文化贸易合作。随着全球化的深入发展，各国之间时空进度大大缩小。《大长今》在播出之时发行商在一些大城市做了许多展示活动，为电视剧的热播和好口碑奠定了舆论的基础。第三，充分利用科技传播手段、互联网等广泛传播。在《大长今》在中国播出前，韩国关于

《大长今》的介绍与讨论就已经在互联网上出现。近年来，随着互联网等新媒体的快速传播，韩国文化"走出去"的依赖途径发生变化，有逐步向互联网等全媒体方向发展的趋势。韩国文化企业通过先进的网络、外国代理商、开发商直销、合作经销等多种手段，逐步构建起国际营销网，加强市场运作。

（2）利用喜闻乐见的文化符号达到电视剧传播和文化输出的效果

韩国作为东亚地区的重要国家，千百年来深受中国文化影响，至今保留着许许多多与中国传统文化相似的地方，有时候中国人在观赏韩剧的同时甚至能看到中国的影子，《大长今》电视剧在中国热播的文化传播现象很好地体现文化共通性与文化传播之间的关系，同时韩国文化中也有与中国相似但又独特之处，当中国观众观看电视剧的同时可以深刻地感觉到一种似曾相识却又独特的文化之美。《大长今》作为一部老少皆宜、影响巨大的电视剧，剧中所包含的饮食文化、服饰文化、社交礼仪文化、精神文化等内容，让人不仅能享受精彩的剧情更能从剧中感受到浓浓的文化氛围。通过《大长今》中的文化传播使得人们更加了解韩国的文化。据报道，在《大长今》播出期间，韩餐在北京、上海等地变得异常火爆，韩国餐馆销售额增加了三成以上，其中点餐颇具典型的饮食主要是烤肉、酱汤、石锅拌饭和炒年糕等，同时，很多韩式餐馆陆续经营起来，说明《大长今》的热播催生出中国观众对韩国文化的向往与追逐，仅从餐饮就可见一斑。同时《大长今》播出后也带动了韩国的旅游业等相关服务业的增长，经济效益明显，同时也加快了韩国文化的传播与发展。

3. 韩国电视剧成功走向国际市场对我国的启示

（1）高度重视文化产业发展

《大长今》的成功不是一朝一夕的事，而是韩国整个国家文化体系共同运作的成功。韩国文化产业是韩国现代化建设中的重要部分，韩国将文化产业作为国家经济战略中的支柱产业，提出了"文化立国"方略，制定了《文化产业与发展计划》，并在管理体制、资金投入、产业布局、人才培养、法规建设和开拓国际市场等方面采取有力措施，目标是使韩国成为世界五大文化强国之一，目前文化产业已经成为韩国国民经济新的增长点，而文化产品中的电视剧更是在文化产业中占据重要的地位，目前韩剧已经成为世界人民了解韩国、认识韩国的一张重要名片。

中国应当清晰地认识到，文化产业的发展是现代科学技术和经济发展的必然要求。当今世界正处于经济、政治、文化大变革、大融合的时代，人类社会正朝着一个全新的方向发展，即朝着知识经济时代发展。文化产业与知识经济具有天然的内在联系，文化与技术、经济和社会发展之间出现了深刻的互渗关系，文化已成为巨大的经济资源。文化产业作为一种涵盖精神生产的产业，它在知识经济时代起着主导作用，支撑着整个知识经济发展。同时，文化产业作为文化发展的载体，它是整个文化发展的重要组成部分。

（2）注重影视剧文化的真实性和可靠性

《大长今》拍摄的成功有很大的一个原因就是它回归历史主体，虽然电视剧中有许多艺术加工或者演绎的成分存在，但是值得肯定的是剧中的人物、礼仪文化都是符合历史真实的。中国有着五千年光辉灿烂的文化，同时也是一个电视剧大国，在众多的国产剧中有很多古装电视剧，有些电视剧拍摄出来之后受到了许多有历史基本常识的观众的批评，例如，明朝用的是清朝的一些称呼礼仪；或者一些古人的用具摆设不符合传统文化的常识等，这些错误的产生很重要的一点就是没有研究透文化的内涵，也不重视文化的可靠性。

（3）注重文化产业人才、文化艺术人才的培养

在人才培养上要有力支撑文化产业。韩国最近几年投入千亿韩元支持文化产业人才的发展，培养复合型人才，推动产学研结合，成立"CT产业人才培养委员会"，负责文化产业人才培养计划的制定、协调，文化产业振兴院建立文化产业专门人才数据库。《大长今》电视剧的热播就能体现出韩国演员的专业程度和敬业性，《大长今》历时七个月，跨越了韩国整个严寒的冬季拍摄而成，拍摄期间导演李丙勋和演员们严格把握拍摄进度，为抓紧时间，夜以继日地工作，演员们不畏严寒在极其寒冷的环境中克服了许多困难，这部剧承载了演员和导演的心血，有了好的演员和好的导演才能成就此剧的辉煌。长期以来，中国一直有种过分追逐利益的心理而忽视了优秀文化艺术人才的培养，有些人至今仍然持有一些演员就是所谓"戏子"的腐朽思想，这在很大程度上影响了中国文化人才的培养和发展。同时，在文化人才领域的教育行业优秀人才极为缺乏，有些艺术学校甚至共用一个老师的现象也有出现。因此在现有的情况下，我们要以更宽容的姿态重新定义文化产业人才，在更宽广的视野里培养

文化产业艺术人才，只有这样，才可能拥有一支适应新时期使命的文化产业人才队伍。

二 日本动漫《火影忍者》的经验与启示

日本是动漫强国，动漫产业已成为其第三大产业。日本国内的动画市场不断扩张，规模已经突破 2000 亿日元，日本动漫对日本社会的影响非常深远，几乎所有当代日本人都受到过漫画的影响，如同 20 世纪 50 年代到 80 年代的连环画（小人书）对中国人的影响一样。而且，随着社会的发展进步，日本漫画也随之变化，持续影响着一代又一代人。

国际市场上日本动漫亦是风生水起展露异彩，有许许多多的优秀动漫通过各种途径向外传播，《火影忍者》作为一部著名的日本动漫影视剧，不仅在日本持续掀起忍者文化风，更给全世界观众展现出日本优秀文化中的精髓。这部动漫以"忍者"这一神秘的职业为线索，讲述了一位少年忍者鸣人以及他的伙伴共同成长，经历坎坷，勇往直前最终成为独当一面的优秀忍者的故事。在动漫中我们能深刻感受到日本文化的魅力包括忍者文化、和服文化、民族精神文化等内容，很多人因为《火影忍者》的播出对日本产生了浓厚的兴趣，甚至有的青少年在观看了日本动漫《火影忍者》后自学起日语来了，这些现象的产生都体现出动漫《火影忍者》对日本文化传播产生的巨大作用。

1. 受众群体

在许多中国人眼中，动漫抑或动画片是播放给少年儿童看的，然而在日本，动漫作为一个国家重要的产业，受众群体极为广泛，有的是专门为学龄前儿童观看的幼儿动漫，有的动漫面向的观众是青少年，还有的面向的观众是成年人，另外，有些动漫在杂志或者电视上连载时间较长，有的连载了十几年甚至几十年的动漫则是有长期固定的受众群体，如《海贼王》《火影忍者》《名侦探柯南》等长篇动漫更是伴随着一代人的成长。

《火影忍者》是日本漫画家岸本齐史的代表作，作品于 1999 年开始在《周刊少年 JUMP》上连载。作品设定在一个忍者的世界，故事从主人公漩涡鸣人的孤儿生活开始，他的父母为了保护村子，把攻击村子的九尾妖狐封印到了他体内，鸣人因此受尽了村人的冷落，只是拼命用各种恶作剧试图吸引大家的注意力。好在还有依鲁卡老师的关心，鸣人的性格才没有变得扭曲，他总是干劲十足、非常乐观。为了让更多的人认可自己，鸣人的目标是成为火影。整个故事就围绕鸣人的奋斗、成长，鸣人的同伴们的故事，以及忍者世界的各种争斗和阴谋展开。观众在观看《火影忍者》的时候一边为主角积极向上的人生观所佩服，一边感受动漫中描绘的日本文化并深深被吸引。

2. 文化符号

《火影忍者》作为一部青年励志动漫，其中包含日本独特的文化符号。例如，动漫中应用了日本古代传说中的内容，武术格斗文化、饮食文化、服饰文化、建筑文化等文化符号在动漫中都有体现，展现了很好的文化传播效果。

日本古代传说融入剧情增加神话性。在《火影忍者》中，作者岸本齐史运用了许多日本古代传说来增加剧情的神秘性和刺激性，给人以耳目一新的感觉。同时，随着动漫的热播和广泛传播，许多日本传说中的一些名字也被人们所熟知。当中国观众看到日本传说中的一些神奇称谓的时候，也能发现日本文化与中国文化有许多相似的地方，例如，主角人物漩涡鸣人身体封印的"尾兽"九尾妖狐就与中国《山海经》中所记载的九尾狐是一样的。另外还有日本传说中独特的一些传说名称例如八尺镜、八尺琼勾玉是日本传说中的宝物；"须佐之男"的形象是按照日本传说中的"天狗"来设计的等，体现了作者岸本齐史对日本传说的艺术加工，同时在某种程度上为日本文化的传播发展做了很好的典范。

打斗融入日本武术格斗文化使动漫精彩激烈。日本武术的发展来源于中国功夫，与中国功夫有异曲同工之妙，作为一个以忍者为主题的动漫作品，《火影忍者》中包含了很多格斗的画面，有些就是结合日本传统武术而展现出来的，只不过动漫中换了一种说法将其称为"体术"。熟悉日本武术的人们会发现日本将武术分为好几个类别并且以"道"命名，例如空手道（からてどう/Karatedou），是由距今五百年前的古老格斗术和中国传入日本的拳法糅合而成的；合气道是一种源于日本大东流合气柔术的近代武术，主要特点是"以柔克刚""借劲使力""不主动攻击"；柔道（Jūdō，じゅうどう）是一种古代日本武士空手搏斗的技术，这些都是日本武术文化中的重要组成部分，在动画片中也能发现其存在。

《火影忍者》主角漩涡鸣人是一个爱吃拉面的忍者，拉面便是日本独有的一种庶民小吃，日本饮食文化也在动漫中许多地方得到展现。

以日本拉面为例，日本 NHK 就有一部纪录片《日式拉面》专门讲述日本拉面的分布与特色，当然《火影忍者》中的"一乐拉面"作为日本饮食文化中的一点给我们展现出日本饮食的特色，同时，动漫中还有饮茶、用餐习惯、餐具、日式点心等等。《火影忍者》作为一部动漫只是表现日本饮食文化中较小的一小部分，但是日本作为东亚地区美食大国对于饮食文化的探索与研究不囿于此，日本通过多种形式例如美食纪录片、美食日剧、关于日本饮食的动漫、综艺节目等来传播其独特的饮食文化。

服饰文化也是动漫中所展现的文化符号之一，日本服饰主要是指日本传统民族服装"和服"，和服与中国的传统服饰有很多相似之处，起源可追溯到公元 3 世纪左右，据《魏书·倭人传》中记载："用布一幅，中穿一洞，头贯其中，毋须量体裁衣。"这便是和服的雏形了。大和时代，倭王曾三次派遣使节前往中国，带回大批汉织、吴织以及擅长纺织、缝纫技术的工匠，将中国的服饰风格传入日本，应神天皇时代，推古天皇模仿隋唐的服装，制定了冠服和朝服。奈良时代，唐王赠予来中国的遣唐使大量朝服。由于都是贵族服饰，非常精美、华丽，深受日本人的欢迎，次年，天皇下令，日本举国上下全穿模仿隋唐式样的服饰。《火影忍者》动漫剧情中在一些节日或者喜庆活动中剧中人都会换上款式各异的和服，特别是女性的和服表现出日本女性优美的身材，显得端庄典雅。和服的种类繁多，基本分为便服和礼服两种。男式和服款式较少，颜色单调，多以深色为主。女式和服款式多样，色彩艳丽，穿戴烦琐，需别人帮忙完成。动漫作品中对和服的展示体现了日本文化已经融入影视作品之中并借此作为媒介向外传播。

3. 日本推动文化"走出去"的举措

日本作为动漫产业大国，对于动漫的制作、发售、传播等有一整套成熟的市场手段。同时在技术和人才等方面日本也走在世界前沿，《火影忍者》作为在日本极受欢迎的动漫作品是日本动漫产业成熟大环境下的产物。然而，每一种文化的成功和发展都有其独特的规律和方法，在研究《火影忍者》等相似日本动漫后发现，日本动漫文化成功发展主要是以下几个方面因素共同作用的结果。

（1）完善的产业链

日本动漫之所以能够风靡全球，获得巨大经济利益，最大的秘诀就在于其完整而成熟的动漫产业链和动画作品。日本动漫的模式复杂而又有条理，动漫制作主要可以分为四种，第一种是漫画改编的动漫，这种动漫作品一般先是作家在杂志上连载漫画，有了较高的美誉度后被翻拍成动画作品并且在网络及电视上播出；第二种是小说改编的动漫作品，日本出版业发达，文化氛围浓厚，日本的小说或者轻小说在年轻人中十分受欢迎，因此有些动漫在一些小说作品的基础上利用动漫的形式将其搬上荧幕；第三种是游戏改编动漫，在文化界对此有专业术语叫做"影游结合"，主要是指一些动漫作品由于观众的增多而推出关于它的游戏作品的周边产品，抑或是游戏公司为了宣传自家游戏产品推出关于游戏周边的动漫作品，这种行为在日本文化产业领域已经成为惯例。除了卡通商品，动画片还涉及电影、电视、音乐、出版，甚至主题公园、网站资源等，作品、商品、服务千头万绪，而这些依附在动画片周围的其他市场的繁荣，反过来又会提高动画作品本身的知名度。

（2）不断创新的能力

一部文化作品的好坏很重要的一点就是看作者的创新能力和想象力，另外还有重要的一点就是能否跟得上时代的步伐。纵观日本动漫历史，每个时代都有著名的漫画家和动漫作品，有时候一些经典的动漫作品甚至能播出十几年甚至几十年。例如藤子·F. 不二雄创作的科幻喜剧漫画《哆啦A梦》自 1969 年 12 月开始在《小学 1～4 年级生》杂志上开始连载，至今仍能看到许多关于这部作品的相关产品。《火影忍者》自 1999 年连载至今已经有 20 个年头了，回顾这个长期的过程中作者作画以及剧情随着时间的推移也产生了很多的变化，例如主角人物漩涡鸣人已经从少年的"吊车尾"的忍者，长大成人成为出色的忍者"火影"并受大家的尊敬，还结婚生子，这个过程中动漫作品的画风、剧情节奏、画面尺寸都有细微调整，为的是能够有良好的表现形式来展现。正是因为不断创新和与时俱进才使得一些作品并不是陈旧的、古板的，能够面对新的社会环境和观众的口味来传播其文化元素，甚至在国际市场上成为观众心目中的一个个经典作品。

（3）政府的有力支持

一个产业如果想要兴旺发达，需要民间人才和政府政策的共同作用携手开发，日本动漫能在日本本国广受欢迎甚至出口到国外并在世界上产生日本动漫文化的潮流，与政府的大力支持密不可分。

　　日本政府对动漫产业的支持主要可以分为两个部分：政策支持和资金支持。1996 年，日本就将动漫产业定位为国家重点产业，2004 年 6 月 4日，日本正式颁布了《内容产业促进法》，与此同时召开内阁会议将动漫产业的内容划分到"创造新产业战略"之中，从而在法律和政策上完善对日本动漫产业的支持，希望通过文化的产业化来实现经济结构向知识密集型转化。政策的重点是吸引更多的企业参与日本动漫产业，同时对一些有潜力的中小企业进行扶持帮助，日本政府还在 2003 年成立了"内容产业全球策划委员会"、东京动画中心等机构。

　　资金支持上，2005 年，日本数字内容、中小企业部和地区创新部又各自投资 5 亿日元为内容产品建立了一个投资基金。此外，日本外务省决定利用"政府开发援助"中的 24 亿日元"文化无偿援助"资金，从动漫制作商中购买动画片播放版权并无偿提供给发展中国家的电视台播放。这些行动很大程度推广了日本动漫的向外传播，并在国外产生了巨大而深远的影响。日本政府甚至为动漫产品开展国际贸易展。2002 年 2 月，第一届东京国际动漫节一共吸引了来自世界各国的 104 家动漫公司参加展览，并吸引 5 万多名参观者。日本动漫《火影忍者》也经常能在日本的许多国际展会上看到其展台，并能够很好地传播和发展日本动漫文化。日本政府甚至将动漫产业作为发展国家软实力的重要途径。虽然动漫产业只是日本政府制定的文化产业发展规划中最具代表性的例子，但是有了日本政府的支持，日本动漫产业也就有了有力的后盾保障。

　　（4）利用科技新媒体传播

　　当今世界是个信息爆炸的世界，新的事物不断产生并且高效传播。视频网站、动漫论坛、粉丝群等这些最近几年冒出来的新媒体已经成为日本动漫传播的新亮点和新途径。动漫《火影忍者》播出至今有几个年头了，早期在中国的上映是通过中国少数电视台播出的引进片，这种影片开始是由我国港台地区从日本引进，经过中文配音后再将版权出售给一些电视频道供播出。由于日本动漫具有制作精良、剧情紧凑等特点，很快在中国吸引了众多观众。随着时间的推移，互联网渐渐普及，中国观众更加喜欢从互联网上获取知识和信息，一些视频网站就瞄准了动漫产业的商机，例如，中国最大的视频网站优酷网、土豆网就将动漫《火影忍者》的版权买下供中国观众观看，在满足中国动漫爱好者观影的同时，更是通过新的网络媒体传播了日本动漫文化。另外，在日本和中国都有大批的动漫粉丝，为了更好地交流观影体验、分享心得或者传播新的消息，动漫论坛以及粉丝群更是极为活跃，这种由民间群众自发组织讨论影片的群体是动漫文化传播的中坚力量，甚至能带动周边的人群共同参与动漫文化传播过程。

4. 日本动漫传播对中国的启示

（1）加强动漫的创造性

最近几年，随着中国政府对动漫产业文化的投入日益增加，出现了许许多多的动漫公司和动漫制作中心，一些艺术类院校和综合性大学纷纷开设了动漫专业、漫画专业等相关专业，培养了许多相关人才，但是由于中国技术上相对比较落后，剧情上跟不上时代前沿或者一贯的模仿等原因，中国动漫整体质量仍然处于中下游水平，中国 2010 年动漫产量已经超过日本，成为动漫第一大国，但是中国面临的很大的问题就是"数量多，质量低"，完全没有达到动漫制作强国的水准，因此，对于中国动漫产业发展与壮大，中国需要漫长的路要前行。对于动漫作品不能持有陈旧的观点，认为动漫或者动画片仅仅是面向儿童，相反，应当拥有开阔的视野制作出适合各个年龄层次的高水准的动漫作品。不仅如此，动漫作品不能仅仅是模仿或者照抄一些国外作品或者中国传统流传下来的故事，更多应当与时俱进、加以创新，中国有着五千年悠久文化历史，每个历史时段都有伟大而传奇的文化资源，例如，中国观众喜闻乐见的中国传说故事《封神榜》《西游记》，这些都可以翻拍成动画片，但是我们不能仅仅翻拍了事而不前进。我们要做的是在我们当今时代创造出让更多人喜爱的优秀动漫作品，有我们自己的思考与创作，只有如此才能使中国文化更好地传扬下去。

（2）完善动漫产业链

中国动漫文化产业相比日本而言在产业链上并不是十分成熟，在文化传播上中国可以用动漫这种极易被广大人民接受的形式传播，而现实是由于中国动漫产业链的不完善，在文化传播上动漫所起到的作用并不明显。在日本一部优秀动漫从开始制作到发行中有许多过程连接着整体动漫产业的发展，发行结束后经常会有关于动漫的展览会和周边商品的贩卖，如游戏、手办、纪念品等。中国应当借鉴日本动漫产业发展经验，积极探索出符合中国实际的动漫文化产业发展模式，拥有符合中国动漫发展的产业链，从一部作品创作开始到结束甚至能够在市场上存在较长时间的文化影响力，只有这样才能使中国动漫文化产业真正地发挥在文化传播方面的重要作用。

（3）保持中国动漫作品的民族性

随着信息渠道的开放，各种国外的文化也在冲击着中国人民的思想，在动漫领域，中国的邻国日本有着很强的文化传播意识和能力，中国动漫在学习国外先进经验的同时也应当注意保持本国文化的民族性。中国文化要发展，最重要的是不能抛弃中国文化的精髓而选择照搬照抄日本动漫产业中的所有内容，如果这样中国动漫产业只能是日本动漫产业的"克隆"，缺少本国的特色。虽然同属东亚文化圈，中国文化与日本文化还有许许多多不同之处，因此我们不能一味地模仿日本而是应该学习日本的技术。目前所看到的中国漫画从人物造型到分镜特点上，靠近日本漫画的一些成熟方式，从表层上的确学习了日本漫画，但内在还是自己的，这种做法符合中国动漫产业当前发展阶段的需要，今后中国动漫文化产业的发展与走向应当依然保留中国文化的精神价值，未来中国动漫产业必将依托于中国民族文化的滋养而不断发展。

三　美国好莱坞电影模式

自从电影诞生以来，电影作为一种传播文化、传播思想的媒介已经被广泛认可，美国好莱坞电影在文化传播上更是做到了跨国界、跨文化、跨民族的发展和传播，这些年来美国电影出口产值不断创出新高，已经仅次于航空业，好莱坞电影作为美国文化传播的重要传播手段影响着世界。

目前，美国影片的年总产量只占世界每年电影片总产量的6%～7%，但是却占世界电影总放映时间的50%～60%，占世界电影市场总票房的2/3，许多发展中国家的电影市场几乎被美国电影所垄断，其中全世界的电影院中85%的片源来自好莱坞，好莱坞在国际影坛上的影响力可见一斑。几十年来，好莱坞电影成为美国文化的一个重要标志，也成为传播美国文化的一个重要手段，它以胜过其他媒介效果的方式将美国的意识形态、生活方式等输往世界各地。美国政府将好莱坞电影在传播美国文化方面的作用比作"铁盒里的大使"。《星期六评论》周刊如此评价好莱坞："一个地方的一小群人，竟对世界各国千百万人的思想、意识和习惯产生如此深远的影响，这也许是没有前例的。"目前，美国文化正在借助好莱坞电影这艘大船不断将美国的价值观和文化思想源源不断地传播到世界各地，影响着每一个观看过好莱坞电影的人。

1. 受众群体

电影是具有一些特定的观众群体的，面对每个年龄群体，美国电影建立了分级制度，这个制度始于 1968 年，是美国民间组织"美国电影协会"（The Motion Picture Association of America，MPAA）制定的自愿分级制度，虽然是自愿的分级制度，但美国很多电影院和电影公司都自觉地对电影做了分级，目的是帮助家长判断哪些电影适合特定年龄阶段而保护未成年人。

大部分在世界播出的美国电影为 G 级大众级，任何人都能观看，如美国迪士尼公司拍摄的动画片电影《狮子王》《冰雪奇缘》《超能陆战队》，或是扎克·埃夫隆主演的《歌舞青春》系列等电影；PG 级可能不适合儿童观看或 PG - 13 建议年满 13 周岁后观看的电影，包括李安导演的《少年派的奇幻漂流》，在中国创下两亿多票房的《泰坦尼克号》等电影作品。精准的电影分级制度一定程度上阻隔了暴力、色情电影对未成年人心智的污染，同时也规范了电影产业。

好莱坞电影的主要受众是十几岁至三十岁的年轻人群，这些人具有一定的经济实力能够选择自己喜欢观看的电影类别，并且精力旺盛喜欢现代科技给人带来的视觉听觉体验。好莱坞有许多在境外上映的商业电影都是以大制作、大场面、恢宏的背景和气势来征服观众的，同时，电影传播的思想主要是美国社会的主流文化思想，例如，美国好莱坞电影注重自由平等的个人主义，这与美国社会崇尚自由、民主的大环境有很大的关系，此类电影作品有美国电影《独立宣言》，此片宣扬的主题就是："人人生而平等，人人都享有上帝赋予的某些不可转让的权利，其中包括生命权、自由权和追求幸福的权利。"电影《蜘蛛侠》《钢铁侠》《超人》《美国队长》等超英雄电影在美国好莱坞更是长盛不衰，其中的英雄角色就是一种注重个人主义价值的表现，这些英雄人物的形象不仅是美国人心目中的崇拜对象，也是世界上大多数人对英雄的渴望。

2. 电影文化传播的方式

（1）商业利益是文化传播的动力

好莱坞一直声称尊重多元文化，推动艺术发展，而内在的商业需求是其发展的首要动力。好莱坞电影通过对市场的准确把握和调研，紧密

迎合了它的最广大电影消费人群的心理结构，首先满足他们的娱乐需求
——追求感官刺激、消遣与猎奇。一方面，电影在各种充满矛盾的紧张
冲突的故事情节中让人们得到赏心悦目、紧张刺激的视听感受，导演在
类型片的运筹帷幄、内容编排、特技使用方面更是轻车熟路，而演员对
类型片的演技掌握也更为到位，对所扮演角色的体验和发挥也很充分；
另一方面，好莱坞融合了各种电影特技的画面和声音，给人带来强烈的
视听震撼，这种技法成为很多人渴望观影的享受动因。好莱坞成为世界
各地无人不知、无人不晓的一个重要的商业标识和文化景观。好莱坞电
影商业与文化的结合还体现在好莱坞制片商深谙将世界各地的传统文化
整合成适合大众消费的流行文化的套路，播放之后大多数都获得了不错
的票房。比如，好莱坞近年逐渐意识到中国巨大的电影市场存在的商业
利益，由于文化的重大差异催生了西方观众对中国文化和中国社会的好
奇，这种猎奇心理产生了市场需求，迎合或潜在地迎合观众的需求以培
养忠诚消费者是制片方要考虑的头等大事之一，同时也为了征服更多中
国观众，自然考虑到在影片中添加中国文化元素，中国文化就这样在好
莱坞登场了。

　　好莱坞对中国文化的整合以商业标准为前提和准则，所有的中国元素
和中国文化必须符合商业化的需要。其中出现频率最高的要数中国功夫
了。中国功夫和中国功夫明星能在好莱坞电影中走俏主要是因为功夫电影
视觉冲击力强，元素简单，便于传播推广，而且制作成本相对低廉，符合
商业运作的标准。对于好莱坞而言，功夫不过是吸引观众眼球的卖点，只
需要给它加上一个正义战胜邪恶的剧情就可以了，而电影反映的仍然是西
方的文化价值观，常常在中国文化中植入"小人物拯救世界"的思维。
1998 年由迪士尼公司出品的动画电影《花木兰》和 2009 年由派拉蒙公司
出品的卡通电影《功夫熊猫》，都是好莱坞对中国文化解读的代表作，替
父从军的弱女子与憨态可掬的大熊猫最后都成了拯救世界的大英雄。更重
要的是，好莱坞电影制造的这些电影符号勾勒的符号王国，通过一系列符
号虚构生活和想象世界的场景，建构一种意义结构，让观众在电影中最终
感受到美国政治形态、社会秩序的稳定性，看到了理想的道德典范和纯粹
的生活方式，让人们从内心深处既对电影的视听内容感到渴望，又对其
透露出来的思想感到了依赖，这就是贯穿电影始终的美国核心文化的
体现。

（2）借鉴国外优秀文化元素

美国好莱坞电影中经常会有异国文化元素的内容，如梦工厂电影《功夫熊猫》系列就是借用熊猫、竹林、中式建筑、功夫，都是源于中国的文化元素，而这些元素却被美国好莱坞电影借鉴并发扬，影片在中国上映后，传播美国的价值观、文化的同时也大大吸引了中国观众观影，并取得了可观的票房收益。同样，美国好莱坞影片《杀死比尔》借用的是日本为背景的环境，女主角用的刀、背景音乐、武术等一系列的内容都是日本所独有的，然而这部电影却是彻彻底底的好莱坞水准的商业电影，因为其中所反映的价值观却非日本文化。在好莱坞电影中运用他国优秀文化元素然后再用好莱坞式的电影语言来表现出来，这样的模式已经成为好莱坞电影的一大特色。在这些电影中，我们很容易看到所处不同文化圈的人民之间的文化碰撞，同时文化碰撞后增强了电影的看点使剧情更加生动。

好莱坞电影通过在电影内容上融入异国文化的同时也使得电影本身具有了国际性的特点，当一种文化产品不仅仅是某个国家和地区的产品的时候，它在面对国际市场时也就能够更加容易被来自不同文化的人们认可。事实证明，美国电影正被全世界不同人种、文化和信仰的观众所接受。好莱坞电影的叙事风格、特技、明星制度、商业化运作，成为其他国家电影学习、模仿的典范，同时也成为美国文化传播的有效手段。美国电影中内化的价值观念外在的表现是，在人们日常的生活中，流行音乐、快餐、饮料、汽车、建筑、时装以及其他各个方面都打上了深深的美国烙印，这些与好莱坞电影极力宣传的美国生活方式不无关联。强烈的美国文化价值观、"美国梦"潜移默化地影响着世界各地的观众，尤其是年轻人。而通过电影传播所表达的这种文化和价值观，在感情上的影响是真实的，它不一定以十分狂热的形式表现出来，而是深沉的、持久的，甚至是温馨的状态，影响着我们的追求。

成功的商业电影运作还可以带来很多外围的消费效应，进而推动文化的发展。按照成为共和党领袖的清教徒威廉·海斯的说法，电影变成了旅行商人，"商品跟在影片后面，凡是美国影片深入的地方，我们一定能够销售更多的美国货物"。而文化为电影发展不断提供新的动力，全世界电影产量每年数千部，这些电影看似丰富多彩，但其中不乏大量影片故事情节雷同，剧本结构模式化，运用各种新鲜的文化元素对电影进行包装是一种很好的吸引受众的方式，也使得电影呈现出千姿百态的文化形态。

（3）运用高科技和娱乐化

好莱坞除了注重克服思想内容的传播障碍，还非常关注技术进步。好莱坞从一开始就意识到高科技能为电影吸引更多观众提供持续动力。一个世纪以来，有声电影、彩色电影、宽银幕电影、数字电影——好莱坞没有一步踏空，在科技硬件上始终领跑世界影坛。它常常通过动作、场面、音乐和摄影等技术把电影内容压缩到人们能够驯服的范围之类，或者把它们分散到人们一时难以意识到的领域之中。随着高科技时代的到来，好莱坞影片很快出现"科技娱乐化"倾向，编导们及时将各种科技新发明、新热点纳入故事情节，用流畅的叙事和精美的画面制造一个个影像奇观，给观众带来强烈的视听快感。好莱坞的商业电影大多是科幻、战争、魔幻题材的，而这些类型的电影想要获得良好的视觉效果和观影体验并将美国的文化内容向外传播就必然地倾向于在技术上下功夫，技术的发展使好莱坞商业电影具有更多更全面的表现形式，能够展现美国价值观并且给人以现实感。

技术的进步和娱乐化甚至带动了整个世界电影产业文化的大发展，最为典型的例子就是美国好莱坞著名导演詹姆斯·卡梅隆所拍摄的电影《阿凡达》，这部电影运用了先进的拍摄技术和各种电影特效为观众展现出一个发生在外星球的故事。这部电影有 2D、3D 和 IMAX－3D 三种制式供观众选择，全球票房达到了 28 亿美元。《阿凡达》电影的热映在全世界掀起了电影技术的热潮，从此之后世界电影都在引用先进的 3D 拍摄技术来拍摄电影，许多电影院也在这种技术革新中提升自家电影放映的硬件设备。

高科技与电影娱乐的相结合促进了美国电影业的发展，观众在享受视听盛宴的同时不知不觉间会对美国文化产生认同和共鸣。一种文化的输出并不是强制性的、洗脑般的灌输，而是要将文化像水一样从高处流向低处。美国好莱坞电影的对外传播完全符合这种道理，技术上处于世界领先地位，当电影播出后观众在观影的时候就会被高精尖的科技所深深吸引，并且会产生对美国文化的向往，在这个过程中美国文化所要表达的信息就自然而然地通过好莱坞电影传播了。

3. 对中国的启示

（1）学习美国电影模式发展中国电影事业

中国的电影产业经过多年的发展已经在很多方面有了很大的进步，但是仍然有很多不足需要改进与提升。在国际领域，美国好莱坞模式是世界电影业最先进、最成熟、最能传播文化的一种商业模式，中国电影如果能够学习美国好莱坞的先进经验，提升我国电影文化产业，促进文化资源产业化，将中国的文化思想借用电影这一广为接受的文化载体向世界传播开去，必然会使得中国电影在文化传播领域有很大的提升。中国学习美国电影模式主要是两方面内容：技术与传播手段。在技术方面，美国好莱坞电影的大场面、大制作，应用室内拍摄并用先进的电脑技术后期加工制作出恢宏大气的场面，在电脑后期，CG 处理、音效、视觉处理等各个方面加强观影感受，这种先进的影视技术应用到电影之中，极大地满足了当今世界观众追求感官刺激的心态，因此，通过这种模式美国好莱坞电影吸引了全世界各种电影观众的目光，为美国文化借助电影向外传播奠定了基础。中国电影在后期特效和视觉震撼上相比美国好莱坞电影而言远远不及，因此导致许多中国电影想要反映一些震撼而宏大的场面时，所制作出来的视觉环境显得生硬和凌乱。正因为中国电影在后期制作方面的不足之处，为了更好地发展中国电影文化产业，将中国的文化向外传播，中国有必要学习美国好莱坞优秀的电影技术并将其应用到中国电影的拍摄中，使中国电影在视觉艺术上能够与国际接轨，更好地传播中国电影艺术。另一方面，美国电影在世界上的影响力如此巨大，与其强大的传播手段息息相关。美国好莱坞电影在拍摄前或在拍摄中就会通过一些新媒体传播电影的一些细节，为将来的上映做好宣传工作。一些商业大片还会购买各种电视广告时间来播放精彩的电影预告片。在电影上映过程中，电影院线还会在电影院不断播出热门影片的电影预告，吸引观众选择喜欢的影片来观看。另外，美国电影所运用的语言基本上为英语，英语是国际通用语言，世界上有 63 个国家将英语作为官方语言，这是好莱坞电影能在世界上有巨大影响力的重要原因之一，好莱坞电影首先在英语语系的国家中传播，进而影响到整个世界。中国电影在传播手段上也要与国际接轨，假如中国电影站在国际舞台上，不能仅仅运用中国人的传统思维进行宣传工作。世界上的大部分国家属于英语语系，在这个前提下运用欧美思维将中国自己的电影向外传播就显得极为重要了。另外，中国在将中国电影文化向外宣传中，应当学会利用国外先进的媒体，运用符合国际标准的传播手段。

（2）警惕美国电影传播给中国带来的文化侵入

最近几年，来自国外的文化潮水一样冲击着中国，使得中国许多年轻人对西方文化极为追捧。美国的好莱坞影片所宣传的价值观也正被观影的年轻人所接受，有许多年轻人逐渐抛弃了中国传统文化价值观而大力追捧美国文化中的价值特色。中国电影观众群体集中在十几岁至三十岁，这个群体的特点就是年轻，对新生事物接受较快，并且对于来自国外的文化有较高的认可度；另外，少数年轻人在接受了西方的文化后，行为和思想上也极为西化，中国是一个拥有数千年文明的古国，然而中国传统文化正经受着西方文化的侵蚀，影响力逐渐淡化。出现这些现象不得不让我们思考一个问题：在中国，美国电影文化传播会不会影响到中国文化的发展？为了防止中国文化失去中国的特色和传统，我们在吸收西方文化和在本国播出好莱坞电影时，也要警惕文化的入侵。文化交流可能与文化侵入只有一线之隔，在享受好莱坞电影带给我们快乐的同时，我们更应当使本国文化强大起来，使得每个中国人都爱自己的文化，有文化认同感和自信心。只有这样中国文化才能不断前行，与时俱进。

第二节　文化贸易的国内案例分析

一　以《媳妇的美好时代》为例

中国是电视剧生产大国，这几年更是每年都会有几部优秀的电视剧引发观众们的强烈追捧，在文化传播和精神价值观传播上，电视剧作为一种优秀的传播媒介能够十分清晰地展现中国文化的精髓。随着中国电视剧的制作日渐精良，故事情节更加吸引观众，表达的思想更加契合人们的日常生活，越来越多的人喜欢上了中国电视剧，并且一些优秀电视剧如《媳妇的美好时代》也通过国际文化贸易走出了国门。

1. 文化元素

（1）独特的"媳妇"文化

《媳妇的美好时代》是一部主要表现家庭人际关系的电视剧，在剧情中有人世间的各种感情，亲情、友情、爱情还有各种小矛盾、小摩擦，虽然过程中有许多坎坷与问题，主角最终还是战胜生活中所出现的各种小问题，使得家庭和睦并且积极向上地面对人生、面对未来的生活。

剧中的主角毛豆豆是一个普通的护士，是中国社会普通女性的代表之一，她作为剧中的主角并从这个人身上引出的从相亲、结婚到生活，在中国的家庭社会中具有典型的意义。从她身上我们可以看到当今中国人面对家庭社会等方面生活的影子以及当今中国年轻人的恋爱婚姻以及家庭生活方面的新的特点，从一个侧面体现出中国人对家庭生活的认识。

在中国文化中，"婆媳关系"是一个家庭幸福和睦的重要表现形式，更是血缘关系和家庭伦理关系的一个重要缩影。在中国的文化中，"媳妇"作为一个称谓词，一般含义有二：丈夫的妻子；儿子的配偶。前者主要指与配偶之间的婚姻承续关系（"妇"），后者则更强调与公婆之间的家庭伦理关系（"媳"），并且常常成为这一称谓的主要指代。所以在中国文化中，"媳妇"一词承载了更多的社会、家庭的伦理关系；而在英文中，儿媳妇的称呼则很有意味：Daughter in Law，作为一个家庭中的社会成员，她与家庭、长辈之间建立的仅仅是一种法律上的关系，而非家庭伦理关系。《媳妇的美好时代》作为从"媳妇"这一切入点而形成的电视剧很好地为观众展现出当今中国媳妇在家庭伦理中所处的状态。通过这么一个文化元素为我们展现出中国家庭生活的人间百态，在各种琐碎的生活中遇到的问题最终能够很好地解决，一个重要的原因是"爱"。中国的电视剧在讲好本身故事的同时，通过一些文化符号结合社会现实传达出优秀的思想文化，这也逐渐成为新时代中国电视剧发展的新潮流。随着更多的优秀中国国产电视剧的涌现，并且逐渐通过文化贸易途径走向世界各国，也为传播中国文化价值观奠定了基础。

（2）情感与生活

当今社会生活复杂，而促使我们能够积极向上面对生活的就是人与人之间的感情。《媳妇的美好时代》就很好地将情感与生活结合在一起，为观众们展现出中国特有的人间真情和生活状态。在剧中我们可以看到当今中国人生活过程中所面临的诸多问题，特别是在处理情感和生活两者间关系中，电视剧中毛豆豆的形象给了我们清晰的交代。在《媳妇的美好时代》中，媳妇毛豆豆，面对两对"公婆"，不同的性格和内部争端，家庭中所发生的一些事件如：男主角余味的继父被查出癌症，需要人来照顾；小姑子对家庭的一些事情处处作梗，等等。作为媳妇的毛豆豆在这个关系复杂的家庭中将人际关系能够很好地处理，并且作为家庭的重要组成部分很好地化解了各种矛盾。当然，作为一部电视剧会将生活中的一些事情进行艺术加工，所谓艺术来源于生活而又高于生活，但是最终的目的就是给我们展现的是中国传统家庭中所拥有的人间真情与生活状态，传达出现代生活中的精神文化和家庭之间的情感：亲情、友情、爱情都可以从《媳妇的美好时代》中找到影子。

2. 文化传播方式

《媳妇的美好时代》是由北京华录百纳影视有限公司出品的电视剧，2010 年在东方卫视和北京卫视首播后收到了良好的社会反响，得到观众认可，并且在年轻人特别是"80"后群体中得到了广泛的传播。电视剧所反映的内容与当代中国"80"后群体的恋爱生活状况十分契合，从而使得在电视剧文化传播上获得了良好的效果和优秀的口碑。

在中国拥有良好的口碑后，《媳妇的美好时代》开拓了海外市场，2012 年该剧被引入坦桑尼亚并受到了广泛好评。

（1）良好的翻译与配音

文化产品的出口在异国他乡必然要面临语言上的障碍，为了使一种文化产品能够在异国得到认可，好的翻译与配音就显得尤为重要了。一部影视作品向外推广与传播的首要前提就是翻译，一个良好的翻译与配音能够为一部作品增添许多亮色。《媳妇的美好时代》在坦桑尼亚热播的主要原因就是该剧被翻译并配音成斯瓦希里语的版本，同样的剧情、同样的内容，由于配音的变化，整体内容更加符合国外观众口味。语言是一种重要的文化符号，每种语言都有它独特的风格与特色，并包含着在这个语言背景之下的文化，语言的变化过程中会有很多细节与内容要影响一部作品的内涵。《媳妇的美好时代》恰恰应用了最适合非洲人民广为应用的语言来传播，这使得这部影视作品能够契合当地传统的民风，符合当地人的文化，最终达到传播中国文化、展示中国风貌，让中国文化"走出去"的目的。译制语言的本土化，既保证了良好的传播效果，又体现了对当地文化的认同与尊重，是《媳妇的美好时代》走进非洲观众心中的一大法宝。

（2）政府的高度重视

《媳妇的美好时代》是国家广电总局"中国优秀电视剧走进东非工程"的重要作品之一，它也是中国第一部的被翻译为斯瓦希里语的中国电视剧。该剧在非洲热播的同时受到了坦桑尼亚与中国两国政府和媒体的高度重视。在坦桑尼亚的首映仪式上，中国和坦桑尼亚共有一百余位官员出席。中国广电总局副局长李伟表示：斯瓦希里语的《媳妇的美好时代》是中坦广播电视合作的具有里程碑意义的作品，并希望未来有更多的影视节目与坦桑尼亚合作。

《媳妇的美好时代》在坦桑尼亚播出后，中国政府给予了高度评价与重视，2013年3月25日，习近平主席在坦桑尼亚尼雷尔国际会议中心发表演讲，称中国电视剧《媳妇的美好时代》在坦桑尼亚热播，让坦桑尼亚老百姓了解到了中国老百姓的喜怒哀乐。体现了《媳妇的美好时代》作为一部电视剧在两国文化宣传和两国外交中的重要作用，同时，文化的传播也使得非洲大陆的人民对中国的文化电视产品有了更加深刻的认识。

（3）媒体宣传与观众口碑

《媳妇的美好时代》是中国电视剧走向非洲国家的一个尝试，坦桑尼亚是这个尝试的一个突破口，其中包含着中非深厚友谊与两国之间长时间的亲近友好关系做铺垫。电视剧在坦桑尼亚首播时受到了包括中国与坦桑尼亚两国各大媒体的重视。两国重要的电视媒体主要领导出席了首播仪式，中国中央电视台在《新闻联播》中重点报道了《媳妇的美好时代》的开播，并且指出了电视剧被翻译成斯瓦希里语后在坦桑尼亚观众中的影响力，主人公毛豆豆和婆婆争吵的片段用了非中文的表现形式展现，显得妙趣横生，为非洲人民打开了一扇了解中国老百姓家庭生活的大门。

良好的口碑是文化产品传播中的重点，《媳妇的美好时代》一经播出，就在国内受到了普遍好评并且带动了电视收视率。2010年3月28日首映庆典的播出收视率更是达到了4.02%，根据北京电视台的相关数据，这部电视剧播出后收视率就不断创新高，3月30日播出后北京地区的收视率达到了10.22%，超越了2009年的谍战电视剧《潜伏》。从收视率上可见《媳妇的美好时代》通过关注社会现实、关心老百姓自己的故事，通过幽默而又让人思考的电视情节、每个演员的精彩表演，使得观众喜欢看、乐意看，取到了良好的文化传播效益。

3. 中国文化"走出去"的思考

《媳妇的美好时代》在非洲得到认可是能够应用到中国其他电视剧节目中的。中国的影视电视剧要立足于中国，讲好中国的故事，中国的也是世界的，一个国家的发展风貌和本国特色是文化"走出去"的基础，中国有自己文化的特点，有着恢宏灿烂的文明，更是当今世界发展速度最快的国家之一，这些条件都是文化向前发展的重要前提，文化是"水"，水会从高处流向低处，只有中国文化基础强大，做好本身的文化产品，才能真正地使文化"走出去"。在现代的中国要传承中国传统文化道德，展现中国传统文化的独特魅力。在文化传承中表达现代人的价值观念。民族的就是世界的，这种世界性气质不仅是运用现代意识的表现手法，更在于它运用民族文化的表达方式，运用现代表达方式向全世界展现中国文化的独特魅力。

在文化产品传播中选择一种合适的文化产品会使文化传播更加有效，《媳妇的美好时代》就是典型的适合传播的文化产品。首先，这部电视剧是以家庭为中心展开的，反映的是老百姓的生活情况，对外传播上面向的观众群体就会相对广泛；另外，以喜剧的形式展现家庭纷争，喜剧片是受众面最为广泛的影视剧类型，剧中虽然有纷争有争吵但是最终结果都是积极向上，圆满结尾。最后，以真情打动观众，在非洲的斯瓦希里语版的电视剧讲的是一个中国小家庭的故事，故事中有着浓浓的人与人之间的情感，《媳妇的美好时代》的编剧王丽萍认为："是剧中生动的人物吸引了大家，观众可以从人物中感受到共同的情感。"主题新颖、喜剧的形式、以情动人是该剧能够获得广泛受众并受到国外观众喜爱的原因。中国文化产品要想"走出去"应该以该剧为借鉴，选择适合海外口味的文化产品，打动海外观众，引发海外观众的共鸣，就能够达到很好的文化输出的效果。

一个文化产品"走出去"，向外传播是要有立足点的，这就是要拿真正好的文化产品向外传播，《媳妇的美好时代》就是在中国拥有了良好口碑后才渐渐地向外传播。同样，中国 2015 年热播的《琅琊榜》在中国受到好评的同时甚至通过网络在日韩地区年轻人中广为流传。这个立足点是中国本土，是良好的作品，是文化认同，只有这些内容符合当今世界的情形，获得人民大众的喜爱，中国文化"走出去"和对外文化贸易肯定会越来越好地向前走。

二 《琅琊榜》

2015 年，一部古装电视剧在中国各大卫视和网络视频网站上热播，吸引了许多人的关注，它就是《琅琊榜》。这部电视剧的播出产生了中国电视剧讨论热潮并相继引发中国电视剧崛起等呼声，2015 年 10 月 13 日，作为国际视听产品交易盛会的法国戛纳秋季电视节如期开幕，《琅琊榜》亮相中国联合展台，全面开启该剧海外发行。

《琅琊榜》根据海宴同名网络小说改编，以平反冤案、扶持明君、振兴山河为主线，讲述了"麒麟才子"梅长苏才华绝伦，以病弱之躯拨开重重迷雾、智博奸佞，为昭雪多年冤案、扶持新君所进行的一系列斗争。梅长苏在国仇家恨、兄弟情义的旋涡中见招拆招、游刃有余，奏出了"江左梅郎"赤子之心下的一曲慷慨悲歌。

该剧于 2015 年 9 月 19 日登陆北京、东方两大卫视首播，口碑与收视俱佳，一举斩获"飞天奖"优秀电视剧和国剧盛典十大影响力电视剧，并入选广电总局 2015 中国电视剧选集。

该剧于 2015 年 10 月 13 日亮相戛纳电视节，海外版权迅速售出并创下业内海外版权销售高价。于 2015 年 10 月 19 日登陆中华 TV 韩国首播，反响热烈，韩国旅行社更推出"琅琊榜之旅"，不少韩国影迷身穿梅长苏同款披风前赴象山影视城等地朝圣。于 2015 年 11 月 3 日登陆华视主频道台湾首播，播出尚未一周，即荣登无线三台八点档时段收视之冠，创下华视近年来戏剧节目最高收视率。于 2015 年 11 月 9 日登陆非洲最大电视展；于 2016 年 4 月 11 日登陆银河电视台日本首播；于 2016 年 5 月登陆 TVB 翡翠高清台香港首播，该剧是内地制作出品的影视剧中，首部登陆香港 TVB 翡翠台黄金时段的电视剧。

1. 文化元素传播

（1）中国古代传统服饰元素

《琅琊榜》是古装历史剧，剧中人物所穿的服饰宽大飘逸，给人以东方文化之美。中国古代所说的衣裳基本形制是上衣下裳。《说文解字》说："上曰衣，下曰裳。"下身穿的裳实际上是裙，而不是裤。《琅琊榜》演绎的是宫廷中的故事，服饰装饰等显得华美而又端庄大气，给人以古代人典雅的气质与内涵。剧中梅长苏一袭长衫，飘逸洒脱，给人以文人的书卷气息；霓凰郡主穿着典雅华美，所用的发饰配件等展现其作为一个地区郡主的干练与女性的柔美；大将军的军服整齐，盔明甲亮，充满了战场杀敌的雄姿英发；而电视剧中的诸王也是拥有独特的衣着服饰，腰间佩戴的玉佩，衣服的颜色，衣着上绣的龙纹等内容，一个个都展现了中国古代服饰文化的严谨。古代服饰体现了人的职位、身份、地位等，也体现了一段历史时期的特点，好的服饰传达了中国古人对待生活的态度和文化气氛，《琅琊榜》中的文化内容通过剧中人物的服饰得到传达，同时使观众在观看电视剧后传播了中国古代独特的服饰文化。

《琅琊榜》中每一个人物的造型都给观众带来了传统文化的魅力。在古代的中国，每一个大臣都需要在上朝时身穿官服，而回到家中则不再适宜身着朝服，应以便服为主。《琅琊榜》中服饰的设置完全符合古代中国的这一特点。以"靖王"为例，他上朝时便会身着朝服，出门时身穿将军服，回家后则换成了便服。不仅如此，在他成为太子之后，他的服装又发生了一些细微的变化，即不管是在色彩还是在面料上都变得更加精良，以服饰之美衬托出了其身份的尊贵。整部剧中，每一个人物的服饰都十分讲究。以"后宫几位嫔妃"为例，皇后的服饰要显得更加高贵，其次为贵妃，最后才为妃。所以，静妃的服饰与其他几位娘娘相比，显得更加素雅、朴实。不仅如此，贵族的服饰颜色要更为鲜艳，而梅长苏这般的江湖人士所穿衣服的颜色则十分淡雅，所用的材料也较为简单。由此我们可以看出：该剧在每一个细节的编排上都费尽心思，使之与传统文化相辅相成。

（2）古代文化礼仪制度

中国传统文化中就有一套烦琐而又规矩的礼仪文化，在古代，较大的场所或者府邸之中，每一个区域都由不同的人来负责，且每个区域的引路人都会自行进行交接。《琅琊榜》重新审视了这一传统文化，并通过细节的刻画，为观众还原了古代官员府邸的真实场景，使观众感受到了古代社会制度下的尊卑文化。以第一集中"萧景睿与言豫津去见梅长苏"为例，他们来到偌大的江左盟时，为他们引路的人只会带他们从自己的区域走过，在到达别人的区域时，引路人之间则会进行交接。不仅如此，在交接的过程中，下一段的引路人会半弯腰向客人问好，并伸出自己的左手为客人引路。在长达54集的《琅琊榜》中，几乎每一个引路的场景都进行了精心的设计。

与此同时，中国古代有一套人与人之间的行礼规矩，在不同场合，面对不同人物，所展现的礼数也会有所不同，例如古代礼数文化中最常见的拱手礼。拱手礼，通常是古人相互见面时的惯用礼仪，与我们现代社会中的握手有异曲同工之妙。拱手礼十分讲究，它存在一定的男女之分，男子在行拱手礼时，左手在上，寓意男子以左为尊；而女子在行拱手礼时，与男子恰好相反，应该右手在上，寓意女子以右为尊。在《琅琊榜》中，所有的男子，如梅长苏、萧景睿、言豫津、靖王等在行拱手礼时，都是左手在上；而所有的女子，如霓凰郡主、夏冬等，她们在行礼时，都是右手在上，没有一丝的纰漏。与此同时，在《琅琊榜》中还展示出古人在离开时候的退让礼，古代在施退礼之时，须先面对对方后退几步，方可转身离去。在该剧中，不管是靖王向皇帝施退礼，还是奴婢向主子施退礼，都严格地遵守了退礼的规则，进而在给观众带来震撼之余，也让观众体会到了导演的良苦用心。最后是祭奠礼，在以往的古装剧中，对于祭祀场景设置大都过于浮夸，很少会向观众展示正确的祭奠礼。而在《琅琊榜》中，通过梅长苏祭祀聂峰的场景向观众完美地展示了祭奠礼的全过程。祭奠礼的第一步是将梗草轻轻地撒在所要祭奠的墓前，第二步是对着墓碑行拱手礼，最后一步则是行顿首礼。梅长苏在祭祀的过程中，将这些动作一气呵成，给人一种久远的古代气息。这一标准的祭奠礼，也反衬出了梅长苏对聂峰的尊敬。

（3）孝文化的传播

尊重长辈、老人，孝顺父母是中国文化中的传统美德。而电视剧《琅琊榜》中也体现了人物之间的亲情与"孝"文化。琅琊榜的历史背景是中国的南北朝时期，剧中出现的晚辈孝敬长辈的场面则体现了当代社会的传统美德，给观众以一股暖心的力量。在《琅琊榜》剧中有一个情节，太皇太后拉着梅长苏的手，而口中叫小殊的称呼，梅长苏望着自己的长辈但是内心却知道不能与其相认，眼神中透露出的感情、动作上的展现都体现出晚辈对长辈的深厚感情，从一个侧面为我们展现出了"孝"道。在太皇太后去世后，梅长苏悲痛吐血，相见不能相认，连她最后一面也见不到，只得在苏宅默默斋戒。他穿着一身素衣麻服，静望夜空，来祭奠祖母的仙魂。其他的晚辈皇孙们也是守灵禁食、静默哀思。这些都体现出了人物恪尽孝道的品质。电视剧《琅琊榜》作为古装影视剧的新标杆，其阐释的仁、义、信、孝、情、礼等都是传统文化的内涵本质，使观众理解中国人的深深的情意，传播和发扬了中国优秀的文化符号。

2. 传播手段

（1）粉丝的传播

《琅琊榜》播出的初期，并没有很高的收视率，根据《琅琊榜》首播CSM50 城收视率（北京、东方）的数据，2015 年 9 月 19 日北京卫视和东方卫视首播当日收视率分别为 1.643% 和 1.387%，分别列居同时段电视节目排名的第 6 位和第 10 位，随着电视剧的热播，《琅琊榜》的关注度也逐渐上升，收视率最高达到了 3.57%。

粉丝是当今社会重要的观众群体，有些明星的粉丝愿意观看他们所喜爱的明星的一切电影电视作品，《琅琊榜》的主要演员胡歌、王凯和刘涛等都是中国影视界重要的明星人物，有着众多的粉丝群体，这些粉丝群体在观看电视剧的同时不断地向周围的人传播这部电视剧的各种文化信息，从而达到文化传播的效果。同时，还有许多本来不看或者不追星的观众群体，在看了《琅琊榜》这种优秀的电视剧之后成了追捧和宣传该剧的重要群体，从而使得该剧从开始到播出结束过程中收视率屡创新高。

（2）科技新媒体的传播

当今社会是一个媒体异常发达的社会，互联网、微博、视频网站成为现代人特别是年轻人观影的主要途径，《琅琊榜》在电视上播出的同时，在互联网上也掀起了追剧的热潮。视频网站腾讯视频、爱奇艺、优酷网、土豆网、搜狐视频、乐视网等都有《琅琊榜》互联网播出的版权，成为互联网传播的主要力量。互联网是开放性的，世界各地的人都可以从互联网上了解中国电视剧的情况。有一些民间字幕组将中文版的《琅琊榜》翻译成了日文、韩文等语言并通过互联网进行传播，受到了韩国、日本观众群体的欢迎。

（3）海外展出与版权销售

中国的电视剧想要走出中国在国际市场上传播，主要通过参加一些重要的影视展览，宣传本国的影视作品，《琅琊榜》作为中国电视剧的骄傲，更是在世界重要的影视展上不断宣传，好评如潮。

2015 年 10 月 13 日该剧亮相戛纳电视节，海外版权迅速售出并创下业内海外版权销售高价。2015 年 11 月 9 日，《琅琊榜》登陆非洲最大电视展，在非洲人民中也引起了广泛的热度。这些宣传与电视剧的播出在当地受到好评与追捧的同时也为传播中国优秀文化打下了基础。

三　电影《金陵十三钗》

《金陵十三钗》是中国著名导演张艺谋于 2011 年拍摄的电影，上映之后国内票房达到 6 亿元人民币，并在 2011 年 12 月 23 日在美国上映，之后相继在巴西、加拿大、新加坡、俄罗斯、韩国、德国、葡萄牙等地上映，同时获得第 69 届金球奖最佳外语片提名，还代表中国参加第 84 届奥斯卡最佳外语片的角逐，吸引了大批海内外主流媒体的关注，成为 2011 年末一个重要的文化现象。

1. 文化符号

（1）旗袍文化

旗袍是近代中国女性常穿的衣服之一，凸显出东方女性端庄典雅之美。卞向阳在其《论旗袍的流行起源》一文中说道："所谓'旗袍'，指衣裳连属的一件制服装，同时，它必须全部具有或部分突出以下典型外观表征：右衽大襟的开襟或半开襟形式，立领盘纽、摆侧开衩的细节布置，单片衣料、衣身连袖的平面裁剪等。尽管有观点认为旗袍包含清代旗装的袍和民国女性的袍，但是通常意义上的旗袍，一般是指 20 世纪民国以后的一种女装式样。"

《金陵十三钗》讲述的是 20 世纪 30 年代日本侵占南京的故事，其中主要人物便是几个穿着旗袍的女子，在电影中我们看到每个人的旗袍颜色各异，在旗袍上所绣的纹饰也各有不同。旗袍的出现在展示中国特殊年代的时代特征的同时，也展现出东方文化的艺术之美。

（2）地方音乐文化

中国由于地域辽阔，每个地区都有其特殊的文化，在江南地区更是有着十里不同音的特殊地域特征，因此在其中所展示的音乐也是不同的。曾经江南地区以温婉的吴语小调配以琵琶等乐器所唱的曲子最为动人，它轻柔舒畅，给人以安然与轻松的享受。

《金陵十三钗》的主题歌《秦淮景》是根据著名的民间歌谣《无锡景》通过艺术加工而产生的。这种音乐形式在中国的诞生已经有较长的一段时间，旧称时调，其曲调来源于清末民间，虽然如今具体时间已不可考，但是它以其独特的形式在中国南北均有传唱，多由茶馆、青楼卖艺之女即兴填词，故当时歌词并不固定，唯多用方言（吴语）演唱，在江南一带，除《无锡景》外，还有《苏州景》《杭州景》《上海景》等多种同曲异词的版本。电影《金陵十三钗》中青楼女子所展现的《秦淮景》为我们重现时代的特色，并且以吴语演唱，展现出在那个战火纷飞年代的一些美好的东西。

（3）中国儒家优秀价值观

在中国优秀文化中儒家文化无疑是影响最为深远的，在电影《金陵十三钗》中也能看到电影所传达的中国人身上的优秀品质。首先就是"仁"，

"仁"是中国古代一种含义极广的道德范畴。本指人与人之间相互亲爱。孔子把"仁"作为最高的道德原则、道德标准和道德境界。他第一个把整体的道德规范集于一体，形成了以"仁"为核心的伦理思想结构，它包括孝、弟（悌）、忠、恕、礼、知、勇、恭、宽、信、敏、惠等内容。其中孝悌是仁的基础，是仁学思想体系的基本支柱之一。他提出要为"仁"的实现而献身，即"杀身以成仁"的观点，对后世产生很大的影响。电影中有很多表现形式例如约翰·米勒作为一个来到中国的外国人，他曾经是美国的一个入殓师，但是面对战火与前来求生的中国人，他放下了他曾经的贪财、好色、功利等缺点，将爱传达，救了中国的女学生们。其次，电影中还有"义"的描绘，中国古代就有"舍生取义"的高尚思想，"义"是传统儒家文化的主要思想之一，孟子曰："生，我所欲也，义，亦我所欲也；二者不可得兼，舍生而取义者也。"随着时代发展，"义"已由封建礼义延展至广泛的道义、仁义。电影《金陵十三钗》通过几个细节展现出来到教堂躲避战火的风尘女子为救女学生所展现出来的"义"，同时，女学生与妓女的相互救助也体现出"义"。例如：在躲避日军搜查时，女学生为了不暴露妓女藏身处而选择跑上阁楼，把危险带走；另一个细节是，一个妓女在追猫时暴露了，被急中生智的女学生巧言救下，突出了不同女子之间的一种姐妹情义。对"十三钗代替女学生去赴约"这一情节，更将传统文化价值观中舍生取义的精神思想浓墨铺陈，大加渲染。最后就是对"爱"的描绘，一部好的文化产品宣扬的价值观与爱不可分开。这部电影是反映抗日战争南京大屠杀的电影，体现了在特殊年代特定的历史背景下人性与情感的纠葛，其中有青楼女墨玉与约翰·米勒的爱情；有孟先生为了救自己女儿与日本人谈条件，甚至做了汉奸也要与女儿相见的爱，为此他甚至付出了生命的代价，这些点点滴滴都体现出人性的光辉与中国文化中爱的表达。

以上的文化符号在中国儒家思想中都能见到，可见《金陵十三钗》在演好电影的同时，也将中国人的价值观、文化思想融入电影中，传播了中国文化。

2. 传播方式

（1）国际明星的加入

《金陵十三钗》的男主角是美国好莱坞明星克里斯蒂安·贝尔，这一国际明星的加入使得这部电影有了国际元素，与此同时，中国也有一些一线明星的加入如倪妮、佟大为等，这些演员不仅形象出众，在电影语言理解上也是格外出色，同时具有一定的影视号召力。

克里斯蒂安·贝尔是一位国际著名影星，曾经获得第 83 届奥斯卡金像奖最佳男配角、第 68 届金球奖最佳男配角、第 17 届美国演员工会奖最佳男配角等国际奖项，在电影中饰演约翰·米勒，他在片中的身份一开始并不是神父，而是一位入殓师，一个爱钱如命的酒鬼，只为负责给死去的英格曼神父化妆，才进入教堂。但为了救助教堂里的学生，留了下来成为一名伪神父，他同时也收留了"金陵十三钗"。贝尔将片中人物的情感刻画得入木三分，使得电影更加充实。

（2）著名导演的号召力

《金陵十三钗》的导演张艺谋是中国第五代导演中的代表人物。1984年张艺谋第一次担任电影《一个和八个》的摄影师，获中国电影优秀摄影师奖。1986 年主演第一部电影《老井》夺三座影帝。1987 年执导的第一部电影《红高粱》获中国首个国际电影节金熊奖。从此开始实现他电影创作的三部曲，由摄影师走向演员，最后走向导演生涯。1987～1999 年执导的《红高粱》《菊豆》《大红灯笼高高挂》《秋菊打官司》《活着》《一个都不能少》《我的父亲母亲》等影片令其在国内外屡获电影奖项，并三次提名奥斯卡和五次提名金球奖。2002 年后转型执导的商业片《英雄》《十面埋伏》《满城尽带黄金甲》《金陵十三钗》两次刷新中国电影票房纪录、四次夺得年度华语片票房冠军。

张艺谋的以上成就是吸引票房的强有力的保证，同时，张艺谋生长在中国这片土地上，对中国传统文化有着较深刻的认识和理解，因此，他拍摄的电影无疑是对中国的文化有着自己的深切认知的。张艺谋作为一个电影名片在号召更多人来观看电影的同时也用张艺谋的特殊方式传播着中国文化。

（3）海外的宣传

《金陵十三钗》是一部典型的商业电影，在演员选择、导演、投资等各个方面都力求最好，其中表现的文化符号也都是中国与国外观众有所了解的内容。因此，这部电影也在国际市场上也得到了一定的重视，先后在美国、巴西、加拿大、新加坡、俄罗斯、韩国、德国、葡萄牙等国家上映，收获了很好的票房，传播了中国式的电影文化理念。

《金陵十三钗》在美国上映后得到了美国观众的认可，2012 年获得第

69 届美国电影金球奖最佳外语片的提名，并角逐第 84 届奥斯卡最佳外语片，虽然没有获得奥斯卡奖项，但是奥斯卡的名声与美国金球奖的获得无疑给《金陵十三钗》做了很好的宣传，使其在世界各国进行更好的发行与销售。

第九章 文化、文化贸易与 "一带一路" 建设

自从 2013 年提出 "一带一路" 倡议以来，我国与 "一带一路" 沿线国家开展了密切的贸易往来，加强了我国与各个国家之间的政治、经济与文化交流，加强了中国在国际贸易中的竞争力。但是，由于文化、宗教、制度等方面的差异，也出现了我国与沿线国家经济交流不畅、纠纷不断、成本增加等一系列的问题，亟须寻求破解之道，而文化贸易的发展，则有利于解决 "一带一路" 建设过程中所面临的一系列困境。以文化贸易为先导，加强 "一带一路" 国家之间的文化交流，增强相互信任、加深彼此感情，增加彼此的经济合作机会，是推进 "一带一路" 建设可持续发展的根本保证。

第一节 "一带一路" 倡议提出的时代背景与发展现状

一 "一带一路" 倡议提出的时代背景

2013 年 9 月和 10 月，国家主席习近平在出访中亚和东南亚国家期间，先后提出共建 "丝绸之路经济带" 和 "21 世纪海上丝绸之路"（简称 "一带一路"）的重大倡议，得到国际社会高度关注。"一带一路" 是在古代丝绸之路的概念基础上形成的一个新的经济发展区域。它是世界上跨度最大的经济走廊，也是世界上最具发展潜力的经济合作带。它发端于中国，贯通中亚、东南亚、南亚、西亚乃至欧洲部分区域，东牵亚太经济圈，西系欧洲经济圈，覆盖约 44 亿人口，经济总量约 21 万亿美元，分别占全球的 63% 和 29%。"一带一路" 倡议的内容可以概况为：政治上的互信机制、双轨思路，经济上的经济走廊与升级版中国—东盟自贸区，基础设施上的

海陆大通道，贸易领域的亚太自贸区，金融领域的亚洲基础设施投资银行、金砖国家新发展银行、丝路基金等。

"一带一路"倡议的提出，不仅是对历史的传承，更是在当今新的时代背景下，秉承"和平合作、开放包容、互容互鉴、互利共赢"的丝绸之路精神，通过沿线国家的通力合作，促进各国繁荣发展的重要纽带，也是沿线各国加强政治经济文化交流的重要平台。

具体来看，"一带一路"倡议的提出，主要是基于包括中国在内的沿线国家经济与社会现实发展的需要。

1. 拓展新的发展出路，促进中国市场和国外市场的连接

通过"一带一路"倡议的实施，基础设施特别是交通设施的建成有利于中国市场和国外市场的连接。铁路的修成可以有效降低运输成本，从而消除了中国和亚非欧等国家之间由地理因素带来的"贸易壁垒"。通过丝路国家之间贸易成本的下降，国内产品的市场也可以进一步拓展，国内企业也可以更好地"走出去"。

再者，基础设施的建设，尤其是基础设施起点很差的国家，可以为本国居民的福利带来大幅的改善。因为基础设施几乎是无法靠企业去投资的，通常需要国家政府的财力支持。而中国对丝路国家的投资建设直接地缓解了地方财政压力，使他国政府可以更好地投资于其他改善民生的建设。不同于带有强烈政治意义的援助性投资的"马歇尔"计划，中国的基础设施投资是在"互利共赢"的层面上，实现"一带一路"国家的共同繁荣发展，是一种双赢的经济往来。

2. 西部大开发的战略转型

改革开放 40 年来，中国的国民收入水平实现了飞跃，目前已成为世界第二大经济体，但另一方面，东部、中部和西部的收入差距也在进一步拉大。东部由于天然的地理位置和政策的先导性，成为国内经济的发动机和领头羊，而中部和西部则在不断探索经济发展的有效出路。地理位置的限制使得中部、西部在对外出口贸易上始终有着天然的劣势，抓不住出口的金钥匙也就无法真正地实现经济发展的突破。但近年来，随着东部土地价格与房价的持续上涨，大量的劳动力选择撤出东部地区，相应的是许多劳动密集型企业向中西部转移。而中西部本身就有着天然的劳动力优势，河南、安徽等省份储存着大量的农村剩余劳动力。"一带一路"倡议将我国中西部与亚洲欧洲进行了对接，使得劳动密集型企业可以更好地对接对外贸易市场，从而使大量的企业得到了与东部相同的国际市场区位优势，因此，更多的劳动密集型企业愿意到中西部来，中西部相对东部的地价优势、劳动力优势就会使其从地理劣势中解放出来。"一带一路"倡议中的"一带"成为中央政府为中西部发展谋求的一把金钥匙。韩永辉（2015）通过研究发现，中国与西亚地区的经济存在良好的互补性，贸易的合作空间广阔。而山西、甘肃、青海、宁夏、新疆、云南、广西、四川、重庆等中西部省份作为"陆上丝绸之路"的起点，向西连接了中亚、西亚、中东欧、非洲，实际上是以中西部省份为核心的再一次开放，是我国中西部地区经济发展的新契机。

3. 文化"走出去"的现实需要

"一带一路"涵盖了世界 63% 的人口，各式各样的文明在这条丝绸之路上大放异彩。古时张骞开辟的丝绸之路就为汉朝和西域的文化交流提供了平台，不仅宣扬了西汉的博大文明，也让西汉人民领略了西域的独特风采。中国有着悠久的文化传统，还是世界四大文明古国之一。借助"一带一路"建设的良好平台，为各国提供了难得的文化交流的机会。文化交流不单单是经济建设的"顺带品"，良好的文化互动可以降低彼此之间的"文化成本"，缩短文化距离，形成经济提供文化交流平台、文化促进经济合作发展的良性循环。

2015 年的"两会"上，全国政协委员、著名导演陈维亚认为，"一带一路"虽然涉及的更多的是经济方面，实际上与文化密不可分，如果新丝路有文化的滋润，必将对我国经济发展产生更直接的促进作用，影响也更为广泛。

4. 扩大国际经济合作的迫切需要

当今世界正发生复杂深刻的变化，国际金融危机深层次影响继续显现，单靠世贸组织难以适应世界经济格局，多哈回合谈判步履维艰，金融危机各国之间的合作也是收效甚微。顺应世界多极化、经济全球化、文化多样化、社会信息化的潮流成为当下新的主题。尽管作为世界第二大经济体，中国的发展受到世人瞩目，但中国依然是最大的发展中国家，中国的人均收入水平依然处于较低的水平。自 2009 年以来，中国的经济增速不断下行，对外贸易的增速甚至是负值。世界需要中国，中国更需要世界。广大发展中国家的经济增长还存在很大的潜力，因此需要中国实施新的战略应对新的时代背景，引领潮流改变。中国与周边国家很早就在相关领域建立了合作关系。1999 年 8 月，中国、俄罗斯、哈萨克斯坦、吉尔吉斯斯坦、塔吉克斯坦五国进行会谈的时候，中国就提出了推动古老丝绸之路的复兴。

国家发展改革委、外交部、商务部联合发布的有关推进"一带一路"建设的文件指出，"一带一路"的建设可以促进经济要素有序自由流动、资源高效配置和市场深度融合，推动沿线各国实现经济政策协调，开展更大范围、更高水平、更深层次的区域合作。"一带一路"符合国际社会的根本利益，推进"一带一路"建设既是中国扩大和深化对外开放的需要，也是加强和亚欧非及世界各国互利合作的需要。

"一带一路"倡导的是亚非欧地区的共同发展，以互利共赢为宗旨的区域经贸合作。"一带一路"彰显的是发展中国家对西方贸易规则不合理性的呼吁，发展中国家联合在一起为共同利益制定合理的贸易规则。"一带一路"是开放的、自愿的，具有极大包容性的平台，在政治互信、经济互惠、文化互通的基础上开展的广泛合作，有很强的生命力。"一带一路"是以中国为代表的发展中国家自己掌控规则，突破发达国家不平等贸易规则，发挥发展中国家比较优势，符合发展中国家利益的倡议。通过消除由发达国家把持和制定的贸易投资规则中损害发展中国家利益的条款，补充没有体现和顾及发展中国家利益诉求的内容，使任何国家都可以在全球贸易中获利。

二 "一带一路"倡议的发展现状

1. "一带一路"建设发展现状

自从 2013 年习近平主席提出"一带一路"倡议以来，目前已经取得了举世瞩目的成绩，截至 2015 年底，我国企业共对"一带一路"沿线 49 个国家投资合计 148.2 亿美元，同比增长 18.2%，其总体发展情况如下。

（1）"一带一路"沿线国家贸易总体发展状况

贸易畅通是"一带一路"建设的重点内容。自"一带一路"倡议提出以来，中国与沿线国家在贸易上取得了丰硕的成果。从"一带一路"沿线国家的贸易总量占全球贸易总量的份额来看（如图 9 - 1），2011 年，"一带一路"沿线国家之间的贸易总量占全球贸易份额的 22.3%。2012～2014年三年中贸易份额在 24% 左右，到了 2015 年，沿线国家的贸易量占全球份额略有下降，占全球总份额的22.1%，到了2016年，"一带一路"沿线国家贸易量占全球份额为21.7%。

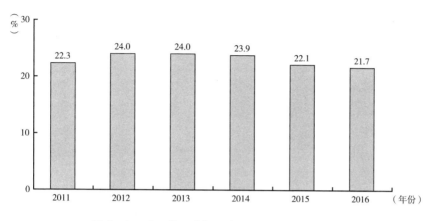

图9-1　"一带一路"沿线国家贸易占全球份额

从"一带一路"沿线国家GDP、人口发展现状来看，从图9-2可知，截至2016年，"一带一路"沿线国家GDP占全球比重为30.9%，其中中国GDP总量占全球的14.9%，"一带一路"国家的发展对世界经济发展产生了重要的影响。从人口比重来看，"一带一路"沿线国家人口占世界总人口的61.9%，其中中国占比为18.5%。从"一带一路"沿线国家的GDP发展现状与人口比重来看，"一带一路"的建设发展对世界将会产生重大的影响力，同时，也说明了我国在推动"一带一路"建设中所扮演的重要角色。

（2）"一带一路"沿线国家贸易区域发展状况

"一带一路"倡议提出以来，在"一带一路"沿线国家贸易往来不断深入发展过程中，东南亚、东欧以及南亚北非贸易占比较大，成为推动"一带一路"倡议发展的主力军。具体而言，由表9-1可知，首先，2016年东南亚地区进出口总额为23065.8亿美元，占整个"一带一路"沿线国家进出口总额的32.1%，其中，进口额为11267.2亿美元，出口额为11798.6亿美元。其次，东欧地区进出口总额为21163.9亿美元，占沿线国家进出口总额的29.4%。最后，南亚北非地区的进出口总额为18526.1亿美元，位居"一带一路"六大区域进出口总额第三位，占比25.8%。从以上分析可得出，"一带一路"建设过程中，

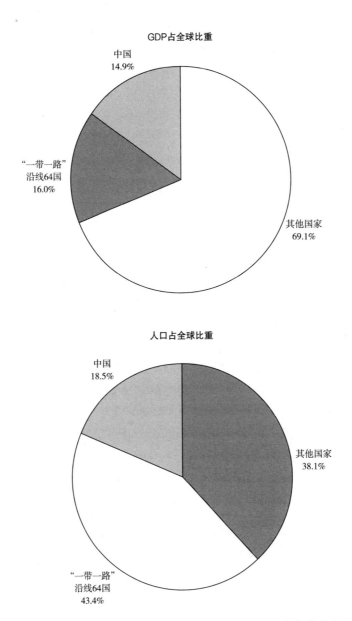

图9-2 2016年"一带一路"沿线国家GDP、人口占全球比重

贸易发展存在着区域分布不均的现象，东南亚与东欧的进出口贸易总额占整个贸易总额一半以上的比例，而东亚地区由于其参与国仅仅包含了蒙古国，进出口总额只有83.7亿美元，成为进出口贸易总额最低的地区。

表 9 - 1 2016 年 "一带一路" 沿线 64 国人口、GDP、贸易现状

单位：亿美元

区 域	人口	GDP	进口额	出口额	进出口总额
东 亚	301.4	116.5	38.7	45.0	83.7
东南亚	63852.5	25802.2	11267.2	11798.6	23065.8
南 亚	11449.0	29146.6	4724.1	3308.5	8032.6
中 亚	6946.7	2254.7	422.7	590.7	1013.4
南亚北非	43504.6	36467.5	9675.5	8850.7	18526.2
东 欧	32161.9	26352.1	9775.5	11388.4	21163.9
总 计	321266.1	120139.6	35903.7	35981.9	71885.6

从"一带一路"沿线国家贸易发展状况来看，新加坡、印度、俄罗斯、泰国、波兰等国家贸易总额在沿线国家中位居前五位。2016 年，新加坡进出口贸易额为 6436.9 亿美元，位居"一带一路"沿线 64 个国家首位，其中，进口额为 2968.9 亿美元，出口额为 3468.1 亿美元。位居第二的是印度，其进出口贸易额为 6176.9 亿美元，贸易进口额为 3566.8 亿美元，出口额为 2610.1 亿美元。"一带一路"沿线国家贸易总额排在第三的则是俄罗斯，其贸易总额高达 5266.9 亿美元。如图 9 - 3 列出了"一带一路"沿线国家贸易总额排名居前的国家，这些国家主要集中在东南亚、东欧、南亚北非地区。

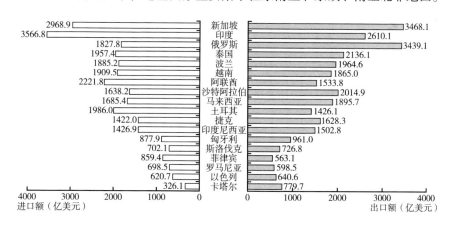

图 9 - 3 "一带一路"沿线国家贸易总额排名居前的国家

2. 中国与"一带一路"沿线国家贸易往来状况

（1）中国与"一带一路"沿线国家贸易总量

从整体上而言，中国与"一带一路"沿线国家贸易往来自 2013 年以

来，呈现逐年上升的趋势，并且保持着较大的贸易顺差额。具体来看，2016 年，中国与"一带一路"沿线国家贸易总额为 9535.9 亿美元，占全球贸易总额的 25.7%，成为全球贸易发展中的重要力量。从图 9 - 4 中可以看出，从出口的角度而言，自 2011 年以来，中国与"一带一路"沿线国家出口额占中国总出口额的比重呈现逐年上升的趋势，到 2016 年，中国与沿线国家出口额占中国总出口额的比重上升至 27.8%。从进口的角度而言，中国与"一带一路"沿线国家的进口额占中国总进口额的比重呈现下降的趋势，2011 年时其比重为 25.2%，到了 2016 年，比重则降为 23.0%。从进出口总额的角度而言，中国与沿线国家贸易额占中国总贸易额的比重则呈现逐年上升的趋势。截至 2016 年，该比重达到 25.7%，相比 2011 年上升了 1.1 个百分点。

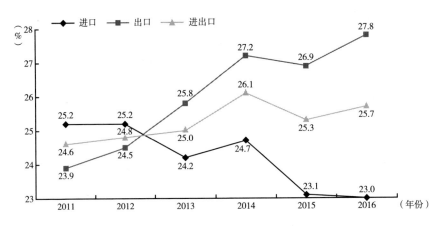

图 9 - 4   2011～2016 年中国与"一带一路"沿线国家贸易额
占中国总贸易额比重

（2）中国与"一带一路"沿线区域贸易

中国通过"一带一路"加强了与亚、欧、非地区的经济文化交流，促进了中国与"一带一路"沿线地区贸易的发展。首先，从贸易额的方面来看，东南亚地区与西亚北非地区成为中国"一带一路"沿线重要的贸易伙伴。2016 年，中国与东南亚地区的贸易额达到 4554.4 亿美元，占中国与沿线国家贸易总额的 47.8%。而中国与亚欧北非地区贸易总额为 2152 亿美元，居中国与沿线地区贸易总额的第二位，占比为 22.6%。其次，从与沿线区域贸易的产品类型来说，中国对东亚的出口产品主要为锅炉、钢铁，而进口产品为资源；对东南亚而言，进出口的产品皆为机电产品；南亚出口以机电产品为主，进口以金属、棉花为主；对中亚的出口以鞋袜为主，进口以资源、能源为主；对西亚北非、中欧的出口以机械机电为主，进口以能源产品为主。

（3）中国与"一带一路"沿线国家贸易

从中国与"一带一路"沿线国家的贸易额来看，新加坡对中国出口额在其总出口额中的占比位居第一，中国成为新加坡最为重要的出口国。而泰国、马来西亚、越南、俄罗斯、阿联酋对中国的出口额在其总出口额中的占比均位居第二，对这些国家的对外贸易产生了重要的影响。从中国与周边国家的贸易方式来看，主要是一般贸易，占比为 63.5%；其次则是加工贸易，占比为 20.1%。从中国与"一带一路"沿线国家整体的发展趋势来看，呈现出良好的势态。

三　"一带一路"建设面临的问题分析

总体上看，"一带一路"倡议在短短的时间里已经取得了很大的成就，但是由于文化、宗教以及社会制度等方面的差异，也出现了因交流不畅而产生的经济、文化纠纷等问题亟待解决，这些问题的出现主要表现在以下几个方面。

首先，在"一带一路"倡议实施过程中，由于文化、宗教、制度等方面的差异，出现了中国与沿线国家经济交流不畅、纠纷不断、成本增加等一系列的问题，成为中企在对外交流过程中最大的软肋。从近年中国企业成长历程来看，中国企业入围世界五百强的数量与排名都在大幅度上升，这一数量与排名的上升从另一个角度反映出中国企业的"硬实力"正在不断上升。但是这并不能使中国企业在"一带一路"沿线国家中获得较好的优势地位。其重要的原因在于：第一，中国与沿线国家在文化、宗教、制度等方面的差别，使得中国企业在对外交流、谈判的过程中难以得到其他国家的认同。以中国企业在塑造自身企业形象为例，由于中国文化中一向秉承谦逊，沉稳的传统理念，因而在海外与其他企业进行经济贸易往来之时，往往呈现出不善言辞的企业形象。正是这一文化差异使得外国企业将中国企业这一特质看作难以沟通，或是有着不可告人的图谋。第二，文化、宗教、制度等的差异，也使得中国企业在进行产品出口的过程中，其包含了中国元素的产品难以得到其他国家的认同。这一现象的存在则是由"文化折扣"所导致的。在产品生产过程中，无论是生产企业是否有意，受文化潜移默化的影响，都会使得其在生产的产品上打上"我"的烙印。当中国与"一带一路"沿线国家存在着文化、宗教、制度差异之时，中国企业所生产的产品会与其他国家消费者所接触的文化产生相异甚至是相悖的现象，从而使得在同样的条件下，沿线国家对中国产品需求减少。

其次，中国在促进"一带一路"发展中，由于缺乏国际化视野和品牌意识，在与沿线国家贸易中企业缺乏在竞争中所应具有的"血性"，从而使得中国缺乏具有代表性的经典品牌，这一问题容易导致中国企业在成长中难以获得可持续的发展。东高村镇是一个位于北京市东北部的小城，其发展壮大依靠的便是提琴的生产与制造，生产的小提琴销往世界各个国家和地区，成了闻名世界的"提琴之乡"。毫不夸张地说，现如今世界上每三把提琴中便有一把来自东高村镇。但即使是如此巨大的贸易量，中国企业在对外贸易过程中也难以获得很大的话语权，其原因就在于，东高村镇提琴的生产只是单纯依靠数量的支撑，没有成功地打造出能够闻名于世界的提琴品牌。生产处于价值链低端的中国企业即使有很大的数量，也因为具有较强的可替代性，难以获得长足的发展，从而限制了中国在"一带一路"贸易上的进步。

第二节　"一带一路"建设中的文化依赖性

随着世界一体化进程的飞快发展，国家之间的交流不再仅限于经济、政治层面，文化也在其中扮演了重要的角色。和平与发展取代战争侵略成为世界主题，经济发展处于暂时稳定的"多元化"格局，国与国之间更多地开始关注"软实力"。作为国家软实力的重要组成部分，文化自然而然地成为关注的焦点。同时，各国的经济发展需要通过人文交流增强相互理解。"一带一路"沿线众多的国家拥有各具特色的文化，它们之中既有社会主义国家，也有资本主义国家；既有发展中国家，也有发达国家；语言、宗教信仰、人种都存在差异。文化差异既有利于国家之间相互借鉴文化，发挥各自文化的禀赋优势，实现精神产品的优势互补和资源共享，又会构成它们文化交往的障碍，甚至出现文化冲突。因此，充分理解"一带一路"倡议中文化的重要地位，即"一带一路"建设的文化依赖性，是打造"一带一路"国家命运共同体的重要基石，也是提高其包容性的关键。

一　"一带一路"形成的历史渊源

2013 年，习近平主席访问中亚和东南亚国家期间，先后提出了共建"丝绸之路经济带"和"21 世纪海上丝绸之路"（简称"一带一路"）的重大倡议。这一倡议是以古代丝绸之路为基础，结合当今世界经济政治发展形势所提出来的。其主要目的在于开展与"一带一路"沿线国家的合作与交流，维护国家之间的合作秩序，并扩大中国经济发展空间。"一带一路"倡议的提出有利于中华文化能够进一步得到更广泛国家的认同，促进中国文化软实力的提高。"一带一路"倡议之所以能够对中国与参与国家产生如此之大的正外部效应，还应首先探索其深厚的历史渊源。

丝绸之路的开端可追溯到秦汉时期。秦汉时期是丝绸之路的开辟阶段，张骞出使西域，以长安为起点，途经亚欧，从而形成了一条最原始的商业贸易路线。在此基础之上，汉武帝为了维护国内社会的稳定、经济的发展，通过加强汉朝与西域各国之间的联系，并促进东西方之间的文化交流，将最初的丝绸之路不断发展完善，使其逐步走向繁荣。

到了魏晋南北朝时期，丝绸之路在原有的基础上进一步发展。汉朝灭亡以后，中国北方地区一直处于战火纷飞的状态，国家分崩离析，社会动荡不安，在这一时期，秦汉时一度向前进步的丝绸之路的发展受到了一定的阻碍，尽管如此，丝绸之路依然在夹缝中顽强生存，在对外文化经济交流中扮演着不可或缺的重要角色。

到了隋唐时期，中国结束了四分五裂的状态，在逐步走向繁荣的过程中，加强对外交流是促进发展必不可少的条件，因而加强与西域区域的交流与联系成为这一时期的重要任务，使得丝绸之路得到快速的发展。自"贞观之治"以来唐朝与印度等国家建立了密切的经济文化交流。唐玄奘的西行取经之路使得丝绸之路的发展进入了黄金时期。

宋元时期的到来，是丝绸之路发展由盛到衰的标志性时期。宋朝时期中央集权受到各种力量的削弱，丝绸之路的发展步伐呈现放缓的趋势。到了元朝时期，尽管相对于宋朝丝绸之路发展势头较为强劲，但仍然表现出疲软的趋势，到 1365 年元朝灭亡，丝绸之路的发展日益走向衰落。

明清时期，由于闭关锁国政策的实施，丝绸之路的发展受到了极大的阻碍，陆上与海上丝绸之路的发展呈现萧条之势。尽管"十三行"的开设极力去加强中国对外的交流，但仍然无法挽救丝绸之路的衰败，至此丝绸之路的发展彻底走向衰亡。

现如今，我国秉承中国古代丝绸之路的理念，致力于重新打造古代丝绸之路，力求将其发展成为一条中国与各国之间经济政治文化交流的纽带，从而打造与其他国家携手走向"亚洲共同体"的伟大格局。

二 "一带一路"中的文化同质性和异质性

"一带一路"倡议涉及几十个国家、数十亿人口，这些国家在历史上创造出了形态不同、风格各异的文明形态，是人类文明宝库的重要组成部分。"一带一路"从古老的中华文化出发，沿途有阿拉伯文化、伊斯兰文化、欧洲文化、非洲文化、印度文化等。语言、宗教、历史的多样性在新丝路上碰撞，文化的多样性为彼此间的交流合作提供了前提和基础。当然，由于历史和地理的因素，丝路国家在文化上也有许多联通之处。"一带一路"倡议不是要将各种文化同化，也不可能同化，而是将丝路带变成文化的大熔炉，通过文化的相通性将各种文化连接起来，再通过文化的差异性形成文化的资源互补，使沿线各国都可以吸收、融汇外来文化的合理内容，促进不同文明的共同发展。文化的同质性和异质性不是互相背离的，而是相互联系、相互促进、密不可分的两个方面。

1. 文化同质性

"一带一路"沿线国家都有过辉煌的历史、被列强欺侮的悲情和被边缘化的伤痛，有与西方价值的冲突、相似的发展难题。贸易磋商中，文化同质性可以有效地降低沟通成本，增加信任感。在人类历史发展的长河中，由于战争迁徙移民、文化交流等原因，存在同一民族在世界不同地域的或集中居住或散居的历史发展事实及民族融合现实。虽然根源于同一民族的成员在经历了历史变迁后逐渐适应了当地的生活，甚至形成了新的民族，但他们在语言、宗教信仰、饮食等方面仍然有很大的相似性，存在文化的极大认同感。比如，我国西部的回族就是中国和阿拉伯国家文化交流、民族融合的结果。但他们的宗教信仰和饮食习惯还是保持着相通性，尽管可能语言不通，但天然的文化和血缘关系让他们有着认同感和亲切感。

共同的宗教信仰、语言、价值观、风俗习惯有利于不同国家和地区在交流合作中建立信任，拉近双方的关系，这便是文化的资源禀赋优势。世界一体化虽然加强了不同文化之间的交流和融合，但也唤起了各国对自己文化的保护意识，文化的排他性也开始凸显。有不少学者运用引力模型度量了贸易中的"文化距离"。陈昊（2011）通过对中国和19个主要贸易伙伴2003～2009年的贸易数据研究发现，文化距离每增加1%，中国的出口贸易流量便降低0.18%。

我国西北、西南地区是少数民族的聚集地，充分发挥少数民族的资源优势，可以在与"一带一路"国家合作中减少文化成本，从而更好地开展合作，扩大贸易往来。

东南亚地处三大洲和两大洋的交口，是东西海运的冲要之区。这里是印度文化圈与中国文化圈交错重叠的地方，由于特殊的历史、地理原因，中国与东南亚各国在文化上有许多"亲缘关系"，主要有：越南属汉字文化圈，全面受到中国文化的熏陶；华人是中国与东南亚各国进行文化交流的重要桥梁；众多的跨境民族与东南亚存在着天然的联系；佛教的传播，使得中国与东南亚进入了共同的文化圈。东南亚居住着众多的华人，华人移入东南亚有着悠久的历史，最早可以追溯到唐朝。由此，中国与东南亚国家关系源远流长，寻求中国与东南亚文化的切合点和兴奋点可以达成中国与东南亚各国的文化认可和互信、多民族文化融合的繁荣局面。其中，云南省与东南亚国家直接接壤，同属东盟经济圈。昆明是中国唯一面向东南亚开放的大都市，东南亚各国都在昆明设有领事馆。从1997年到2011年，云南与南亚的贸易增长了38倍，东南亚的市场还拥有巨大的发掘潜力。与东南亚国家的合作，是基于历史和地理的天然融合，对"海上丝绸之路"的进展有着不可忽视的作用。

2. 文化异质性

文化是在历史长河中不同地域、不同民族的人沉淀下来的精神宝藏，特色迥异，满足了多样化的消费和精神需求。文化的多样性对消费者具有广泛的吸引力，从而产生了巨大的市场潜力和贸易可能。古丝绸之路的形成便是源于不同民族的人对文化交流交融的向往与参与。田晖（2012）研究发现国家的文化距离会对国家贸易产生不同的影响，有些文化维度之间的距离能够为中国消费者营造神秘感和新奇感，从而形成两国产品的差异性和互补性。古代中国的丝绸、瓷器，印度的香料、珠宝，这些商品在世界贸易史上经久不衰，原因就在于这些商品蕴藏了丰富的民族文化和文明。"一带一路"的成功要求我们要充分地挖掘沿线国家深厚的文化底蕴。

中国与阿拉伯国家同属亚欧大陆，在文化上都拥有自己独立的体系。中国文化和阿拉伯文化有许多共同性：都是历史悠久的文化，都起源于古代的农耕社会，也都是传播范围极广的文化，同时也是包含了众多民族的、成为民族凝聚力根源的文化。但阿拉伯—伊斯兰文化相对中国文化更具例外性。伊斯兰国家坚持伊斯兰信仰神圣不可侵犯。阿拉伯国家由于自身的经济实力不足，自感国际地位较低，因此，时常采用自己的规则和解释来表达和维护自己的利益诉求。某些区域性行为体如海合会，要求成员国一致行动。这是因为伊斯兰国家这种特别的政治制度，加上贸易领域法律法规不健全，给和这些国家的合作增添了难以逾越的障碍。因此，中国与阿拉伯国家在"一带一路"的战略合作中特别要注意文化先行。首先，共建西亚新丝路是中国和阿拉伯国家人民的共同愿望，但在实现愿望的路上要做到互相尊重，客观对待彼此的文化差异，求同存异。第二，阿拉伯国家长期处于战乱和贫困中，其经济体制和法律法规还不够完善，但阿拉伯国家也是在经过不断地探索中融入世界一体化，"一带一路"正是它们长久以来渴望的机会。作为"一带一路"的倡议者和领导者，中国在阿拉伯国家应展现出包容和引导的一面。第三，中国要充分利用西部地区和阿拉伯国家地理、民族上的优势。西部地区是与阿拉伯国家相通最多、合作最多的地区，有着丰富的和阿拉伯国家打交道的经验。利用好西部地区的资源禀赋优势，可以减少中国和阿拉伯国家的文化摩擦，从而达到双赢的目的。

三 "一带一路"建设中文化交流的必要性

文化部原部长蔡武认为，我国要结合"一带一路"建设的重要契机，发挥"人文先行"的优势，制定规划、整合资源、形成合力，进一步推动中国同沿线国家的全方位、多领域交流合作。"一带一路"是我国与沿线国家开展文化交流与合作的历史性平台，新中国成立以来中国从来没有这样一个与亚非欧国家开展广泛而又深刻的文化交流的机会。"一带一路"建设中文化交流的必要性主要表现在以下几个方面。

1. 文化交流带动"一带一路"贸易发展

古时的地中海文化，当今的美国文化，都是文化对贸易促进的正面例子，而我国明清时的海禁、闭关锁国政策都是文化抑制贸易发展的典型。文化对"一带一路"贸易的促进作用可以表现在两个方面。首先，国家开放的文化氛围、文化政策有利于引导本国的企业"走出去"。美国在冷战时期以文化作为武器取得优势后，开始支持本国的文化产业向国外发展，最终使得美国的文化席卷全球。其次，开放的文化有利于形成勇于创新、敢于冒险的企业家精神。浙江省在企业家精神层面属于发达的地区，源自古时的渔民、海盗文化，浙江的企业家敢于"走出去"，这是浙江省的生产总值在全国名列前茅的重要原因。在"一带一路"文化交流的引领下，亚欧非大陆的资源得到国际共享，文化作为资源链接的桥梁，势必为各国带来持久的财富，焕发生机。

2. "一带一路"文化交流可重塑我国文化自信

中国文化源远流长，以自强不息、厚德载物为核心的中国传统文化是一个宏富的整体，承载着历代中华民族的基本价值追求（侯东，2015）。中国是四大文明古国之一，拥有无比灿烂的文化。然而在全球化背景下，不少中国人在西方发达国家的文化面前忽略了传统文化的优势，对西方文化盲目崇拜，动摇了民族根基，也失去了对自身文化的自信。习近平总书记将文化自信作为道路自信、制度自信、理论自信的基础，说明我国已经认识到了建设文化自信的重要性。而"一带一路"中进行文化交流就是我国建立文化自信的机会。"一带一路"文化交流中，我们可以不断发挥中华优秀传统文化的精神力量，传播求同存异、互利共赢的传统文化价值观，展现坚持不懈、迎难而上的优秀文化传统。这都是促进不同文化交融、减少文化疑虑、增进文化互信的重要推进力。文化交流有助于文化自信的推行，克服困难，打通与各国各文化的交流与联系，增强我国文化的影响力。只有加强文化交流，才有利于"一带一路"中中国形象的提升，向世界证明中华文化的精神力量。

3. "一带一路"建设中文化交流可减少经济摩擦

文化交流与经济的建设从来都是相辅相成的，文化交流的推行可以减少经济的摩擦。在"一带一路"倡议的实施过程中，由于沿线国家的文化交流复杂性远远超过了经济复杂性，文化交流先行就变得尤其重要。文化匹配的失败很可能毁掉了一切相互合作的前提。和平发展、互利共赢是"一带一路"国家的共同愿望，但"一带一路"不是简单的经济援助，它承载了共商、共建、共享的原则，而这些都建立在相互信任、相互理解的基础上，这些正是文化交流可以带来的。文化交流的影响力超越时空、跨越国界，潜移默化、润物无声，文化传播与交流合作是民心工程，也是先行工程、未来工程。"一带一路"倡议具有很明显的文化依赖性，各国的共同发展需要文化的软助力。

第三节　文化贸易在"一带一路"建设中的先导作用

在"一带一路"建设中，涉及的国家数量众多、地理范围较广，这些国家在历史上创造出了形态不同、风格各异的文明形态，主要包括阿拉伯文化、伊斯兰文化、欧洲文化、非洲文化、印度文化等，文化的多样性为彼此间的交流合作提供了前提和基础，但同时也会因为文化差异的关系造成在经济交往过程中的误解。解决这一问题的关键即在于文化贸易的发展，通过对文化贸易的大力发展，可以让各国人民产生共同语言、增强相互信任、加深彼此感情，从而减少经济摩擦、增加经济合作的机会，进一步推动"一带一路"的建设和发展。

文化贸易在"一带一路"的建设过程中起着先导作用，只有文化先"走出去"，使得沿线国家产生文化认同感，接受双方的文化理念，才能更好地带动其他贸易以及金融行业"走出去"，加快"一带一路"的建设发展。文化的先导作用主要体现在以下几个方面。

一　文化融合是"一带一路"倡议实施的先决条件

作为我国新时期对外开放和交流的重要倡议，"一带一路"的建设和实施肩负着促进地区经济发展、加深地区文化交流、维护地区和平稳定的历史使命，其构想及实施所需依托的一个重要条件，就是要加强沿线国家人民的文化交融和文化认同感。中亚以及阿拉伯地区，历史渊源和文化传统相较中国而言，存在较大差异，在双方的贸易发展过程中，文化交流将起到黏合剂的作用，使得不同的文明之间得以相互理解、相互借鉴。只有通过文化贸易的手段，才能让各国人民产生共同语言、增强相互信任、加深彼此感情，反过来进一步推动"一带一路"的建设和发展。

纵观人类文明的发展史，我们可以看出文化的形态受到诸如气候、地理位置、资源禀赋、生产方式等多方面元素的影响，体现出"一方水土养一方人"的文化特点。在社会的发展过程中，人类不断适应自身所处的自然环境而衍生出独特的文化形态，使不同文明之间出现了差异，具体表现为：不同的思维方式和交流方式，不同的语言，不同的行为方式和风俗习惯等。而在"一带一路"沿线更是汇聚了诸如中华文明、印度文明、埃及文明、两河文明、波斯文明和花剌子模文明等众多文明体系。虽然这些文明都有着被列强欺辱的悲情和伤痛，以及渴望发展的共同愿景，但是文化的隔阂使它们难以相互合作、共同发展。

在"一带一路"建设的初期，文化壁垒的存在使得沿线的一些国家会对此倡议存有疑虑甚至是偏见。由于受到不同的文化、宗教的影响，对"一带一路"倡议缺乏认同感，给"一带一路"的建设和实施带来一定的障碍。除此以外，我国以往的文化交流以单向的宣传为主，更像是一种"灌输"式的手段，缺乏和对方国家之间的互动和交流。这样的做法容易产生文化上的误解，更可能让对方国家产生反感，结果使得文化交流更多地流于形式、成果寥寥无几，难以达到拉近对方国家和我们的文化距离、破除文化壁垒的目的。很多时候我们会忽视文化壁垒所带来的问题，对文化贸易的先导作用不够重视，而片面热衷于传统的商品贸易、基础设施建设、金融融资服务等方面。在没有打破文化壁垒的情况下，其结果就是导致短期化行为。这就难以达到"一带一路"全方位推进沿线各国务实合作，打造政治互信、经济融合、文化包容的利益共同体、命运共同体和责任共同体的战略目的。只有打破文化壁垒，使得文化活动和贸易、金融、基建活动有机结合，形成合力，才能真正把"一带一路"沿线国家的思想紧紧联系在一起，打造出同呼吸、共命运的命运共同体。

为了打破不同文化特征所形成的文化壁垒，文化贸易的作用不容忽视。文化贸易的开展不仅具有商品贸易互通有无的作用，更重要的是促进文化传播以及提升文化认同感。在文化贸易开展的过程中，我们得以不断向他国传递我们的文化信号，从哲学思想到音乐诗歌等，这些精神层面的文化贸易，都可以让"一带一路"沿线国家更加容易理解我们的思维方式和处世之道。

在开展文化贸易的过程中尤其需要注意，文化贸易应该是双向的文化交流，而非单向的文化灌输。如果在文化贸易的过程中过分强调向对方国家的文化出口，而忽略来自对方国家的文化进口的话，就容易造成文化上的误解，并引致对方国家的反感。一方面，只重视出口的文化贸易容易给人留下咄咄逼人的印象，感觉太过强势，这就会在之后的其他合作中，引起对方国家一些不必要的提防心理，无谓地提高了双方合作的成本；另一方面，不重视来自对方国家的文化进口，会让我们难以深刻理解对方的文化特点以及文化需求，无法因地制宜，提供符合对方文化背景、易于接受的文化贸易产品，这也就使得文化贸易的效率不高，更多地流于形式，起不到文化交流、增进相互了解的目的。例如，孔子学院已成为中国对外文化贸易的一个重要组成部分，在很多国家和地区都设有分支结构，主要意义在于推动中华文化的传播和发展，使当地人民更加了解中国文化。这样的文化贸易方式在西方国家取得了很大的成功，但在"一带一路"沿线的一些国家却没有达到预期的效果。究其原因，西方国家对于神秘的东方文化有很强的好奇心理，同时西方的文化态度更为开放，乐于接受、融合多种文化，对于外来文化没有抵触情绪，反而非常欢迎，所以中国在当地开办孔子学院起到了很好的效果，确确实实地起到了传播文化、消除文化壁垒的作用。但是对于"一带一路"沿线的一些信奉伊斯兰教的国家而言，在当地设立孔子学院作为文化贸易的一种手段，以期达到消除文化壁垒的目的就难以实现。原因在于信奉伊斯兰教的国家在宗教信仰方面相对保守。由于对中华文明缺乏了解，在很多当地民众的眼中，以孔子为代表的儒家不是一种学派或者思想体系，而是一种宗教，这一点就使得很多人对于进入孔子学院进行学习产生了疑虑，自然孔子学院也就难以发挥它设立之初所预想的作用。如果能够更加注重双向的文化贸易，更多地关注对方的文化背景，据此来选择自己输出文化贸易的方式，就能更加行之有效地达到消除文化壁垒的目的。

在避免以上问题的基础上，文化贸易能够行之有效地消除不同文明之间的文化壁垒，从而起到消除偏见、化解矛盾、增进共识的效果，让文化的影响力能够跨越国界，以"润物细无声"的方式深入人心。使得"一带一路"沿线国家真正从思想上互联互通，成为命运共同体。由此可见，沿线各国的关系发展不仅需要经贸往来、基建援助等"硬"支撑，更需要文化贸易的"软"助力来为其他方面的合作交流扫清交流障碍，奠定更加坚实牢固的文化基础和社会基础。所以说文化贸易在"一带一路"的建设过程中起到了先导作用，消除了存在于"一带一路"沿线国家之间的文化壁垒，使得双方有了稳固的贸易合作基础，使得长期的深入合作成为可能。

二 文化贸易能够促进不同国家人们之间的文化融合

在"一带一路"这条大动脉上，连接着来自六十多个国家形态各异的传统习俗与价值观念，想要在"一带一路"这条大动脉上有所作为，首先需要解决的便是各个国家之间文化融合的问题，只有在这一先决条件的作用下，才能使得"一带一路"倡议向着美好的未来前进。文化融合是"一带一路"实施的先决条件，文化融合使得"一带一路"沿线国家有了能够长久合作、互利共赢的思想文化基础，因而想要促进"一带一路"的长足发展，就必须实现各个国家之间的文化不断地大融合的状态。而促进各个国家之间文化的融合，其中最为重要的因素便是文化贸易的发展，通过文化产品的消费，才能加强各国之间对各自文化的认同，促进不同文化之间的融合。

不同文化能在文化贸易过程中相互影响、相互作用，从而促进不同国家之间的文化融合。古代丝绸之路就是在对各种历史文化资源综合利用的基础上发展文化贸易，并在贸易的过程中与其他地区与国家的文化相互碰撞、融合，从而加深了对各个地区与国家文化之间的相互理解。具体来说，丝绸之路的发展以秦汉时期为起点，终止于明清时期，经过一千多年的发展，成为中西方文化贸易交流的至关重要的媒介。中国古代时期是东亚文明的中心，从丝绸之路开通开始，印度、罗马帝国皆沿着丝绸之路与中国进行贸易，因而有唐诗云"开元太平时，万国贺岁丰"。由于当时中国不论是农业、纺织业还是陶瓷业等的发展都处于世界领先地位，因而中国通过丝绸之路向外部带去了瓷器、指南针、火药；由于当时中国是世界文明中心，中国书籍、字画、制度典章等也广泛传播到日本、韩国等周边国家，并对日本、韩国的制度文化与精神文化产生深刻的影响；中国带有浓郁东方情调的服装、折扇、家具、纺织品、刺绣、陶瓷等也大量出口到欧洲国家，在这些国家中产生了对中国文化的追捧热潮，并形成了"洛可可"的艺术形式。在以丝绸之路为媒介、以文化贸易为载体的过程中，中华文化与其他各国文化相互理解，从而促进了各国之间的文化融合。

同样，当今美国也正是通过文化贸易的手段传播其特有的价值观，促进世界各国对其文化的理解。美国好莱坞影片通过对人物性格的塑造、电影情节的渲染，使得消费者在观影过程中犹如身临其境，切身体会电影中剧情发展的跌宕起伏，在潜移默化的过程中影响消费者的价值观。电影《七宗罪》便是通过贸易的方式向世界各个国家传播美国文化价值观中的宗教文化。所谓"七宗罪"源自天主教，被天主教视为会遭受永劫的七大恶行，即傲慢、嫉妒、暴怒、懒惰、贪婪、暴食及色欲。《七宗罪》电影中极为贴切地描述了罪犯在整个犯罪过程中的心理活动以及人性的残酷和暴力。整部电影中并没有直接展示暴力的场景，电影画面采用隐晦而又含蓄的方式向消费者传达了美国的宗教文化，使得观影者对天主教的宗教信仰有了初步的理解与认同感。

总而言之，文化贸易的不断深入与发展，通过贸易过程中文化产品的消费，为世界各个国家所带来的是文化的交流与碰撞。当今世界，文化交流的方式多种多样，可以通过文化旅游、会展等方式，在互动交流的过程中促进国家之间的文化交融，从而加强"一带一路"的建设。在这一交流过程中，加深国家之间文化的相互理解与相互认同感。因而，在构建"一带一路"发展中，通过文化产品的出口贸易，能够加强贸易国家对中国文化的了解，减少中国对外经济、政治交流中由"文化折扣"的存在而产生的不必要的摩擦与阻碍。

三 文化贸易是推动"一带一路"经济交流的开路先锋

文化是一国发展重要的"软实力"，文化贸易在促进各国文化交融的同时，也为各个文明与民族之间的经济交流架起了桥梁，成为推动"一带一路"经济交流的开路先锋，其对于经济交流的促进作用主要表现在以下三个方面。

1. 文化贸易的"同质性"减少了贸易交易成本。

"一带一路"沿线国家有着不同的社会文化背景、经济发展制度、法律制度以及贸易规则等，这使经济交流双方都承担了很大的不确定性以及风险。而通过文化贸易的先行交往，双方对对方的宗教信仰、语言文化、处世方法、价值观念以及风俗习惯等方面有所了解，有了文化认同感之后，就容易建立起良好的信任关系，拉近彼此的距离，达到更好的沟通效果，从而花费更少的沟通成本，提高经济贸易效率。以中日之间的经济交流为例，中日两国地理位置距离很近，同为高语境国家，同时文化上也极为相似，一般的观点认为两者之间不应该存在经济交流问题，但事实并非如此。20世纪两国之间的文化贸易往来尚未完全发展之时，日本公司给中国外贸企业的印象就是难以沟通。当中国企业想向日本出口一批产品，双方进行贸易磋商，寻求贸易合作时，日方代表可能会说：你们的产品非常好，设计新颖、造型美观，包装也很别致，让我们考虑考虑再说。中方代表便以为对方有贸易合作的意向，只是对一些其他方面有所疑虑，于是便付出大量的人力、物力、财力，提出了很多修改方案，想要尽力促成双方的贸易往来，但是日方给出的答复始终是"让我们考虑考虑再说"，数次无功而返之后，双方只得不欢而散。但随着中日两国文化贸易的不断进行，中日两国都加深了对对方文化的了解，文化贸易的桥梁作用开始显现。我们注意到了日本人在生活和工作中，通常不愿意直截了当地拒绝别人，而是委婉地拒绝；日本也注意到了我们相较于日本而言说话更加直截了当。因此，中日双方在谈判磋商时就有了更多的文化"同质性"，降低了双方的沟通成本，最终使得中日的双边贸易取得了巨大的成功。在中日这两个文化如此相似的国家之间，文化的不同都会造成如此高昂的贸易成本，更遑论"一带一路"沿线各国都有着不同的文化背景，高低语境也不尽相同，这就更需要发挥文化贸易在其中的先导作用，提高各个文明的"同质性"，降低沟通交流成本，为货物贸易扫清障碍。

2. 文化贸易中的"切入性"加深了对彼此文化的认同感

文化贸易的不断深入发展，在引起各国文化"同质性"，减少相关国家贸易成本的同时，还能加深贸易各国对彼此文化的理解，从而引发各国人民对彼此文化的认同感。

文化贸易发展最为直接的成果是带来文化产品之间的交流，可以将中国现代文化与传统文化习俗赋予文化产品，通过文化贸易将中国文化进行广泛传播。以云南文化产业投资控股集团为例，在推动云南歌舞剧院《吴哥的微笑》去柬埔寨演出中，就取得了巨大的成功。《吴哥的微笑》斥资500多万美元，从2010年以来共演出5000多场，共计接待了50多个国家的游客，实现了将近2000万美元的销售收入。《吴哥的微笑》运用先进的技术水平与新颖的艺术表达手法，重现了柬埔寨古代王朝的辉煌，使得前来观看的观众为之赞叹。在境外创造了中国演出团体在外演出时间最长、吸引观众人次最多等多项纪录。通过这一文化产品的影响力，云南文化产业投资控股集团增加了餐饮项目的投资，着重推动了云南菜走出国门，成为柬埔寨目前最大的中式自助旅游餐。与此同时，该公司还积极推广汉语的传播与交流，随着《吴哥的微笑》影响力的不断扩大，马来西亚、印度尼西亚等国家和地区皆希望与中国合作。正是在文化贸易的过程中，加强了"一带一路"沿线各个国家对中国文化习俗的理解与认可，加强了各国人民对中华文化的认同感。

3. 文化贸易的"关联性"延长了产品贸易的价值链

随着社会分工的不断深化与价值创造体系的重构，全球价值链正在不断形成，各国各个领域的企业积极融入全球价值链形成的过程，并致力于在其中发挥自身的比较优势，从而提高在国际贸易中的竞争力，争取在国际贸易市场中占有一席之地。而文化贸易的"关联性"，有利于促进产品贸易的价值链延长，推动我国文化产业的进步与发展，其中产业链的延长，主要包括文化产业价值链的纵向延伸与横向延伸。

所谓文化产业价值链的纵向延伸，即通过各个文化产品制作环节的纵向延伸，实现生产能力的扩张，促进文化产品的价值增值。拿电影作品的生产与制作过程来说，电影作品的生产包括电影制作、电影发行、电影院线以及电影院四个基本环节。通过文化贸易的作用，加强各国之间的联系，减少了文化贸易过程中的文化折扣现象，增加了电影产品的消费量，从而使得更多资源进入影视产业的制作与发行之中，使得在电影作品生产中产生了相关主题公园、图书等环节，促进了影视产业链的纵向延伸。电影的制作环节包括创意策划、投资、拍摄与后期制作四个环节，然后将电影版权出售给发行公司，随后发行公司与电影院线进行合作，使得电影作品能够以最完美的形式呈现在观众眼前。影视产业价值链的纵向延伸在涵盖了电影作品发行的同时，又涵盖了建设与运营电影院线、图书开发、品牌授权业务等。而所谓文化产业价值链的横向延伸，是企业在促进自身不断发展的同时，与处于文化价值链上的其他企业进行资源的相互整合，通过业务外包、兼并与收购的形式降低开发成本。在文化贸易过程中，企业之间的经济联系不断加强，使得文化企业之间相互兼并收购更加便利，促进了文化产业价值链的横向联合。

总体而言，在文化贸易过程中，通过纵向延伸与横向延伸两条路径，使得国家之间、企业之间的经济联系不断加强，在文化交流中，文化折扣现象不断减少，减少了企业之间的经济摩擦，使得企业之间经济合作成为可能，从而促进了文化产业价值链在这一过程中不断延伸。

四 文化贸易是复兴华夏"丝绸之路"文明的重要渠道

在古代丝绸之路上，中西之间的贸易十分频繁，北魏太武帝时期，便有大月氏"其国人商贩京师，自云能铸石为五色琉璃。于是采矿山中，于京师铸之，既成，光泽乃美与西方来者。……自此，国中琉璃遂贱，人不复珍之"。在丝绸之路上通过对中国文化资源的利用，并运用先进的技术，将带有中国特色的琉璃传播到世界各国，并对各国产生深远的影响。因而中国古代以丝绸之路为渠道，通过文化贸易将中华文明传播到世界各地，实现了中华文化的兴盛与繁荣，使华夏文明成为世界四大古代文明之一。

中华文明犹如璀璨星辰，只要挖掘得当便能极大地满足中国乃至世界人民迫切的物质精神需求。想要复兴华夏"丝绸之路"文明，最为重要的渠道便是文化贸易。历史上，中华民族对周边国家强大的影响力便是通过丝绸之路上的文化贸易，通过对瓷器、丝绸的出口，从而加强周边国家对中华文化的理解与认同。当代西方国家也正是通过文化贸易的手段，在世界范围内传播西方国家价值观，从而稳固了自身在世界上的经济与政治地位。以美国为例，其正是通过文化贸易的形式，影响并控制世界，美国在全球竞争中除军事、经济、政治以外，其文化的影响力也一直居于前列。一向提倡贸易自由的美国，对于文化的控制却从未放松，通过维护自身文化安全，在文化贸易的过程中加大对其他国家的文化侵略，以此维护其在世界的霸主地位。

当今世界，和平与发展已经成为主流，炮火纷飞的战争已经逐步隐退，而文化的战争已然在世界上拉开帷幕，要想在这场悄无声息的文化战争中获得胜利，就需要抓住机遇，通过文化贸易方式，将中国文化产品推出国门，让文化贸易成为促进文化复兴的重要渠道，使得中国文化产生广泛影响力，率先在"一带一路"上复兴"丝绸之路"文明，为中华文明在世界范围内的伟大复兴奠定基础。

第四节　以文化贸易推进"一带一路"建设的路径选择

"一带一路"，文化先行，通过进一步深化与沿线国家的文化交流与合作，促进区域合作，实现共同发展，让命运共同体意识在沿线国家落地生根。在推进文化贸易发展的过程中，应当注意路径的选择，选择行之有效的方式方法，促进文化交流，进而推动"一带一路"倡议的实施。

一　创新贸易文化理念，树立"合作共赢"的大文化贸易观

历史上积淀而成的"丝绸之路"文化，是我国"一带一路"倡议实施

的文化基础。在汉唐时期，中国是丝绸之路的主导国家，沿线的其他国家和中国相比，多为小国，经济发展和文化成就都处于相对劣势。如今，我国提出"一带一路"倡议，是希望通过利用沿线国家共同的文化遗产——丝绸之路，来重新构建起区域之间经贸合作和文化交流的平台，推进欧亚大陆桥区域经济的共同繁荣与发展。"一带一路"是为了推动资源高效配置、促进市场融合、使经济要素能够自由流动，加深沿线各国的政治互信，让各个国家出台的经贸政策协调有序，互相扶持，凝聚合力，在更大范围、更深层次开展区域经济一体化合作，推进区域经济协调发展。在文化贸易过程中，要采取平等和开放的态度，不能抱着独占文化贸易利益的想法，做一个纯粹的文化输出国；要给予沿线国家充分的话语权和利益空间，努力使最后的贸易结果让各方的利益总和最大化，而不是单单某个国家利益最大化。

丝绸之路不仅是经济之路，同时也是文化之路。文化建设是"一带一路"宏伟蓝图的重要组成部分，是实现沿线国家民心相通的基础工程。"一带一路"是一条互尊互信之路、一条文明互鉴之路，建设"一带一路"应该文化先行。由于各国历史、文化、宗教方面的差异，我国文化"走出去"时要特别注意一些问题。一是中华文化与沿线不同国家文化的关系问题，要秉持"文化平等"的原则相互交流，反对文化歧视；二是要正确处理不同宗教之间的关系问题，要坚持"尊重宗教信仰"的原则，秉持"宗教无小事"的理念，充分尊重不同国家人民的信仰自由；三是要尊重各国的文化风俗与生活习惯，要坚持"入乡随俗"的原则，只有这样才能获得对方的信任，达到文化融合与交流的目的。

创新贸易文化理念，树立"合作共赢"的大文化贸易观，要以"文化融合、互学互鉴"的丝路精神为指针，大力推进与沿线国家的文化事业交流。在与沿线国家与地区的文化交流中，应该从国家层面、地区层面、企业层面、个人层面等四大层面展开与沿线国家和地区的全方位交流。要通过各种形式的文化交流，为深化与沿线国家的双多边合作奠定坚实的民意基础。可以采取文化事业合作模式、文化产业发展模式、文化贸易服务模式、文化政策协作模式等，根据沿线国家的不同国情，进行经济、社会、科学、人文、教育、宗教等领域的文化交流。

二 以文化资源产业化开发为手段，推进"一带一路"文化产业与贸易发展

丰富的历史文化资源是"一带一路"沿线国家最为宝贵的财富，推动"一带一路"文化产业与贸易发展，要以文化资源产业化开发为手段，通过历史文化资源的价值兑现，实现文化产业与文化贸易的长期可持续发展。

文化资源产业化开发，是将文化资源转化为文化产品，再将文化产品升级发展成为文化产业链，在文化产业链形成之后，将文化产业塑造成文化品牌，最终推动文化品牌走出去，推动"一带一路"文化产业与贸易发展。其具体思路是：首先，在利用丝绸之路丰富文化资源基础上，通过对文化资源进行技术创新与文化创意，提高文化产品的附加值，打造丝路特色文化与贸易产品，推动文化资源产品化发展的进程。其次，延长文化产品产业链，形成规模经济效应。以动漫行业发展为例，在动漫产品在网络与电视上播出后，单一的动漫视频难以获得长足的发展，为了促进动漫文化产品的发展，相应的动漫周边、动漫会展、动漫主题公园以及动漫服饰等应运而生，延长与动漫相关的产业链，从而取得规模经济效应，推动动漫行业发展壮大。再次，打造丝路文化品牌。高质量的文化与贸易产品，是吸引更多消费者进行文化产品消费的前提。提高文化产品的质量，除了保证文化产品自身的功能质量，更重要的是要提高文化产品在文化品牌、技术含量、市场营销等各个环节的质量，使产品能够从不同方面满足人们的精神与文化需求，从而形成客服群，推动"一带一路"国家文化贸易的融合发展。

在推进"一带一路"文化产业与贸易过程中，文化机构和文化企业是主力军。作为文化先行的主力军，我国文化机构和企业应该充分抓住"一带一路"建设的历史机遇，以"文化融合、互学互鉴"的丝路精神为指针，大力推进与沿线国家的文化事业交流，重点发展孔子学院等成熟合作模式；以"和平合作、互利共赢"为目标，推进我国文化产业"走出去"，加强与沿线国家的经济合作，重点在于在沿线国家打造一批文化产业园区，形成一批具有国际影响力的文化品牌；以"开放包容、分工合作"为宗旨，全力推进与沿线国家的文化贸易，以文化贸易促进沿线国家之间的对外开放，建立健全与沿线国家的文化贸易对话与合作机制。

三 立足五千年华夏文明，全力打造大中华文化贸易品牌

文化产品与贸易利益空间巨大，决定了文化产业与贸易市场激烈的竞争程度，进而影响到一国的核心文化竞争力。通过打造具有民族特色的文化品牌，以此来吸引大量的文化消费者，并通过文化传播，提升其文化产品的信赖度和美誉度，是提升本国文化产品竞争力的基本途径。在"一带一路"建设过程中，我们要善于学习发达国家文化贸易的成功经验，打造自己的核心文化产业，设计中国特色的文化名片，使其成为贯穿"一带一路"建设过程中的文化主线，全力塑造大中华丝路文化贸易品牌。

华夏文明具有五千年的悠久历史，留下了丰富的历史文化资源，这是我们发展"一带一路"文化产业与贸易的宝贵资源与财富，应该充分利用这些文化资源，大力发展文化产业与贸易，大打丝路文化品牌，全力塑造具有大中华特色的文化贸易品牌，为推进"一带一路"经济合作与发展，注入新的内在动力。

在"一带一路"建设过程中，我国文化产业与贸易面临的机遇和挑战并存，亟须加快文化产业发展和布局，打造出以丝路文化为内容的文化产业体系与品牌，在"一带一路"的舞台上展现中国优秀的传统文化。但从目前总体情况来看，我国还没有形成具有带动作用的丝路文化产业与品牌。要改变这一严峻形势，可以从以下几个方面着手发展。首先是古典音乐产业。音乐是没有国界的，优美的旋律直入人的灵魂，并不会因为文化背景不同、宗教信仰的差异而难以欣赏。中国的古典音乐相较于西方音乐而言差异巨大，有更深的丝路文化底蕴，曲调音色上更具古风，让人一听就仿佛梦回大唐，充满了遥远东方国度的神秘感，这些特质对于"一带一路"沿线国家的人民，有着很强的吸引力，如果能够大力发展的话，有可能成为我国丝路核心文化产业品牌。其次是以佛教为主体的宗教文化产业。佛教的发源地虽然不是中国，但是在中国的发展已经有超过两千年的历史，形成了中国佛教自己的特点，可以让佛教成为连接中外文明的精神桥梁，如将中国本土的少林寺打造成为佛教文化的交流圣地，发挥在"一带一路"建设过程中的区位优势，可以使其成为具有代表性和影响力的文化贸易基地，等等。

四 立足于"一带一路"建设需求，推进文化贸易体制改革

"一带一路"文化贸易的合作发展，牵涉面广，覆盖数十个国家和地

区；内容复杂，涉及民族习俗、宗教信仰、文化安全等敏感问题；合作基础差，很多落后国家对文化产业与文化贸易比较陌生，产业发展水平极低；国家政治经济体制不同，管理水平千差万别，对外开放程度不同等，所有这些问题的存在，都构成了发展文化产业与贸易的严重障碍，亟须通过以文化贸易体制改革为核心内容的合作机制的建立，这才能从根本上为沿线国家的文化贸易发展创造出一个基本的发展环境。

推进文化贸易体制改革，必须立足于"一带一路"建设的需求。文化贸易体制的改革，不是单纯地对现有对外开放体制的完善，而是需要结合现阶段中国政治、经济、文化发展需求，以及"一带一路"建设的实际需要，在借鉴文化产业发达国家成功经验的基础上，有条不紊地进行下去。要以"一带一路"国家的文化融合、资源融合、产业融合和市场融合为目标，推进文化贸易体制改革，以实现沿线国家合作共赢的区域经济发展大目标。

由于涉及较多的文化贸易参与国，情况复杂多变，所有针对"一带一路"国家的文化贸易体制改革，首要的是要搞好顶层设计，通过签订多边文化与经济合作协议，才有可能推进彼此之间的文化产业与贸易合作进程。立足于"一带一路"文化贸易发展需求，文化贸易体制改革要遵循"两条腿走路"的方针，即以"看不见的手"为主、"看得见的手"为辅的手段予以推进。所谓"看不见的手"是指"一带一路"文化产业与贸易的发展，要遵循全球普遍遵循的市场经济原则，走市场发展之路。文化产业的发展必须投入激烈的市场竞争中，才能谋求更高的发展，政府对文化企业"走出去"的管理，应该实行简政放权政策，以市场为导向，让企业在市场竞争中去发展壮大。政府在实行简政放权后，以利润为导向的企业为了能够在竞争中谋求生存，会尽其所能完善自身企业的管理水平、生产力水平、对文化资源的利用水平，想方设法提高文化品牌的塑造能力以及文化产品的创新能力。但市场也会出现失灵的现象，尤其是在文化产业与贸易这个领域，更是涉及国家文化安全、文化歧视等敏感问题，这时候就需要政府这只"看得见的手"出来发挥作用，为文化企业与文化产品"走出去"扫清障碍。政府在促进文化贸易发展过程中，对外需要通过与沿线国家签订文化合作协议，成立文化产业与贸易专业管理机构，为文化企业"走出去"创造一个良好的外部发展环境。对内则需要通过体制创新与监管完善，全力扶植文化贸易企业的发展，大力培养文化贸易人才，建立完善的法律制度等，以促进保护文化贸易产业的发展。只有在"看不见的手"与"看得见的手"共同作用下，才能满足"一带一路"建设的需要，推进与各国的文化融合、资源融合、产业融合和市场融合，最终形成"一带一路"沿线国家文化贸易繁荣发展的共赢局面。

五 以可持续发展为目标，完善文化贸易发展政策

完善的文化产业与贸易发展政策，可为文化企业"走出去"发展创造更加宽松、自由的内在环境，是文化产业和文化贸易发展繁荣的重要保证。在完善文化贸易政策体系中，要遵循"平等、合作、共赢"的大原则，以文化交流带动"一带一路"沿线国家文化贸易的长期可持续发展。

文化贸易"走出去"政策是我们目前对外贸易政策体系中较为薄弱的一个环节，充分利用文化资源，加强自身的竞争力，鼓励文化企业"走出去"，推进"一带一路"沿线国家文化贸易的大发展，是完善我国目前文化贸易政策的基本方向，其具体内容应该包括以下几点。

第一，完善文化贸易体制，推动我国文化产品"走出去"。要继续完善文化企业外汇管理，提高文化产业贸易投资便利程度，便利文化企业的跨境投资，满足文化企业对外贸易、跨境融资和投资等合理用汇需求，提高外汇管理效率，简化、优化外汇管理业务流程，促进文化企业提高外汇资金使用效率，降低财务成本，提高我国文化企业核心竞争力，加强国际合作，推动中华文化"走出去"。

第二，利用国外先进技术与理念，加强文化资源开发领域的国际合作。在文化产品"走出去"的过程中，要广泛开展国际合作，加强与"一带一路"沿线国家文化产业与贸易的国际合作。可以考虑通过新设、并购等方式，在境内外设立文化企业，或取得文化企业所有权、控制权或经营管理权；通过与国外有实力的文化机构进行项目合作，建设文化产品国际营销网络，推动文化产品和服务出口，以提高中国文化产品的竞争力，开拓国际市场。

第三，加强对文化贸易的相关服务。强化知识产权的保护工作，构建文化知识产权的价值评估体系，熟悉并掌握境外知识产权、法律规范以及适用范围等有效信息，并及时提供咨询服务，对企业海外维权，应进一步加大支持力度。创新发展对外文化贸易公共信息的服务措施，对国际文化的市场动态，以及产业政策的改变，要及时跟踪和发布；加强对外文化贸

易综合人才的培养，吸收更多高素质人才加入；完善行业的中介机构组织，在促进出口、国际交流和行业自律方面，鼓励其发挥积极作用。

我国针对"一带一路"沿线各国的文化贸易政策，应该以国内的文化贸易发展基地为平台，探索出全新的文化交流模式。要鼓励我国具有区域优势的西藏、新疆、青海、广西等边疆省区，大力开展与"一带一路"沿线国家的文化贸易、文化交流活动；我国沿海地区的上海、深圳等文化产业优势城市，要加强文化创意产品以及文化服务的输出，支持和鼓励有实力的企业"走出去"，让更多的民间资本参与"一带一路"的建设。根据"一带一路"沿线各国的文化特点和文化优势，有针对性地加强音乐、文学、饮食、影视、武术、舞蹈、工艺品等方面的交流与合作，加大对这些文化产品"走出去"的支持力度。此外，还可以开辟富有丝绸之路特色的旅游线路，建立由国外到国内的完整的旅游产业链，使"一带一路"沿线各国的传统文化与旅游线路相融合，加深各国人民之间的相互了解，提升"一带一路"的影响力和凝聚力。

同时，在"一带一路"的建设过程中，语言体系需要注入一定的柔性因素。首先，避免在对外宣传中过分夸大自身的种种优势，要虚心向其他国家学习经验，在文化的交流和碰撞中获得新的启示和发展。其次，作为"一带一路"倡议的提出者，中国应努力使国际视线能聚焦到"一带一路"沿线国家身上，而不仅仅关注中国在其中发挥的作用，提升沿线各国的国际形象和国际地位，让各国对"一带一路"形成强烈的归属感，形成强大的丝路凝聚力，显现出我们多元化、包容性的文化贸易理念和态度。

作为一个正在崛起的大国，我们在获得了更高的国际地位的同时，也肩负着更加重大的责任。在文化贸易政策制定过程中注重促进我国"一带一路"文化贸易高速发展的同时，也应注重文化贸易发展的质量，带动文化贸易发展的可持续性，才能在激烈的国际竞争中屹立不倒。

附录 京沪深国家对外文化贸易
基地实践研究

2011 年 11 月，党的十七届六中全会将"文化"作为中共决策层的集中讨论课题，会议上就深化文化体制改革，推动社会主义文化大发展大繁荣等问题展开了深入探讨，提出并部署"文化兴国"战略，这为我国文化贸易发展奠定了基础。在当今全球化浪潮下，文化越来越凸显其软实力，成为评判综合国力不可或缺的构成要素。具有五千年底蕴的中华文化"走出去"，逐步由传统的国际交流、对外宣传，让各国了解中华文化的社会功能，向依托项目合作、文化贸易等文化产业发展方式转化，成为提升我国文化核心竞争力的主要载体。

贯彻并落实党的十七届六中全会精神，我国首个国家对外文化贸易基地 2011 年在沪揭牌，其前身是成立于 2007 年的上海国际文化服务贸易平台。位于浦东外高桥保税区的国家对外文化贸易基地，采用"政府推动、企业运行"的运营模式，意在利用保税区内的特殊便利，以及上海推进多年的"四个中心"建设、进军"科创中心"的综合优势，通过政策扶持、资源集聚等方式，以及外汇管制、金融创新、投资便捷等创新举措，着力构建中华卓越文化"走出去"与国外优秀文化"走进来"的传播平台。截至 2016 年年底，基地已经集聚超过 450 家各类企业，入驻企业注册资本超过 100 亿元人民币，外资超过 3.7 亿美元；目前基地正在努力搭建五个功能平台——国际文化贸易服务创新平台、展示推介平台、信息咨询平台、人才培训平台以及政策试验平台，旨在为文化产业和文化贸易发展创造更为开放的环境与机遇，寻求新的探索与突破和四大专业贸易平台——国际艺术品交易平台、国际影音数据平台、国际影视后期制作平台和文化进口设备保税租赁平台。

与此同时，2011 年北京国际文化贸易服务中心开建，该中心是由北京天竺综合保税区管委会与北京歌华文化发展集团共同合作，以"园中园"

的形式，建立起目前国内唯一依托空港设立的对外文化贸易基地；园区由国际文化贸易企业集聚中心、国际文化产品展览展示及仓储物流中心、国际文化商品交易服务中心三个功能区域组成，并专门设立六个服务平台，为企业提供贸易服务、行政审批服务、行业性专业服务上的"一站式"综合服务体系。2012 年 3 月，文化部正式批准"北京国际文化贸易服务中心"为"国家对外文化贸易基地"。国家对外文化贸易基地在北京的正式落户，符合北京担当"四个中心"建设中的"全国文化中心"，发挥首都文化示范作用，大力推进基地对于环渤海区域的辐射作用，构建互利共赢的文化贸易新格局。

继上海、北京之后，2014 年 1 月，经文化部批准，国家对外文化贸易基地正式落户深圳；作为全国首个荣获联合国教科文组织"设计之都"称号的城市，深圳借助它蓬勃的科创力量和创意设计力量，以及高新科技、金融、物流、文化四大支柱产业的发展优势，采用部、省、市合作框架下的"平台＋园区"模式，以深圳市创意文化中心为基地运营单位，将基地八个专业平台、两个园区及集团内外文化产业服务资源链接起来，充分融合深圳文博会、文交会等国家平台的资源优势，将深圳急于转型的制造业赋予高附加值，力争形成特色鲜明的"文化＋科技"、"文化＋贸易"、"文化＋创意"、"文化＋旅游"、"文化＋金融"、"文化＋健康"的深圳基地建设与发展的品牌模式，形成完整的文化贸易服务链，致力于推动珠三角地区由"中国制造"向"中国创造"转变。此外，创建深圳基地，有利于完善对外文化贸易全国布局，是建设海上丝绸之路的重要举措，将发挥深圳毗邻港澳和东南亚的优势，建设我国与东盟和南亚发展文化经贸的"桥头堡"。

一　国家对外文化贸易基地建设面临的国内外环境

（一）国内背景

当今，随着国民收入的稳步提高，国内文化消费市场需求旺盛，而自十七届六中全会首次提出"文化兴国"战略以来，国家高度重视文化贸易发展，政府出台多项扶持政策以发展文化贸易。我国文化贸易进出口总量持续增长，年均增长速度高于世界平均水平；文化贸易仍维持相对传统的结构，文化产品贸易呈现顺差，但服务贸易仍维持逆差，规模逐年增大且增幅高于货物贸易；文化贸易国际竞争力弱，缺乏名牌贸易主体和文化品牌。随着数字技术、网络技术的发展，科技革命推动了文化内容传播新变革，产生了更具多样性的新型商业模式，促使文化产业价值链不断被整合升级，在此背景下，国家对外文化贸易基地的构建是为了提供展示、交易、金融、保税等方面服务而降低文化企业的运营成本，以提高其核心竞争力。

1. 文化贸易发展现状

（1）文化贸易总量保持增长趋势

近年来，我国文化产品出口额一直维持增长趋势，其中电视节目出口贸易尤为显著。据不完全统计，2015 年出口额为 57195.5 万美元，而 2014 年出口额为 33032.12 万美元，同比增长 73.1%。其中，电视节目出口额对文化产品出口额做出显著贡献，由 2014 年的 27226 万美元，增长至 2015 年的 51332 万美元，同比增长 88.54%。

2015 年，我国文化产品进口额为 154163.2 万美元，相比 2014 年的 258405.7 万美元大幅度下降，相比 2013 年的 106756 万美元呈上升趋势。究其主要原因是"限外令"的实施，导致 2015 年我国电视节目进口额大幅度下降，同比下降 52.47%，而除电视节目以外的其余两项主要文化产品的进口额都一直保持增长趋势。

（2）文化贸易存在结构性劣势

我国文化贸易仍为相对传统的结构，处于全球文化产业链的低端。文化产品贸易在文化贸易中占绝对比重，文化产品持续顺差；文化服务贸易规模较小，且存在贸易逆差。2016 年文化产品贸易总额为 885.2 亿美元，文化产品的出口额达 786.6 亿美元，实现顺差 688 亿美元；而 2016 年服务贸易总额约为 6615 亿美元，服务贸易的出口额仅为 2080 亿美元，占世界服务贸易出口的比重为 4.25%，其中个人文化和娱乐服务出口额占世界的比重为 1.64%。从文化贸易的结构看，中国文化贸易产业主要集中于附加值较低的传统项目——手工艺品和设计，包括建筑模型、玻璃制品、珠宝和玩具，核心文化服务贸易规模小、比重低且逆差严重，尤其缺乏视听内容产品及版权贸易。

（3）缺少国际知名文化企业和文化品牌

跨国公司作为文化贸易的重要主体，主要通过主导全球价值链和国际分工，掌握全球文化资本和营销网络，从而形成面向全球市场的规模经济，并垄断着国际文化贸易的发展。目前，中国前 100 强跨国公司整体规模比较小。2016 年，中国拥有海外资产 70862 亿元，平均跨国指数为14.4%；其中，主营业务涉及文化产业的中国保利集团公司、中国港中旅集团公司和大连万达集团股份有限公司等平均跨国指数为 13.2%。然而中国没有一定规模和质量的跨国公司，注定无法主导全球价值链和国际分工，无法成为真正意义上的文化强国。

暂且不论中国缺少具有一定规模和影响力的跨国公司，单就文化企业来说，中国缺少在国际文化市场上具有强竞争力的名牌文化企业。中国文化企业数量多、规模小、水平低、资本匮乏；前几年经历了广播电视、新闻出版体制的变革，通过行政力量整合重组形成一些大型文化企业，然而这些文化企业集约化经营水平和产业集中度都不高，并不具备品牌优势。百老汇的戏剧、好莱坞的电影、日本的动漫、巴黎的现代艺术等都是海外文化市场上大众喜闻乐见的文化品牌，而中国缺少一批拥有自主知识产权、具有文化特色并被海外认可的文化品牌。

知名文化企业和文化品牌的缺失，在一定程度上可归因于政策对所有制的歧视。出于意识形态的考量，国家主要按照行政机制配套文化资源，而行政机制对文化产业资源的配置在一定程度上强化了国有文化企业集团的垄断地位，使具有市场竞争力的民营文化企业尤其是中小文化企业没有获得平等待遇。财政扶持方面，中国对国有垄断文化企业的扶持力度不低于韩国（财政扶持政策被认为是韩国文化产业迅速发展的因素），而近些年就文化贸易的增长情况看来，民营企业对外文化贸易增量逐步扩大，国有文化企业的份额正逐步缩小。投融资方面，在同等信誉水平下，国企可依赖自身政策优势从银行获取贷款，而私企只好通过高昂的利率从非正式渠道获得贷款。市场准入制度方面，非公有制经济投资兴办文化企业，除法律法规禁止或需要前置许可审批的项目以外，还存在着划地区运营限制、经营范围限制和较高的进入门槛等。

2. 科技革命推动下的多样化商业模式对文化贸易发展的挑战

随着数字技术、网络技术的发展，科技革命打破传统的传播媒介，推动着文化内容传播新变革；一切知识都能被现代的信息技术数字化、标准化，原本的服务产品被分解形成不同的技术模块，这些技术模块被写成商业模式中的服务工序。由服务产品所形成的专业化的分工体系以及标准化的服务工序，形成了服务产品生产的规模经济，由此产生更为多样的新型商业模式。

由经合组织《信息技术展望 2008》（*OECD Information Technology Outlook 2008*）可知，在文化视听领域，电脑游戏和电子游戏行业形成"在线零售、会员费、按游戏次数收费、广告和新服务"等新型商业模式；而在线影视行业也形成"租费下载、购买下载、广告下载、基于会员的收费"等不同的新型商业模式。

新型商业模式的形成促使文化产业价值链不断被整合升级，与此同时，国家对外文化贸易基地的建设是为了提供展示、交易、金融、保税等方面服务，从而服务广大文化企业和专业服务企业群，以降低文化企业的运营成本，提高其核心竞争力。

3. 国家高度重视文化贸易发展，文化贸易配套政策逐步完善

自中共决策层在十七届六中全会上就深化文化体制改革，推动社会主义文化大发展大繁荣等问题展开深入探讨，提出并部署"文化兴国"战略以来，国家开始高度重视文化贸易发展，提出相关发展规划和各类内部型扶持政策，并在京沪深三地建立国家对外文化贸易基地，进一步促进对外经贸发展。

2017 年，文化部正式发布《文化部"十三五"时期文化产业发展规划》（以下简称《规划》），明确了"十三五"时期文化产业发展的总体要求、主要任务、重点行业和保障措施，并以 8 个专栏列出 22 项重大工程和项目，着力增强可操作性，指导"十三五"时期文化系统文化产业工作的总体规划。关于中华文化"走出去"方面，《规划》提出要"深度参与国际文化产业分工协作，研究制定和落实对外文化贸易相关政策措施，加快我国优秀文化产品、服务和文化企业'走出去'步伐，提升我国文化产业国际竞争力，构建互利共赢的文化产业国际交流合作新格局"，对该项任务的开展，《规划》指出要从"培育文化企业国际合作竞争优势"、"搭建文化产品和服务走出去平台和渠道"以及"拓展文化产业国际交流合作新空间"三个方面进行，促使中国深度融入国际分工合作中。

（二）国际背景

纵观当今发达经济体，经济国际化程度越高的国家，其文化产值占国内生产总值的比重越高；随着经济的发展，发达国家已从工业化初期的要素驱动阶段、工业化中期的投资驱动阶段，渐渐转向创新驱动，于是被冠以"绿色产业"、"高附加值产业"之称的文化产业被各个发达经济体视为支柱产业之一。

伴随国际文化产品市场需求的扩大，文化产业占主导地位的发达国家，纷纷将目光投向海外市场，试图垄断国际文化产品与文化服务市场。服务贸易进入文化贸易时代，国际文化贸易总量不断提升，贸易结构不断优化，服务贸易比重持续增长，服务贸易已由传统部门逐步向新兴服务部门转化，跨国公司成为国际文化贸易的重要主体并占据垄断地位。具体来看，国际文化贸易发展呈现出以下基本特点。

1. 文化贸易成为下一个全球贸易制高点

全球化加快了世界文化贸易的步伐，随着全球文化贸易市场规模的不断扩大，世界已经进入文化贸易时代。根据联合国教科文组织对 1980 ~ 1998 年文化产品在国际流通的研究，文化商品以"指数级"增长，从 1980 年到 1998 年，文化商品的年度贸易额从 953.4 亿美元增长到 3879.27 亿美元，增长幅度大于 3 倍。

2. 跨国公司成为全球文化生产和文化贸易的重要主体

当今各国在文化贸易的竞争中，跨国公司成为全球文化生产和文化贸易的重要主体；具体说来，可以将各国关于文化贸易的竞争视为跨国文化集团之间的博弈。跨国集团主要通过主导全球价值链和国际分工，掌握全球文化资本和营销网络，从而形成面向全球市场的规模经济，并垄断着国际文化贸易的发展。据世界银行的统计，全球五十家媒体娱乐公司就占据了 95% 以上的国际文化市场，美国、日本及西欧地区的跨国公司涵盖了全球文化贸易的 2/3。

3. 版权贸易成为国际文化贸易的主要内容

随着人们步入知识经济时代，版权贸易成为国际文化贸易的主要内容，主要表现在两个方面，一是由于一个国家的版权贸易的增加值通常大于其文化产业的增加值，二是依赖多样的版权贸易形式（如影视、图书、音乐唱片和游戏等），各类文化节庆会成为版权贸易的主要平台。如法兰克福书展的主要功能是推进版权贸易，书展上达成的版权交易占世界全年版权交易总量的 75% 以上。另外，美国依托于版权贸易在国际文化贸易竞争中占有明显优势，2012 年，美国电影版权出口额占全球电影市场的近 80%，音乐产品出口额占全球的 14%。

二 京沪深三大对外文化贸易基地建设的历史沿革

(一) 国家对外文化贸易基地 (上海)

2007 年 4 月, 中共上海市委宣传部和浦东新区人民政府共同在外高桥保税区设立上海国际文化服务贸易平台 (以下简称 "平台"), 旨在利用上海外高桥保税区海关特殊监管区的区域优势, 利用浦东综合改革配套与先试先行政策以及上海建设国际经济、金融、贸易、航运中心的有利条件, 通过提供资源、渠道和配套服务等多项举措, 大力推动与促进国内文化企业、产品和服务 "走出去"。经过四年的探索实践, "平台" 初步具备 "整合政策、开拓渠道、便利企业、吸引人才、促进合作、推动发展" 等各项功能, 尤其是经过上海世博会文化装备集成租赁服务平台项目的实践与运作, 在国际文化贸易领域体现出了积极的示范和引领作用。2011 年 10 月, 文化部正式批准命名 "平台" 为全国首个 "国家对外文化贸易基地" (即上海基地), 上海基地在部市共建的框架下, 以国家文化发展、"走出去" 战略为指针, 努力实践, 大胆创新, 寻求文化贸易快速健康发展的新模式、新方法和新途径, 大力推动中华文化 "走出去", 加大产业集聚, 不断做大文化贸易的总量和 "走出去" 的增量, 为提升与扩大中华文化影响力不懈努力。

从 2011 年基地设立以来, 基地紧紧围绕既定目标, 着力搭建五个功能平台: 一是国际文化贸易服务创新平台, 二是国际文化贸易展示推介平台, 三是国际文化贸易信息咨询平台, 四是国际文化贸易政策试验平台, 五是国际文化贸易人才培训平台。2014 年 9 月 28 日又被国家版权局命名为国家版权贸易基地。

在文化部、上海市委宣传部及国家各有关部委、上海有关委办局的指导和支持下 (设立基地联席会议机制, 市文广局、出版局等有关委办局都是成员单位), 特别是自贸区设立以来, 上海基地实现了持续快速健康的发展。在众多自贸区创新开放政策中, 涉及文化领域扩大开放的有三项: 一是允许外资从事游戏游艺设备的生产和销售; 二是允许外商独资成立演出经纪机构; 三是允许外商独资在区内设立演出娱乐场所。基地抓住上海自贸区的先发优势和难得机遇, 努力实现三项文化领域扩大开放政策在基地全部落地。基地文化贸易总额从 2011 年的 5 亿元人民币, 增长到 2012

年的 17 亿多元，2013 年的 71 亿多元，2014 年实现 100 亿元，到 2015 年底超过了 200 亿元，2016 年底突破 300 亿元。

入驻上海基地的中外文化企业，2011 年为 79 家，目前已集聚了 500 多家文化及相关行业的企业，包括演出、娱乐、影视、动漫、游戏、出版、印刷、拍卖、艺术品以及文化投资等各个领域，其中不乏如百家合信息技术、佳士得拍卖、东方明珠文化发展、倪德伦、寰亚演艺、华谊兄弟、中图上海、时代出版、北方出版等一批行业与业界的领头与重点企业。一些国际龙头企业也纷纷到基地设立营运公司，如韩国 CJ 公司旗下企业、索尼音乐、美国著名科技公司"System Link"投资设立的计算机软件公司、香港华夏动漫投资华嘉泰游戏主题公司等，入驻文化企业的注册资本已超过 343 亿元人民币，2017 年新增注册资本已超过 24 亿元人民币，2016 年税收贡献已超过 2 亿多元人民币。

（二）国家对外文化贸易基地（北京）

2010 年 10 月，北京天竺综合保税区与北京歌华文化发展集团签署战略合作协议，双方将共同规划、建设、运营"北京国际文化贸易服务中心"，成为北京文化"走出去"的前沿试验区。

2011 年 12 月，"北京国际文化艺术保护中心"项目正式纳入国家发展改革委 2011 年外国政府贷款备选项目规划。项目建设内容为文物集散中心，专业文物鉴定、修复、复仿制实验室和引进意方专业技术，培训文物保护人才等。贷款国别为意大利，贷款金额为 2000 万欧元。

2012 年 3 月，文化部正式批准"北京国际文化贸易服务中心"为"国家对外文化贸易基地"。5 月，歌华天竺文化保税区"国际文化企业集聚中心"项目正式开工。5 月 28 日至 6 月 1 日，国家对外文化贸易基地举办了首届京交会合作项目签约，与香港信德集团有限公司、瑞士欧亚投资公司等 9 家机构签订协议，协议总额为 22.6 亿元；搭建了会展板块、物流板块及艺术品板块的招商合作架构。

2013 年 6 月，北京歌华诺亚文化科技有限公司成立，为国家对外文化贸易基地提供专业化的信息技术服务。7 月，北京国际文化艺术保护中心成立，中心为国家对外文化贸易基地提供艺术品鉴定、检测、估值和修复服务。8 月，歌华国际文化金融服务（北京）有限公司获批成立，是全国第一家具有国际结算功能的国际文化金融服务公司，为国家对外文化贸易基地提供综合性金融服务。10 月，歌华集团通过市场挂牌竞价方式，完成了国家对外文化贸易基地仓储物流中心建设用地的购置，标志着基地全部235 亩建设用地购置工作完成。11 月 27 日到 12 月 1 日，由歌华集团与苏富比集团共同主办的 2013 苏富比北京艺术周在京举办，该活动是国家对外文化贸易基地运营后的第一次综合性文化保税试验。12 月 31 日，国家对外文化贸易基地企业集聚中心项目 19.2 万平方米建设工程完工，为形成国际文化贸易企业集聚式发展提供了物理平台。

2014 年 5 月，北京国际文化贸易服务中心注册成立，该中心是国家对外文化贸易基地服务平台建设的牵头机构，主要负责整合基地政策优势和国内外专业资源优势，构建集园区基础公共服务、文化保税创新集成服务和专业领域个性定制服务于一体的综合服务体系，为将基地建设成为国家文化贸易口岸提供重要服务保障。

2014 年 6 月，国家对外文化贸易基地（北京）为"苏富比北京 2014 年春季拍卖暨私人洽购展"提供了保税及文保服务，保税拍品的比例达到50% 以上，实现了贸易便利化及低成本运营的目标，形成了基地艺术品贸易服务商业模式，加快了文化保税业务发展进程，为基地和口岸交易市场建设奠定了基础。

2014 年 8 月 25 日，国家对外文化贸易基地（北京）暨北京天竺综合保税区·文化保税园正式开园。当日，北京市人民政府、文化部联合发布《关于加快国家对外文化贸易基地（北京）建设发展的意见》；文化部正式批复给予基地五项文化市场准入方面的先行先试开放政策；北京海关、北京出入境检验检疫局、天竺综合保税区管委会分别发布了基地管理便利化措施和支持政策。基地宝石贸易中心、艺术品贸易中心、影视贸易中心、设计贸易中心四个文化贸易孵化平台集中亮相，标志着基地经过两年的筹备建设，步入正式运营。同日，北京歌华科意设计文化传播有限公司与中韩创新城市文化大典组委会签订合作意向书，积极围绕设计贸易中心、北京国际设计周和中韩创新城市文化大典开展长期务实的业务合作。当天，歌华集团还与英国载闻集团签订合作意向书。2014 年 9 月，国际文化贸易论坛在京举办，歌华集团与北京第二外国语学院签署战略合作协议，未来将在文化产业改革发展创新、文化贸易模式创新、文化产业投融资及文化贸易人才培养等领域进行广视角、多层次的理论与实践合作。

2015 年 7 月，北京歌华文化发展集团与俄中文化教育发展基金会正式签署战略合作协议，双方将在基地建立中俄文化创新中心。

2016年12月，美国龙之传奇娱乐有限公司入驻基地。

2017年3月，国家对外文化贸易基地（北京）影视娱乐产业板块启动，中新合资企业HUhu入驻基地。

（三）国家对外文化贸易基地（深圳）

2012年12月，广东省政府向文化部正式行文，提出申请与文化部合作创建深圳国家对外文化贸易基地，并将基地创建正式列入2013年广东省政府重点督办工作。

2013年6月，文化部、国家文物局和广东省人民政府在北京签署《关于共同推进文化建设战略合作框架协议》，为加快推进广东文化强省建设，加快在深圳创建国家对外文化贸易基地提供了更有利的契机。2013年7月，时任文化部部长蔡武和丁伟副部长批示原则同意在深圳创建国家对外文化贸易基地。2013年12月，广东省文化厅转发文化部批复文件（文外函〔2013〕1737）：同意将深圳报业集团在前海深港现代服务业合作区第九功能单元区的对外文化贸易服务平台（深圳创意信息港），命名为国家对外文化贸易基地。

2014年1月20日，经文化部批准，国家对外文化贸易基地正式落户深圳。

截至目前，深圳对外文化贸易基地已经初步建立起较为完整的体系，涉及中国（深圳）国际文化产业博览交易会（国际文化贸易展示交易平台）、创意城市网络文化交流合作平台、深圳文化产权交易所（国际版权交易中心）、中国文化产业投资基金（文化创意禅意国际投融资服务中心）等四大功能平台。

三 国家对外文化贸易基地建设的战略定位与任务

国家对外文化贸易基地作为服务平台，需要不断拓展和提升贸易便利和服务功能，为广大文化贸易企业提供高效率、低成本、多方位的配套服务；作为产业园区，需要推动文化企业以集聚的方式实现资源的整合，形成特色产业集聚群，辐射周边地区，带动资源突破地域和行业的限制；作为贸易平台，需要充分利用国家、市、区、保税区相关便利政策和措施，突破国际贸易壁垒，形成文化"走出去"和"走进来"相结合的格局；作为政策试验平台，需要充分利用自身区位优势以及国家、市、区政策叠加优势，先试先行，积累丰富的实践经验。

国家对外文化贸易基地的内涵：在中华文化与世界文化之间，文化交流与文化贸易之间，文化的上游产品与下游产品之间，搭建一个上下互通互动的交流平台。基于此，基地建设的主要任务是成为国内外知名文化企业的集聚基地、文化产品和服务的进出口贸易基地、文化产品和服务的展览展示推介基地、文化贸易金融政策的试验基地和专业化文化贸易研究培训基地。

（一）战略定位

国家对外文化贸易基地的战略定位应该包含两个层面，分别面向国外和国内两个市场：第一层面应充分利用国家、市、区、保税区政策叠加优势，突破国际贸易壁垒，支持文化企业进军海外市场；第二层面应以集聚的方式实现要素的合理流动，带动资源突破地域和行业的限制，通过市场的力量优化国内文化产业结构，依托长三角、环渤海、珠三角地区进而辐射全国。中国幅员辽阔、人口众多，地方利益关系复杂，长期以来形成行业的垄断，使得文化资源无法在全国市场范围下得到合理的配置，基地应该利用自己的平台政策优势，使文化资源与文化产品在平台上集聚，从而以点带面推动各区域乃至全国形成统一的市场，进而优化我国的文化产业结构。

具体来看，由于所处地域的差异，京沪深三大国家对外文化贸易基地对腹地经济发展有所不同，导致平台发挥引领创新作用的服务对象与目标存在差异。处于广东省境内的国家对外文化贸易基地（深圳），远离中原和内陆地区，毗邻香港，发展外向型经济特征较为明显，因而应该以服务珠三角文化产业发展为目标，走以文化会展带动文化产业外向型发展之路；国家对外文化贸易基地（上海）地处长三角，是沿海经济带与沿江经济带的交会点，几乎囊括了大半个中国经济腹地，表现出大范围的空间扩散特征，对周边地区在贸易、资金、交通、信息和技术等领域的集散和扩散效应十分显著，因而应该以服务长三角文化产业发展为目标，走以上海自贸区带动文化产业发展之路；国家对外文化贸易基地（北京）地处京津冀地区，因而应该以服务环渤海湾文化产业发展为目标，走以文化贸易基地带动文化产业发展之路。

（二）功能定位

1. 国内外知名文化企业的集聚基地

基地通过对所入驻的文化企业提供一系列公共服务如保税租赁、保税仓库、保税展示、进出口代理等，吸引国内外知名文化企业集聚平台，进一步推动文化产业以集群的方式实现资源的整合。需要注意以下三点：第一，基地需要通过政策突破，特别是吸引国外文化技术和后台支持性企业进驻，为我国文化企业提供技术和后台服务上的支持，从而带动文化贸易从"引进来"转向"走出去"；第二，基地需要吸引专业金融服务机构为"走出去"文化企业、项目和产品创新提供贴息贷款等各种金融服务支持，同时，鼓励和吸引相关国际金融机构及其延伸文化金融服务机构入驻；第三，基地需要吸引专业的担保机构和信保机构入驻，创新出口信用机构业务经营与政府政策性担保或财政补贴之间互相联通的运行机制，为文化企业提供形式多样的融资担保服务和出口信用保险等服务与支持。

2. 文化产品和服务的进出口贸易基地

分别位于外高桥、天竺和福田、前海湾保税区的三大国家对外文化贸易基地都提供了文化保税服务，集保税港区、保税加工区、保税物流区、保税出口区等功能于一体，基本涵盖了文化加工、贸易、物流、仓储、展览展示等业务类型。应充分利用外高桥、天竺和福田文化保税区功能，将基地建设成为文化产品和服务的进出口贸易基地。

当前文化保税区在文化贸易发展上愈加凸显其领导地位，不过不难发现，文化保税区的建设还存在不少弊病，值得注意。第一，地方政府对文化保税区的管理要从宏观上进行统筹，推动保税区与保税区之间、保税区与港口之间的协同发展。上海在"港港"、"区区"、"港区"联动方面起到示范作用，上海综合保税区是在上海港洋山港区、外高桥港区、浦东机场空港以及洋山保税港区、外高桥保税区、浦东机场综合保税区"三港三区"联动机制上建立的。第二，发展动力层面上，应以政策推动与市场驱动相结合，在政策优势的基础上，寻求新优势尤其是培养动态竞争优势，如建立文化保税区考核淘汰制度，通过竞争优化发展。第三，保税区在文化仓储、加工、展览展示、交易四大业务模块发展基础上，应根据当地文化产业的发展强项、资源禀赋优势和地区发展战略，做到"特色立区、科技兴区和创新强区",其建设和发展模式上要打上区域经济和城市发展特色的烙印。

3. 文化产品和服务的展览展示推介基地

以发展文化贸易展示为中心,形成以保税业务为特征的国际文化贸易展示集聚区。利用保税区海关特殊监管区域的优势,建立国际文化产品交流展示、交易集散中心,形成固定长效的文化展览展示中心。重点探索文化产品保税展示商业模式,使文化贸易展示成为平台的一项重要业务。

在基地设立中国国际文化贸易展览中心,逐步形成国际知名文化服务论坛,文化设备、文化服务产品展示以及国际展会、交易会推广等三种商业形态或者商业模式。

4. 文化贸易金融政策的试验基地

引进国内外投资促进机构及其延伸服务入驻基地,创新出口信用机构业务经营与政府政策性担保或财政补贴之间相互联通的运行机制,为国内文化企业的"走出去"提供投融资和保险等服务与支持。

与银行、融资租赁公司和出口信用担保公司等合作创新文化金融产品,在融资租赁、经营性租赁、文化服务产品支付和结算、文化产品出口保险与再保险等领域形成新型文化金融产品。

利用保税区的保税优势,为国内文化企业和其他商业企业提供文化保税加工、融资、租赁等新型文化服务,形成新型文化服务商业模式。

5. 专业化文化贸易研究培训基地

建立完善与国际接轨、与社会主义市场经济体制相适应、有利于文化贸易的人才培养、聚集体制机制,建设人才智力高度密集、文化创新高度活跃、新兴产业高速发展的文化贸易人才高地。

培养和引进文化贸易领军人才。依托"海外高层次人才引进计划""国家高层次人才特殊支持计划"等国家重大人才计划,重点引进和培养一批从事国际前沿文化研究、熟悉国际文化市场、具有广泛国际联系的文化创意产业领军人才和专业团队,聚集一批由高端人才领衔的创业投资、文化中介等创业服务团队。

构建文化贸易人才培养、集聚和交流平台,加快形成规模效应,积极引进具有较强的创新精神、较高的文化素养以及敏锐市场意识的文化创新管理复合型人才。大力发展文化职业技能培训,重点培养满足基地建设发展需要的高素质人才。依托大型企业、重点院校和培训机构,统筹文化创意产业人才培训基地资源，探索成立高端文化创意产业人才发展服务机构，为文化贸易人才的引进、培养、交流等提供全方位的保障和服务。

四　京沪深国家对外文化贸易基地建设主要成就

经过数年的运行，京沪深三大国际文化服务贸易平台已经初步形成贸易展示组织交流平台；成为以保税交易市场为基础的国内外文化企业集聚平台；成为深化公共服务，拓展延伸服务的平台；成为争取扶持政策，切实推进实施的平台；成为推动政策开放与制度创新的平台，实践"文化＋"的新业态；成为促进政策协调，突破瓶颈障碍，延伸政府服务的平台。

（一）初步形成贸易展示组织交流平台

1. 上海

近年来，基地始终以文化"走出去"、文化贸易发展为宗旨，采用"抱团出海""借船出海"的方式，组织国内各类文化企业参加海外文化交易专业展会与重点活动，积极推动文化产品和服务"走出去"。

基地还先后自主举办了上海文化产业成果展、国际音乐创意产业高峰论坛、国际艺术品拍卖会、英国皇家音乐考级、欧洲古典家具展等实践开拓活动。尤其是2014年，上海基地积极开拓版权贸易业态，创新举办了自贸区海外图书保税展，在探索取得成功的同时，再接再厉，于同年11月又创新主办了首届自贸区文化授权交易会。目前，海外书展和文化授权展已成为基地的专业品牌展会，每年举办一届，其规模、影响力和专业效应正逐年扩大，至今已连续举办四届，2017年的文化授权展于9月20日再一次成功举办，文化部的品牌项目——文化国际营销年会也同期举行。

2016年4月，基地作为海峡两岸文创产业展的承办单位，向台湾同胞展现了独具特色的文创上海主题板块，还设立了"中华工艺精品展""海峡两岸版权授权展"等专题展览展示活动，同期还举办了"海峡两岸青年设计论坛"等相关活动。

2017年，由基地组织、承办以及参与配合的国际国内文化贸易与重点展会、交流活动共21项，其中有连续9年参加的香港国际影视展，也有首次主办的文化部海外"欢乐春节"系列活动；有走入欧美主流市场的顶级专业展会如洛杉矶艺术展、科隆游戏展等，也有引进来在本地举办的高端专业展会如 NAB 上海展、自贸区文化授权交易会；有兄弟省市的大型活动如义乌文交会、深圳文博会等，也有与沪上重大节庆活动合作的优秀展会活动如中国上海国际艺术节演出交易会等。各项活动中，累计有超过百家国际国内主流媒体进行现场报道和专访，还有来自五大洲 24 个国家和地区的近 150 家新兴媒体进行了网络转载。

其中，作为文化部"欢乐春节"品牌的首批活动之一，基地首次和新加坡中国文化中心联合主办的 2017 欢乐春节——中新文化贸易促进系列活动在新加坡中国文化中心举行。活动通过产业论坛、展览、商洽、展映等多种方式和策划展现了中华文化的魅力和风采、文化企业与市场发展的未来方向，拉近了中新双边文化企业和民众间的距离，推动中新两国未来在文化领域进一步加深合作与交流。

基地组织的"对话·当下"中国国家展区与相关分享会活动于 2017 年 1 月再次亮相第 22 届洛杉矶艺术展。作为"2017 年欢乐春节北美中国年"系列活动之一，此项活动也被列入 2016 年第七轮中美人文交流高层磋商清单中的协议成果。6 月，上海基地根据文化部的总体部署，在外联局的直接指导下，与各相关方通力合作，成功承办了在日本东京举行的第十届中日韩文化产业论坛，并同期参与日本最大的内容产业展"Content Tokyo 2017"，精干的服务团队和专业的工作得到了文化部领导和外联局的认可。7 月，第二届金砖国家文化部长会议在天津举办，上海基地、北京基地和深圳基地在会议期间，共同向金砖国家的文化领导和来宾展示了各自在文化贸易和产业建设发展方面取得的成果和政策功能的环境。

此外，上海基地积极开拓文化装备产业发展空间，主动对接国际高端专业展会。2015 年，基地与美国国家广播影视行业协会签署战略合作协议，引入全球数字媒体娱乐行业中贸易规模最大的展会之一的全美广播影视设备展（NAB SHOW），并于同年 12 月在上海举行高峰论坛和小型装备展。2016 年 4 月基地携国内 15 家专业文化装备制造研发企业、科研机构赴美参加全球文化装备高端展会 NAB SHOW。2016 年 12 月 6 日至 9 日，汇聚了索尼、哈曼、科视、上海广播电视台、大疆等来自 16 个国家的近 150 家专业展商的 2016 NAB Show Shanghai 在上海首次开展。文化与科技、研发、制造、投资、贸易、服务各业态将通过文化装备产业及这一载体的国际展会的引进与发展，来推动全产业链在中国得到进一步贯通和能级的提升。

2. 北京

基地推进艺术品贸易、宝石贸易、影视贸易、设计贸易等示范性带动项目，举办了中国首个文化保税特色的回流文物交易博览会——2015（北京）中国海外回流文物博览会；举办了北京国际设计周设计贸易交易会和相关宝石交易展会；承办了 2017 年里斯本国际手工工艺博览会。

3. 深圳

自运行以来，基地主办或承办了以下重要活动：深圳创意十二月活动、2015 深圳首届创意设计七彩奖作品展、2015 中国文化产品国际营销年会文化遗产与当代设计论坛、2016 中国文化产品国际营销年会全球服务设计论坛、2016 欢乐春节——中国风格艺术设计展、首届中埃文化产业博览交易会、2016 中以文化企业交流活动、2017 "欢乐春节·中国风格艺术设计展"（柏林展）、2017 中国文化产品国际营销年会·中国—以色列数字文化创意产业论坛。

（二）成为以保税交易市场为基础的国内外文化企业集聚平台

1. 上海

2011 年，经过多方共同努力与协调，上海基地在大楼里创新建设专业影视片的保税仓库，提供给星空卫视使用，使其 750 多部经典华语影片和大量视频资料通过保税的方式，从香港进入保税区里的上海基地保税片库长期储存和加工利用，有效降低了企业的运营成本、提高了制作效率，为影视产业的发展、扩大合作依托保税区的优势和功能发挥了积极的示范效应和促进作用。

2012 年，上海基地又创建了国际艺术品交易中心并在国内率先建设首座艺术品专业保税仓库，分设国画区、油画区、雕塑区和珍宝区 4 个服务区域，旨在积极发挥保税、自由中转、通关便利等特殊功能，为国内外艺术机构开展保税展示、拍卖、商洽、交易、仓储等营运活动提供专业服务，成为联通国内外艺术交易市场的重要通道、展示和服务平台。

截至 2016 年底，基地已经集聚超过 450 家各类企业，入驻企业注册资本超过 100 亿元人民币，外资超过 3.7 亿美元，入驻企业涵盖演艺、娱乐、影视、动漫游戏、图书出版、印刷、拍卖、贸易、艺术品经营等文化产业各领域，形成文化贸易全产业链发展格局。

基地不断集聚海内外知名文化龙头企业，吸引亚洲联创、微软、太田游艺、索尼、佳士得拍卖、倪德伦演艺、索尼音乐娱乐、东方梦工厂、CJE&M等一批国际文化龙头企业设立子公司或合资公司。华人基金增设上海苌蓉文化传媒有限公司和上海常传体育文化有限责任公司，分别经营文化传媒领域广告营销业务和体育经纪业务。

2. 北京

基地明确了企业集聚区以文化产品进出口贸易、文化贸易服务供应链、国际文化贸易区域性代表机构和重大产业创新引领示范机构为核心的园区入驻企业业态，包括三类：第一类是文化艺术品经营类企业，第二类是创意设计相关企业，第三类是从事影视、动漫、游戏行业的贸易类企业和机构，其中既包括硬件设备经销租赁类的贸易企业，也包括内容制作、内容贸易类企业。

2015 年，基地已有北京平川汇鸿网络科技有限公司（互联网金融企业）、菲力克斯猫动漫发展有限公司、世纪新峰影视器材租赁有限公司等正式签约入驻；2016 年 12 月，美国龙之传奇娱乐有限公司入驻基地；2017 年 3 月，中新合资企业 Huhu 入驻基地，Huhu Studios 是新西兰第二大动画公司，具有世界水平的影视动画生产管理体系和核心动画制作管理技术。

（三）成为深化公共服务，拓展延伸服务的平台

1. 上海

基地着力搭建五个功能平台——国际文化贸易服务创新、展示推介、信息咨询、人才培训以及政策试验平台，旨在为文化产业和文化贸易发展创造更为开放的环境与机遇，寻求新的探索与突破。

基地可为进入自贸区的中外文化企业提供各项服务，其中包括国际展销、进出口代理、保税租赁、金融服务、政策研究、人才培训、商贸咨询、保税仓库、保税展示、国际结算和国际采购等公共服务。

自贸区挂牌后，基地对外文化贸易服务功能进一步强化。市文广局在上海基地设立对外受理服务窗口，受理自贸区内文化企业资质、艺术品内容和演出内容审批等专项服务。上海基地还与上海文化贸易语言服务基地、上海文创产业法律服务平台等一些专业机构开展合作，同时引入了一些银行、证券公司、保险公司、律师事务所、会计师事务所等金融、法律、会计专业机构，为文化贸易对外拓展提供一揽子的专业配套服务。

2015 年底，上海基地结合文化贸易与企业发展需求，作为专业服务文化贸易企业的机构，成为自贸区保税区域企业住所集中登记的试点单位。这是基地结合自贸区在商事、投资和贸易便利化等领域的制度创新而完成的深化基地服务功能与平台建设的又一功能拓展举措。集中注册点暨基地综合服务中心的创新设立，旨在为中外文化企业尤其是中小微文化企业、双创文化企业提供包括商务咨询、企业登记、专业服务、建立电子档案库、政策辅导与申请及业务培训等一揽子配套增值服务，帮助中外文化企业在进入自贸区过程中，解决投资、经营、拓展乃至成本资金方面的各种困难，有效降低成本，提高服务效率，做好文化企业与政府职能部门间的沟通与协调，让文化企业能更专注于其自身经营与业务的开拓，在自贸区和基地内能得到更好更专业更高效的服务与发展。

此外，基地客服管理人员与入驻的文化企业建立定期密切的沟通与服务机制，每年召开市场会员大会，上传下达加强咨询与服务，确保不让任何一家文化企业成为"僵尸企业"和"失联企业"。经自贸区管委会检查统计，基地办理集中注册的文化企业当年的年检率达到 100%。

2. 北京

基地建设了北京国际文化艺术保护中心、国际文化贸易信息服务中心、国际文化贸易金融服务中心、口岸型文化交易平台、文化保税综合服务中心五个服务平台及服务体系，为基地内外企业提供文化贸易综合服务。

北京国际文化艺术保护中心为文化艺术品的进出境、展览展示、交易活动提供检测、评估、鉴定、修复等服务；可为首都和全国文化艺术品收藏机构、个人提供市场化、商业化服务；是北京建设文化艺术口岸、宝石交易所、全球文化财富管理中心的核心关键技术条件。

国际文化贸易信息服务中心利用云计算、物联网、大数据、移动互联等新一代信息技术，提升保税区文化贸易服务能力、创新文化贸易新模式、培育文化贸易新业态；着力打造面向国际国内文化创意产业和文化贸易领域的云数据中心，支持全国对外文化贸易企业及对外文化贸易跨境电商企业的云服务中心，促进国际国内文化创意产业信息化人才交流与培训的人才中心。

口岸型文化交易平台创设以进出口贸易、转口贸易及保税服务为核心特征的北京文化艺术品口岸交易所，为全球文化艺术产品交易机构提供公开交易的综合服务平台；创设北京宝石交易所，推动多产业及跨区域的融合发展，建设国际宝石交易基准市场，建立国际宝石交易规则与模式，形成国际宝石贸易全球定价影响力。

国际文化贸易金融服务中心利用北京天竺综合保税区国家外汇特别监管区的优势，立足于国际文化贸易的跨境结算和投融资需求，大力开展金融产品和服务创新，积极发展面向文化贸易的金融服务业，为国内外文化企业提供全面金融解决方案。

文化保税综合服务中心重点发挥保税区独有的功能优势和政策优势，致力于建设打通影视行业、设计行业国际、国内两个市场的国际影视贸易中心、国际设计贸易中心等平台。

3. 深圳

基地采用"平台＋园区"的运行模式，着力搭建八个专业平台，即国际文化贸易展示交易平台、创意城市网络国际文化交流合作平台、国际版权交易平台、文化产业国际投融资平台、国际文化品牌宣传推广平台、国际文化贸易人才交流培训平台、粤港国际文化贸易合作平台、国家对外文化贸易理论研究和政策创新平台。同时，基地将重点建设深圳国家对外文化贸易基地运营综合服务平台，为基地八个文化贸易专业平台提供配套服务，并配合相关单位做好基地主体园区和基地配套园区规划、建设和运营工作，规划基地文化贸易专业平台体系，推动入驻基地企业与我国驻外机构及国外相关机构合作，为文化产品和文化服务进出口提供完善的文化贸易服务链平台体系支持。

园区，包括主体园区和配套园区，规划以深圳创意信息港为基地主体园区，打造国家级、国际化、数字化文化进出口高端服务平台和境内外高端文化企业总部、贸易服务机构、境内外文化创意专业媒体集聚区，同时规划在前海湾保税港区建设基地配套园区——保税文化贸易园，重点发展国际文化会展、保税文化交易、文化进出口仓储物流、国际文化市场信息服务等业务。

（四）成为争取扶持政策，切实推进实施的平台

1. 上海

浦东新区政府、上海外高桥保税区管委会对国家对外文化贸易基地（上海）给予许多利好的财政扶持政策，以吸引广大文化企业入驻基地，如"对在基地内新办的营运中心，其实现的增加值、利润总额形成浦东

新区地方财力部分三年内给予100%补贴，其余年度给予50%补贴；营业收入形成浦东新区地方财政部分给予50%补贴；个人所得（公司高级管理人员）形成浦东新区地方财力部分三年内给予100%补贴，其余年度给予50%补贴"。诸如此类的财政扶持政策还有五条，分别适用于新闻出版类企业、从事政府扶持的文化经营活动的企业、大型专业广告公司和动漫及相关产业的企业，政府对上海基地的财政扶持力度较为明显。此外，平台还积极协助上海市国际文化服务贸易促进委员会开展上海文化"走出去"专项扶持资金的项目评选工作，并帮助平台入驻文化企业进行申报。

2. 北京

顺义区政府、天竺综合保税区管委会对于支持国家对外文化贸易基地（北京）发展的财政政策主要包括以下几个方面：（1）区文化创意产业发展专项资金对基地项目优先扶持；（2）基地重点文化企业适用《北京天竺综合保税区促进产业发展暂行办法》享受资金等扶持政策，并放宽使用条件限制；（3）对入驻基地产业投资基金、股权投资基金视实收资本给予补助；（4）给予基地重点文化企业增值税一般纳税人资质。

（五）成为推动政策开放与制度创新的平台，实践"文化 +"的新业态

上海基地在推动自贸区政策开放与制度创新方面起到了示范作用。在政策和制度创新方面，主要包括推动政府管理和审批方式的转变，提高行政透明度；探索建立负面清单管理模式，形成与国际接轨的外商投资管理制度；积极培育贸易新型业态和功能，推动贸易转型升级；加快金融制度创新，建立与自贸区相适应的外汇管理制度；通过国家和地方的修法与立法，建立与试点要求相适应的自贸区管理制度。在涉及文化领域扩大开放政策方面，自贸区颁布了游戏机、游艺机销售及服务的开放措施、演艺经纪公司的开放措施和演出娱乐场所的开放措施。

基地在服务实践过程中发现，随着中外文化贸易的不断繁荣与发展，在国际文化合作运营项目过程中，如何熟练掌握并灵活运用各种政策与规则，规范合理地计缴税额，合规地收支外汇，成为文化国际贸易健康持续发展的关键，这也成为文化企业在"走出去"过程中急需得到帮助与解决的难题之一。在自贸区税务局、海关等职能管理机构的关心和指导下，基地充分有效规范运用政策，合理计缴税额，规范分割各项税收税基，合规开展外汇收支，快速合规地办理演出设备进出关境的通关手续以及海外商演的国际支付与结算，为上海芭蕾舞团、上海歌剧院近年来的境外商业演出项目提供了专业的服务和支持，解除了它们在资金结算、收付汇和设备进出转运等方面的困惑与难题。

上海基地结合自贸区开放政策，实践文化与其他产业交融发展的新业态。基地借鉴当年服务世博会 2 万多场演出舞美设备租赁集成服务平台的运作经验，结合当前自贸区政策优势及便利化操作，积极探索实践进口文化设备（印刷、演艺、影视等领域）的经营性租赁（保税）、融资性租赁（保税）及自用设备开展保税来料加工业务等；基地通过吸引专注于互联网文化内容产业早期投资项目的微鲸内容投资基金项目落户上海基地，探索在自贸区框架下文化与金融、投资、网络、科技、教育、服务业相结合的新业务、新业态、新经济的发展。

以自主创办的自贸区文化授权交易会为切入点，探索开展国际品牌授权、版权贸易、登记服务、数据采集、储存和处理等延伸业务和服务的开展，努力搭建更具实践功能和规模意义的文化贸易促进的公共服务平台。

（六）成为促进政策协调，突破瓶颈障碍，延伸政府服务的平台

针对基地在建设中所遇到问题和难点，先后与文化、海关、商务、建设以及属地工商、税务等多个政府相关职能部门进行了大量的沟通与协调，力求在贸易便利化操作流程和政策突破方向上进行尝试和突破，为基地今后的贸易额规模化增长提供基础保障。

五　国家对外文化贸易基地建设面临的主要问题

国家对外文化贸易基地经过数年的建设，已经初步形成运行通畅的体制机制，并在拓展公共服务和促进贸易方面进行相关政策的突破，探索对外文化贸易制度创新，充分利用贸易便利、外汇管制、金融创新和投资便捷等诸多创新举措，为文化贸易的发展创造出更为开放的环境。然而，基地运行多年以来仍处于初步探索阶段中，还存在着很多问题，主要体现如下：公共服务平台能级需要进一步提高，服务功能辐射范围窄；市场运行平台需要进一步提升；文化保税发展不足；需进一步推动金融与文化贸易

的融合；专业型文化贸易人才紧缺；缺乏完善的文化贸易法律和政策框架等。

（一）公共服务平台能级需要进一步提高，服务功能辐射范围窄

为了贯彻中共十七大明确提出的"提高国家文化软实力、推动社会主义文化大发展大繁荣"这一国家战略，上海、北京和深圳先后取得文化部的支持，依托各自保税区建立了对外文化贸易基地。对外文化贸易基地的战略意义在于充分利用国家、市、区、保税区政策叠加优势，突破国际贸易壁垒，支持文化企业进军海外市场；在于以集聚的方式实现要素的合理流动，带动资源突破地域和行业的限制，通过市场的力量优化国内文化产业结构，依托长三角、环渤海、珠三角地区进而辐射全国，成为推动文化贸易发展的重要抓手。但从目前看来，基地致力于搭建的公共服务平台的能级需要进一步提高，服务功能辐射范围较窄；就以相对发展较成熟的上海基地来看，平台中体现的文化货物贸易和服务贸易在上海所占比重较低，平台对上海的影响力有限，更不用说在长三角乃至全国范围了；公共服务平台能级较弱，功能辐射范围较窄，主要体现在以下五个方面。

1. 境内服务功能强，境外服务功能弱

国家对外文化贸易基地的主要功能体现在为入驻的中国企业开展商贸咨询、产品展示、进出口贸易、设备租赁、版权交易、演艺经纪、影视策划、创意设计、影视后期制作等业务时提供全方位的服务和支持，服务的范围也基本局限于中国境内，没有在海外设立相关服务机构。

为了进一步全方位推进对外文化贸易的发展，应积极建设境外服务平台。

可由国家对外文化贸易基地牵头探索在海外设立文化创意产业园区的可行性，发挥园区产业集聚和企业孵化功能，建议国家在基础设施建设、税收优惠和资金支持方面给予重点扶持。

可在海外成立对外文化贸易信息中心，建立文化服务贸易信息系统和宣传网站，发布各类国际文化市场需求动态和国际文化市场规则变化等重要信息，即时向世界各国提供我国各类文化服务产品的信息，有偿宣传、包装和推销各类文化服务产品与项目，介绍有关文化服务贸易出口方面的法律法规及政策信息，为文化服务贸易出口提供信息服务。

可在海外设立文化服务贸易战略研究中心，集聚各方资源，形成文化服务贸易智囊机构，为文化机构及文化企业提供战略建议和商务服务。开

展国际文化市场以及中国文化服务产品海外调研，加强对海外文化产业、市场的深度分析及案例介绍，为文化服务贸易出口提供决策参考。

可在海外选址设立文化贸易办事机构，为基地内的文化企业进入海外市场服务，为当地的文化企业进入国内市场服务。可先在文化贸易大国如美国试点设立办事机构，先试先行，在试点成功的基础上再逐步向其余国家展开。

可组建海外招商中心，扩大文化"走出去"的营销途径，吸引海外资金投资中国文化企业，吸引海外知名文化企业与中国文化企业进行以产品出口为导向的战略合作。

2. 本地服务功能强，周边服务功能弱

国家对外文化贸易基地吸引文化龙头企业和文化功能性企业入驻，形成了一定的文化企业集聚效应，但是入驻企业基本局限于本地，对周边地区辐射功能较弱，而平台服务半径的有限制约了平台的服务能力。

为了进一步全方位推进对外文化贸易的发展，应扩大平台服务半径，辐射周边地区。可建立成熟的网络体系，以保税区为核心或者支撑点，分别在长三角、环渤海、珠三角地区建立起各类虚拟和实体网络，形成网络对平台支撑的服务机制。可以加强与周边地区文化创意产业园区的合作，通过建立对外文化贸易战略合作关系、在周边地区文化创意产业园区内设立办事机构、建立对外文化贸易发展联盟等形式，加强空间布局，建立起互利共赢的合作机制，提升辐射能力。

3. 保税区内服务功能强，区外服务功能弱

国家对外文化贸易基地充分利用保税区的特殊政策，服务重点和开拓方向主要集中于保税业务方面，在境外文化资产的保税仓储服务、艺术品保税展示、文化设备保税租赁、国际艺术品分拨管理、离岸保税交易、"保税物流园区"出口服务等领域进行了探索并取得了一定成绩。相对来说，对保税区外的文化贸易企业基本没有提供服务。

国家对外文化贸易的地理范围不应仅限于保税区内，应优化对外文化贸易空间布局，形成"一区多园"的格局，进一步将基地的辐射效应从保税区内释放出来，使其成为带动文化贸易发展的新引擎。"一区多园"格局是指文化创意产业园区通过相关认定也具备国家对外文化贸易基地的某些功能，尤其是文化出口服务的功能。"一区多园"格局的建立，一方面有利于扩大基地的力量，另一方面也相应改善当前文化创意产业园区面临的困境——园区规模小、产业同质化、发展乏力等。以文化贸易出口退税政策为例，操作方式原先是海关委托基地作为对文化企业相关业务进行前期审核认定的一道关口，基地可通过合作联盟形式把这种权限下放给各个区（县）中指定的文化创意园区进行先行先试，在试点成熟基础上形成制度，进而全面推广。

为了进一步全方位推进对外文化贸易的发展，通过空间创新优化对外文化贸易基地布局，放大政策覆盖范围，辐射保税区外。可在各区（县）的文化创意产业园区中选定部分园区作为基地的分区，分区将在相关业务开展上接受基地指导，并享受相关的政策，从而形成对外文化贸易基地"一区多园"的发展格局。

4. 进口服务功能强，出口服务功能弱

国家对外文化贸易基地的业务主要集中在进口方面，基地开展了演艺经纪、货物贸易、设备租赁、影视后期及特技制作、艺术品展示和市场、印刷服务外包等业务。虽然基地同时为文化"走出去"开辟渠道、搭建平台，参与组织或支持国内外重要展会和活动，但对于文化企业"走出去"的出口服务功能较弱。

为了进一步全方位推进对外文化贸易的发展，加大文化贸易出口，应拓宽文化"走出去"渠道，采取有效的经营策略与运行方式，建立起全球营销网络。除了组织企业参展、举办会展论坛等常见方式，基地可借助最新的网络技术和第三方支付的成熟模式，借鉴 B2B、C2C 等电子商务运营模式，开发文化服务产品信用认证体系，打造联通国内、国际的文化服务产品消费电子商务平台，帮助文化企业快速地"走出去"；可与境外经营机构合作，充分利用对方的服务网络，建立海外营销网络，扩大文化服务产品的出口渠道，同时与国内已有对外商业渠道建立联系，开辟文化服务贸易出口市场；可进一步放宽政策，适度开放市场，允许国外文化中介机构以"中外合作"方式进入，以充分利用中介机构的有效经纪，减少中间环节，打通输出渠道。

5. 实物服务功能强，非实物服务功能弱

国家对外文化贸易基地的服务主要是立足于实物贸易，主要聚焦于文化保税政策的创新，然而当前我国文化保税实践仍停留在初级阶段，因文化产品更接近于一般产品的特性，更易于进行货物保税政策的迁移，因而国家对外文化贸易基地政策突破仅局限于文化产品保税层面上，而文化服务因管理的复杂性在政策创新方面发展滞后。如合理运用"境内关外"海关政策为保税区内企业进口自用设备制造、加工和自用合理数量的办公用品、原材料等予以免关税和进口环节的增值税；进口产品和原材料的保税仓储；境外产品、设备的保税展示和文化演艺影视设备的保税租赁等，服务对象直指文化产品。与实物贸易相比，非实物贸易的国家优惠政策相对缺失，因而也影响了基地在版权、软件等领域服务功能的开拓。

为了进一步全方位推进对外文化贸易的发展，进一步改善文化贸易不合理的结构，政府需要研究制定文化服务贸易相关法律和政策框架，在文化服务贸易的发展中给予包括税收政策在内的各种政策扶持；基地需要深入研究《财政部国家税务总局关于全面推开营业税改征增值税试点的通知》（财税〔2016〕36号），实施文化非实物服务"营改增"方案，并在这一基础上向政府部门申请，授权以对外文化贸易基地为试点机构，逐步扩大文化非实物产品的出口退税范围，为入驻企业文化服务贸易"走出去"提供良好的税收优惠环境。

（二）市场运行平台需要进一步提升

国家对外文化贸易基地致力于打造两类平台，第一类是公共服务平台，通过借鉴国际经验，加强政府政策的引导和扶持，提升公共服务平台能级，针对文化企业需求、文化产品特性、文化创意产业发展趋势，为文化企业、文化产品营造良好的"走出去"环境；第二类是市场运作平台，在政府政策引导推动下，对外文化贸易关键还是要靠市场、靠企业、靠具有竞争力的文化产品，研究并完善国家对外文化贸易的市场运作体系，通过市场形成对文化资源的有效配置。

目前，国家对外文化贸易基地致力于依赖政策优势，探索政策创新，以期提升公共服务平台，为入驻的文化企业提供全方位、多层次的各项服务，营造良好的"走出去"环境，却忽视了市场运行平台的建设。以上海为例，虽然基地已与上海文化产权交易所建立合作关系，但合作并不充分，导致平台在文化贸易方面发挥的作用不足，通过平台实现的文化产品和服务贸易品种较少，交易量较小。

文化创意和科技创新作为文化产业发展的驱动力，除了需要宏观政策和法律予以知识产权方面的保护，还需要微观经济主体对自有知识产权进行经营，从而形成知识产权的保护和赢利的经济体制。在这样的背景之下，政府开始重视建立文化产品知识产权体系，各地纷纷成立文化产权交易所。文化产权交易所是集文化产权交易、投融资服务于一体的综合文化产权交易服务机构，具有合理配置资源、文化资源价值发现、健全多层次资本市场体系和制度规范等功能；同时文化产权交易所也是加强基地文化产权版权交易的重要推手。

基地通过提供文化资源整合、资产重组、产权转让、版权交易等服务，推动原创文学作品、音乐作品、戏曲作品、舞蹈作品、美术作品、摄影作品、影视作品、动漫作品以及游戏作品等的版权出口和交易。为了进一步提升市场运行平台职能，基地应依托当地文化产权交易所，重点推动基地文化产权版权交易市场发展。基地应与当地文化产权交易所建立互利共赢的合作机制，根据当地基地的发展强项、当地资源禀赋优势和发展战略，共同开发新交易品牌，形成实质性的交易网络；共同探索新技术条件下文化产权交易方式、渠道策略和推广方式；通过文交所平台，努力推进入驻企业同国内外知名出版商合作，形成重点产品交易目录，共同开发新品牌和网络交易流程，逐步推动基地文化产权版权交易市场的发展。

（三）文化保税发展的不足

京沪深三大国家对外文化贸易基地同时也是我国重要的文化保税区，基地的建设为文化保税制度的创新提供了"试验田"。文化保税区是将国际贸易中针对普通商品的保税政策和做法延伸到文化领域，并根据文化产品创意、设计、生产、存储、销售特点进行政策整合和制度创新，为实施文化"走出去"提供了一个全新的平台。上海是国内首个推行文化保税理念的城市，也是众多文化保税区中业绩最为突出的一个，2010 年，外高桥保税区被《金融时报》旗下 FDI 评为世界自由贸易区综合排名第一。

文化保税是一个新概念，在当前背景下我国文化保税区发展势头良好，但仍然面临诸多问题。概括而言，理论方面，我国对文化保税方面的学术研究比较稀少且滞后于相关实践，如对文化保税区的定性、定位和定向等基本问题没有比较统一、权威的看法；实践方面，文化保税实践仍处于初级阶段，仅局限于文化产品保税方面，尚未在文化服务保税领域有所突破，或许是由于规模较小，又或许是由于管理上的复杂性；管理方面，关于文化保税区全国统一立法滞后，政出多门，自由度比较低，不同部门不同形式的海关特殊监管区域和国内外相关机构协同竞合不足；在当前社会经济发展形态下，文化保税区还面临制度创新、功能提升、发展方式转变等方面的挑战。

文化保税实践创新的发展方向可以关注以下几个方面。

1. 加强与相关园区的协作

文化保税区的地理位置处于海关监管的特定区域，而文化创意园区、物流园区往往不在文化保税区内，这在一定程度上局限了文化保税辐射和扩散范围。建议通过海关直通与其他园区协作，在海关监管下，将保税政策延伸，实现上门监管服务，或者建立园区与保税区的封闭式通道。

2. 放宽进入门槛

文化保税区要放宽入驻主体的准入限制，特别是要引入高附加值、知识密集型以及新型文化业态的文化企业，并在租金、税收、服务等方面和价值增值环节给予扶持，创造有利于创意和创新的多元化氛围，提升园区功能水平。

3. 加强不同文化业态保税项目的分类管理

文化保税区要探索不同文化业态保税项目的分类管理，如艺术品、演艺、版权和影视等不同行业的不同特点使得保税管理规则和机制的不同。对于价值评估问题突出的行业，要提供科学的估计及管理等服务；对于生产环节价值链较长的行业，要针对不同的生产保税环节，提供差别化的保税服务等。

4. 特色立区

文化保税区在文化仓储、加工、展览展示、交易四大业务模块发展基础上，应根据当地文化产业的发展强项、资源禀赋优势和地区发展战略，突出自身的主导功能和特色，做到"特色立区、科技兴区和创新强区"，其建设和发展模式上要打上区域经济和城市发展特色的烙印。

（四）需进一步推动金融与文化贸易的融合

我国文化产业的金融支持体系是由政府和企业合力完成的，已初步形成投资主体多元化、融资渠道多样化、资本市场多层次的文化金融体系。

1. 文化金融支持体系发展现状

2014 年，由文化部、中国人民银行和财政部发布了《关于深入推进文化金融合作的意见》（以下简称《意见》）。《意见》表明应充分认识深入推进文化金融合作的重要意义，通过创新文化金融服务组织形式、建立完善文化金融中介服务体系和创建文化金融合作试验区等方式，加快创新符合文化产业发展需求特点的金融产品和服务，加快推进企业直接融资。国家对文化产业的金融支持主要概括为以下几个方面：在税收、信贷、债券、保险、担保和外汇管理等方面加大金融支持措施；降低投资准入门槛，鼓励引导各类社会资本进入文化产业，参与国有经营性文化单位转企改制；扩大财政扶持力度，如中央财政设立"文化产业投资基金"和"国家艺术基金"等。

除了政策支持，我国文化产业市场融资渠道主要包括银行信贷、上市、投资基金、信托市场和债券市场等，其中银行信贷是文化企业最主要的融资方式，信贷融资增速高于同行业平均水平。

2. 文化金融支持体系存在的问题

第一，相较于政策支持力度，金融市场对文化贸易的自发性支持不足。金融机构对文化企业的支持个案都是在政府主导下完成的，而且在同等信誉水平下，金融机构更倾向于向国有经营性文化单位、大型文化企业、行业龙头企业提供信贷服务，中小文化企业因规模小、资产轻、管理弱、风险高面临融资难问题，制约了外向型中小文化企业开拓海外市场。

第二，政策性壁垒的存在，文化产业存在限制及禁止投资领域，准入条件的不宽松使得民间投资、外资利用率低，不利于文化金融支持体系的建设。

第三，金融专业化服务不完备，金融机构整体实力偏弱。对无形资产（如版权）的评估和交易缺乏经验，知识产权抵质押制度不完备，缺乏符合文化贸易发展需求特点的金融产品和服务，造成文化企业在金融市场上融资难问题。

第四，对于文化产业投资主体没有明确的定位，民资、外资、政府等主体没有明确的职责要求和投资方向。

3. 推动"文化贸易 + 金融"

（1）积极吸引民间资本和外资

在保持我国文化自主权的前提下，吸引国内外投资促进机构和优秀海外资金投资中国文化企业；鼓励国外资金进入国内文化项目；鼓励国外金融机构进入我国文化贸易领域。

（2）聚焦富有竞争力的中小型文化企业，成立专门服务平台因政府部门和金融市场对所有制的"歧视",大多文化贸易领域的资金支持和贷款都流向国有经营性文化单位、大型文化企业、行业龙头企业等,而作为文化"走出去"的生力军——中小型文化企业由于贷款担保和保险体系的缺陷,面临融资难问题。然而,小微企业正是全球文化产业发展的生力军,以美国为例,小微企业占全美企业总数的98%,提供了56.5%的就业,创造出55%的技术创新成果,完成了47%的企业销售份额,商品出口额占全部的1/3。

基地可以通过集聚国内、国际投融资及特色金融服务资源,大力整合国际化的文化风险投资机构、文化金融服务机构和专业性的担保机构、信用保险机构,探索创新文化金融服务形式,逐步构建国际文化金融服务和文化金融创新平台,大力发展行业内投资基金和中小企业无形资产担保风险补充基金,为科技和文化含量高的中小文化企业"走出去"提供形式多样的资金或融资支持。

(3) 创新适合对外文化贸易的金融服务产品和服务

基地可以吸引金融机构下的融资租赁公司和专业性的融资租赁公司入驻,尝试视听设备的保税业务和融资租赁业务,降低国内文化企业的运营成本;基地可借鉴货物产品中的出口信用保险和再保险机制,尝试文化服务产品出口信用保险和再保险产品的开发。

(五) 专业型文化贸易人才的紧缺

我国文化贸易仍然处于相对传统的结构,文化产品贸易在文化贸易中占绝对比重,文化服务贸易规模较小且存在贸易逆差;对外文化贸易主要集中于附加值较低的传统项目——手工艺品和设计包括建筑模型、玻璃制品、珠宝和玩具,核心文化服务贸易规模小、比重低且逆差严重,尤其缺乏视听内容产品及版权贸易。

文化产品的形成过程按照"价值生产链分析法",大致可以概括为三个阶段——文化产品创意阶段、文化产品生产阶段和文化产品市场化阶段。文化产品的形成过程处处依靠创新驱动,涵盖了知识创新、技术创新和管理创新等方面。我国对外文化贸易一直处于全球文化价值链的低端,正是由文化产品和文化服务内容创新匮乏、科技含量低和商业营销模式不成熟等因素造成的。

专业性人才是创新的主体,尤其是发展由创意、创作和智力因素主导的文化贸易的根本。从 20 世纪六七十年代开始，许多发达国家将政府工作方向调整到支持美术、艺术教学和公众阅读等方面，其目标之一就是提高艺术创作人才和表演人才的劳动条件，而培育专业性人才是提升文化竞争优势的主要手段。精通外语、法律、文化产业制作与国际贸易知识的复合型人才的缺失是制约我国对外文化贸易发展的最大因素。国内文化产业从业人员质量参差不齐，知识结构欠缺；相关联的学科支撑体系不清晰，对文化产业培养边界不明确；师资力量薄弱，存在唯教科书现象，使用的案例多是老掉牙的；高校设置专业课程太过理论化，缺乏实践性，而如何培养复合型人才以期改变文化贸易高端人才短缺的现状，是十分迫切的问题。

从宏观层面上分析对专业性人才的培养，不属于本课题的范畴；但市、区政府关于引进文化贸易经营管理高端人才的利好政策，有利于改善国家文化贸易基地专业性人才的缺失。市、区政府应加快研究制定并出台文化贸易经营管理高端紧缺人才的认定标准、优惠政策和奖励办法，对引进的高端紧缺人才提供人才公寓、医疗保障、子女就学等各种便利条件，吸引海内外一流的文化贸易经营管理人才，优化人才结构。

基地首先需要针对不同文化产业类别文化企业的特征和特殊需求，研究制定专项培训计划，如艺术品、演艺和影视等不同行业对人才的培养方向是不同的。其次，基地需要与国内外高等院校、专业机构进行战略合作，一方面可以为高校提供实践的平台，共同探索科学培育和使用人才的机制，运用产学研一体化模式培养国际化、应用型、创新性国际文化贸易专门人才，并通过战略协作的方式鼓励高等院校设立文化贸易相关科目；另一方面，对基地而言，有助于引进一批文化产业智囊团队，有针对性地开展不同文化产业类别文化贸易项目培训，培养一批符合文化"走出去"需求的，具有金融、贸易、文化、管理等多层次知识结构的文化产业复合型人才，为文化企业开展对外贸易输送专业经营管理精英。最后，基地可以选拔有实践经验的文化企业的优秀管理者、经营者出国研修，学习国际先进的文化产业运作经验，培养具有国际水准的专业人才。

（六）缺乏完善的文化贸易法律和政策框架

自 2009 年颁布《文化产业振兴规划》以来，文化产业已经上升至国家的战略性支柱产业，但目前我国文化产业法制不力现象突出，主要表现在：第一，文化立法量少且面窄，截至 2013 年 8 月，我国文化立法占全部立法的 2.7%，其中文化法律占全部法律的 1.7%；第二，文化立法层次较低，由国家最高权力机关通过立法予以制定的法律、行政法规过少，大部分是行政规章、地方性法规或其他规范性文件，效力层次较低；第三，立法滞后，当前文化领域立法带有计划色彩，不适应当前市场经济背景下出现的新情况。此外，目前我国文化产业顶层设计不足，没有系统的政策法规，关于发展文化产业的各项政策较为零散，且多是宏观指导，缺乏具体操作路径；没有一部完整的文化产业规划方案，导致各地发展文化产业过程中缺乏参考与指导。

西方发达国家关于文化产业（包含文化贸易）立法经过多年的探索和发展，已形成一套在市场经济体制中实施较完备的法律制度体系，各国依据自身文化产业的主导行业的不同，通过立法机制，形成适应于本国国情，促进本国文化产业崛起的法律制度体系，其中包括对外文化贸易的外汇管理、项目审批、商品结构、区位重点和税收优惠政策等。

我国对外文化贸易与发达国家地区相比，还处于起步发展阶段，在确立企业对外文化贸易主体地位的同时，应发挥政府在发展对外文化贸易中的推动作用，其中最重要的一项是进一步建立一整套经常调整的、重在促进对外文化贸易的法律和政策；应对我国已经承诺开放的领域进行立法，通过制定鼓励文化贸易出口的投资优惠、税收优惠、基金扶持等经济政策，通过规范文化贸易的市场准入、贸易审批、统计报表、海关出入境、违规处罚等管理体系，通过推出反垄断、知识产权保护、劳动保障等一系列配套政策和法律法规，以体制创新来积累竞争优势，提高文化产业的市场化程度和开放度，打破地区行政界限，促使文化资源有效整合和文化产业做大做强，加强工商、海关、文化版权、统计等部门之间的协调配合，形成促进对外文化贸易发展的活力，加快文化市场的整合、规范文化市场的秩序、完善文化市场的体系。

中央政府已经意识到立法对于构建一个有活力且保持健康发展的文化产业体系的重要性，十八届四中全会将拟制定《文化产业促进法》写入《中共中央关于全面推进依法治国若干重大问题的决定》中。《文化产业促进法》将作为我国首部文化产业基本法，在文化贸易领域规定系列、周全的鼓励、指导、支持和补助措施，为中华文化"走出去"营造一个良好的环境。

六 国家对外文化贸易基地建设的未来发展方向与任务

国家对外文化贸易基地要站在国家的高度，未来发展方向应该包含两个层面，分别面向国外和国内两个市场：第一层面应充分利用国家、市、区、保税区政策叠加优势，突破国际贸易壁垒，支持文化企业进军海外市场，在世界文化贸易中弘扬中国文化，服务国家战略，使基地成为传播中国文化价值观的重要平台之一；第二层面服务国内文化企业，应以集聚的方式实现要素的合理流动，带动资源突破地域和行业的限制，通过市场的力量优化国内文化产业结构，依托长三角、环渤海、珠三角地区进而辐射全国，使基地成为培育我国文化跨国企业的摇篮。国家对外文化贸易基地的主要任务是成为国内外知名文化企业的集聚基地、文化产品和服务的进出口贸易基地、文化产品和服务的展览展示推介基地、文化贸易金融政策的试验基地和专业化文化贸易研究培训基地。

（一）未来发展方向

1. 服务于国家战略，成为传播中国文化价值观的重要平台

"二战"以后，"和平与发展"成为世界的主题，在此形势下，国际竞争转向了以"文化"为主要内容的国家软实力竞争上来，尤其是跨入 21 世纪以来，各国均以"文化强国"战略作为外交的重要手段。

文化软实力作为现代社会发展的精神动力、智力支持和思想保证，越来越成为民族凝聚力和创造力的重要源泉，越来越成为综合国力竞争的重要因素。文化软实力是一种创造性的有机综合力量，涵盖了语言文字、文学艺术、科学认知、历史传统、宗教信仰、价值观念、意识形态、民族精神、社会制度等各方面。文化软实力对外有文化辐射作用，彰显一个国家在国际上的文化影响力和魅力；对内有文化凝聚作用，表现为一个国家或民族的向心力和凝聚力。甚至文化决定论认为，当今世界的冲突与矛盾因文化冲突而生，均源于对其他国家与民族的文化的不理解、误会甚至是无知。

国际文化贸易冲突的根源在于文化产品和服务的双重属性，文化产品和服务既可以和一般商品一样具有经济属性，也可以和文化一样传递价值观和生活方式，具有文化属性。对国际文化贸易活动具有最高约束力的法律文件是国际性组织颁布的法律文本，其中世界贸易组织（WTO）的三大

法律文本及联合国教科文组织（UNESCO）的《文化多样性公约》对国际文化贸易有重要影响。WTO 关于文化贸易的法律规则仅仅关注文化产品和文化服务的商业价值，对其文化属性并不重视；它的最终目标是促进产品和服务跨国界自由流动，并要求各个国家根据它所制定的多边贸易协定来调整各自国内的文化政策，为文化产品和文化服务的跨国流动扫除障碍。与 WTO 不同，UNESCO 一贯不遗余力地倡导世界文化的多样性，主张不能把文化降低到只作为经济发展的促进者这样一个次要地位，为保卫各民族独特的文化身份而努力。

在中国，文化产品与服务的重要特性是社会属性和经济属性并重；不仅是向"消费"它们的人群提供娱乐或休闲，而且向消费者输出原产国多元文化和价值观。国际文化贸易不仅促进经济发展，也同时有助于改善国家形象和推动公共外交，可以提高国家的国际声誉、吸引他国民众对原产国的文化向往，也可以增强原产国自身的国家凝聚力和国家认同感。

日本和法国都通过推动特色文化出口以提升文化软实力从而改善国家形象。日本采取中央政府推动、地方政府和民间企业参与的官民共同努力的机制来发展文化产业，曾以"文化产业"作为经济支柱产业，并逐渐转为"软实力"立国。日本政府通过"Cool Japan"营造日本"酷"的国家形象，扩大日本流行文化所产生的 GNC（Gross National Cool）成为"文化大国"。法国人拥有高度的文化自省与自信，面对美国文化的重要媒介——美式英语大行其道乃至泛滥，法国体现出对法语纯粹性的坚守与维护，在普法战争后成立了法语联盟，旨在以法语作为载体来强化民族的凝聚力，同时又在本土以外传播法国文化从而建立自己的国家形象。

文化与外交是辩证关系，文化既是外交的手段和目标，又是外交的本质；文化外交的核心层面是价值观的文化传播，以输出思想、传播信仰、交流文化价值观为目的；文化外交是一个国家在国际社会谋求发展，并捍卫和扩展国家文化利益战略的重要手段，主要通过宣传本国文化和政治观念，推广价值观，维护和发展并最终实现以国家利益为中心的整体外交战略。法国文化外交战略基于其历史传承下来的外交价值理念和文化传统，其主要有三个目标：一是保持法兰西帝国文化的延续，二是维持法国在欧洲的地位，三是与美国抗衡。20 世纪中叶，法国开始制定其文化外交战略；1945 年利用其建立起来遍布全球的文化网络，推广法国文化，普及法语的使用；到 2012 年，法国对外文化发展与援助的预算已占国内生产总值的 0.7%。这些无一例外地表明，法国政府保护其民族文化的措施很强硬。

中国文化"走出去"是近年来中国文化建设的一个战略重点，可以树立和维护良好的中国形象，顺利搭建具有中华文化背景、加强中国文化话语权的国际文化交流平台，与世界各国增进共识，和谐发展。十八大以来，中央高度重视文化"走出去"工作，并在十八届三中全会上对提高文化开放水平、推动中华文化走向世界作出重要部署；以下是关于中共决策层对中国文化"走出去"战略提出的历史进程：

表 1　中国文化"走出去"战略提出的历史进程

序号	主要会议或文件	内容	年份
1	十四大	"积极开拓国际市场,促进对外贸易多元化,发展外向型经济";"积极扩大我国企业的对外投资和跨国经营";"更多地利用国外资源和引进先进技术"	1992
2	《中共中央关于制定国民经济和社会发展的第十个五年计划的建议》	实施"走出去"战略,努力在利用国内外两种资源、两个市场方面有新的突破	2000
3	全国文化厅局长座谈会	要以更加开放的姿态融入国际社会,进一步扩大对外文化交流,实施"走出去"战略,着力宣传当代中国改革和建设的伟大成就,大力传播当代中国文化,以打入国际主流社会和主流媒体为主,充分利用市场经济手段和现代传播方式,树立当代中国的崭新形象,把中国建设成为立足亚太、面向全球的国际文化中心	2002
4	《国家"十一五"时期文化发展规划纲要》	抓好文化"走出去"重大工程、项目的实施,充分利用国际国内两个市场、两种资源,主动参与国际合作和竞争,加强对外文化交流,扩大对外文化贸易,初步改变我国文化产品贸易逆差较大的被动局面,形成以民族文化为主体、吸收外来有益文化、推动中华文化走向世界的文化开放格局	2005
5	《文化建设"十一五"规划》	在未来五至十年内,推动实施五大发展战略,其中之一就是中华文化"走出去"战略	2006
6	十八大	文化软实力显著增强,文化产业成为国民经济支柱性产业,中华文化"走出去"迈出更大步伐,社会主义文化强国建设基础更加坚实	2012
7	十八届三中全会	在文化领域要"建设社会主义文化强国,增强国家文化软实力"	2013

文化"走出去"战略是指通过发展文化贸易特别是文化服务贸易，促使中国的文化产品特别是内容产品进入国际市场，把中华文化的理念和精髓传播至世界各地，提高我国文化产品在世界市场上所占份额，在获得出口和投资收益的同时，通过文化产品这个良好的载体，让国际社会增进对中国的了解和认识，提升中国的国家形象和文化软实力。国家对外文化贸易基地服务于国家战略，成为传播中国文化价值观的重要平台，需要充分利用国家、市、区、保税区相关便利政策和措施，突破国际贸易壁垒，支持外向型文化企业进军海外市场。

2. 服务于国内企业，成为培育我国文化跨国企业的摇篮

基于美国经验样本的研究发现：以影视产业为代表的内容产业，文化产品的文化折扣和国内市场规模的相互作用，是具有大国国内市场规模的国家获得国际文化贸易竞争优势的核心原因。我国有和美国类似的超大国内市场规模，然而却和人口仅 4500 万的韩国之间，存在严重的内容产品贸易逆差。这一研究发现无法解释我国当前"文化赤字"的困窘，为何我国超大国内市场规模未能成为构建文化产业国际贸易竞争优势的天然基础？

我国文化产业是"大国市场规模，小国经济实现"，国内超大市场规模没有被充分利用。以研究国际竞争优势著称的美国哈佛商学院教授迈克尔·波特的研究表明，一个国家有竞争力的产业往往是不均衡分布的，集群（而不是集团）是培育产业国际竞争力的基本模式。而目前，我国明确提出文化强省（市）的省级区域已经超过 30 个，区域分割与垄断最终消解了我国超大国内市场规模的优势。我国文化产业国内市场政策是以文化集团方式强化行业与区域垄断，区域各自为战，在国内交易不充分的背景下直接参与国际文化贸易，相互杀价，恶性竞争，最终形成"大国市场规模，小国经济实现"的"诸侯经济"模式。

我国文化"走出去"的主要目标在于文化价值输出，而非简单的经济收益。我国现有国际贸易竞争优势主要源于低廉的劳动力资源，这种优势在文化制造业硬件生产中得到延伸，而内容产业繁荣所需要的是以创新创意能力培育为基础的竞争优势，而非基于低廉劳动力模仿复制的低成本优势；显然，区域分割的负效应导致我国文化"走出去"工程成为无源之水，在创新能力培育层面效果不理想。

我国应以产业集群化作为未来文化产业国际竞争力培育的政策规制方向，培育跨国文化企业，推动资源的聚合和全国性统一市场的形成，发挥我国大国经济规模的先天优势。当今全球范围内的文化竞争不再是国家与国家之间的竞争，而是跨国文化企业之间的竞争。跨国公司能够主导国际文化贸易，主要源于通过主导全球价值链和国际分工，掌握全球文化资本和营销网络，从而形成面向全球市场的规模经济。目前，跨国公司囊括了全球文化贸易的2/3以上，全球50家媒体娱乐公司就占据95%以上的国际文化市场。反观中国，目前中国没有一定规模和质量的跨国公司；2016年，中国海外资产达到70862亿元，平均跨国指数为14.4%，其中，主营业务涉及文化产业的平均跨国指数为13.2%。相比其他行业跨国公司，跨国文化集团的经济影响力并未伴随着国际文化贸易的作用提升而显著增长，如进入21世纪后入围《财富》杂志世界500强名单的文化产业集团并未超过8家，而2014年的入围名单集团仅保留了5家。究其原因，一方面，集团化尽管使文化产业获得了规模的提升，但也强化了行政性区域市场垄断，牺牲了中小企业的创新活力与产业要素在统一市场内聚合的机会；另一方面，在国际市场上，在传统媒体向数字化的多媒体以至全媒体转型的推动下，产业集群主导的国际竞争模式已成为主流，这使得以文化产业集团为单位、单兵作战的国际竞争模式相形见绌。

产业集聚作为一个强大的经济集体在现代社会发展中起着越来越重要的作用，其引领区域经济发展的增长极作用越来越受到各方的关注。产业集聚是指将产业中相互关联的、地理空间上相对集中的企业主体和机构集合在一起，由于产品、服务、信息、人才上的相互依赖，或是产业链条的完整，从而具有很强的群体优势和集聚发展的规模效益，由此提高劳动生产率，降低长期平均成本。

国家对外文化贸易基地，就是在对外文化贸易领域中，由众多独立又相关联的文化企业以及相关支撑机构，依据分工、协作关系建立起来的，并在一定区域内集聚而成的集群。由于产业链条的联络需求，对外文化贸易基地希望入驻相应数量的金融、传播、法律、财会等咨询类中介企业，依赖政策优势和这些中介机构，着力打造公共服务平台，满足外向型文化企业投融资和进军海外的需求，简化手续，降低成本。国家对外文化贸易基地以集聚的方式实现要素的合理流动，带动资源突破地域和行业的限制，通过市场的力量优化国内文化产业结构，依托长三角、环渤海、珠三角地区，进而辐射全国的文化产业资源聚合高地，发挥我国超大国内市场规模的天然优势。

（二）未来主要任务

1. 积极开拓文化贸易市场及新兴渠道

2018 年，基地将继续以文化贸易促进与推动为重要抓手，坚持扎实做好传统文化贸易展会项目与不断开拓新的更具贸易特点、影响和规模的文化贸易展会项目相结合，策划和拟定新一年的文化贸易促进与开拓活动，以"一带一路"倡议、金砖五国、欢乐春节以及重点国家和区域为目标，以五通促五路的建设思想和要求，以文化通促民心通为思路，坚持"引进来"和"走出去"并重，加强平台建设，提升功能效益：一是在原有企业集聚、贸易规模的基础上，继续保持稳定增长，发挥好政策对接、创新服务功能，推动自贸区内文化领域产业链式发展；二是聚焦新型文化业态、原创宣传推广、民族创意品牌，推动中华优秀传统文化传承，多层次多渠道开拓实践文化交流，推动文化"走出去"；三是积极集聚资源、拓展渠道、做大平台，培育文化贸易新业态新模式，提升贸易增长的促进作用。

此外，基地将结合举办国际博览会的契机，将文化贸易的元素和市场及博览会有机结合，将"一带一路"、金砖国家的文化产品、项目和企业引入博览会，在"引进来"的同时，利用博览会的主场便利，继续开拓与扩大"走出去"的渠道和力度，在国家搭建的国际大平台上继续努力开拓文化贸易的市场与空间。

按照"一带一路"倡议要求以及《金砖国家政府间文化合作协定行动计划》等文件的精神和要求，在策划和制定下一年文化贸易活动计划中，重点策划"一带一路"、金砖国家等开展包含文化艺术、文化贸易、非物质文化遗产、文化产业、投资合作等多方面多层次多业态的活动与交流。

2. 积极开拓产业板块，创新服务功能，优化贸易模式

大力推动文化新兴业态以及文化与其他产业融合发展业态的繁荣与发展，尤其是涉及科技、金融、投资、服务等业态的融合发展项目开拓，积极推动影视、印刷制作加工和装备类企业或项目落地自贸区，积极促进与推动中外影视企业等在影视制作项目上开展合作，继续努力创新自贸区内文化装备及技术加工制作（影视、出版印刷等）的案例落地和实践成功。充分利用基地综合服务平台的优势，进一步集聚影视、印刷等文化重点企业、项目，吸引文化产业链在自贸区内的培育和发展，推动优秀的文化产品、项目、企业乃至资本从自贸区出发，拓展全球的市场和参与全面竞争。

继续努力开拓文化贸易业态、阵地在重点国家、区域的主流市场和商业环境中落地，让更多中国文创产品、文创机构跨越专业展会的短期效应，提高投入产出的效能，让国外的主流市场、商圈和消费者能 365 天看到、买到、感受到来自中国的文化精品、优品，让中国的文化、声音、故事以及核心价值通过我们的文化产品，落地到国际市场里，进入国际消费群体中。

（三）路径调整

1. 国际路径

"文化折扣"是在国际贸易中需要面临和解决的问题，它是指在跨文化交流中，面向国内市场的文化产品或服务出口到不同文化市场时所面临的价值减损现象。因为文化产品或服务通常植根于特定的文化背景，将某种文化背景下的文化产品或服务放在其他的文化背景中，吸引力一般会下降，因为一种文化背景中的消费者很难认同其他文化背景下的文化产品或服务所体现出来的风格、价值、信仰、风俗和行为模式。相反，两个国家或地方基于区域、民族、方言或语言、宗教和其他的元素越接近，就有着更强的文化传统认同，它们之间可以发生许多贸易，由于它们对彼此产品有着相似的喜好，引发的贸易成本比较低。

中国如何减少对外文化贸易的"文化折扣"呢？

作为文化大国，中国拥有丰富的文化资源，然而有些历史文化积淀较深的作品固然有其永恒的价值，但在跨文化传播中会受到"文化折扣"较大的影响。相反，大众文化在传播过程中受到的"文化折扣"较少，它一方面让异国公众了解自己国家的价值观和思想观念，认识其社会生活和风土人情；另一方面很注重形式、技巧乃至内容，努力适应和把握不同文化背景的受众和市场需求，体现出高度的灵活性和开放性。其实，大众文化的传播应与高雅文化拥有同等重要的地位。没有大众文化的传播，国家当下社会发展和人文建设就很难被世界所了解，也难以在国际上塑造其特有形象。中国应当在了解海外受众的消费习惯和审美情趣的基础上，通过现代化的诠释方式实现文化多样性和民族性的融合，再加以高科技元素予以演绎，才能使文化产品和服务在国际市场上大放异彩。

中华文化"走出去"是指进入国际主流市场和主流国家；在先易后难

的原则下，根据"文化折扣"和对文化国际贸易原则的区别，对外文化贸易国际路线应沿着东亚（先东南亚，后东北亚）、北美（美国属于遵循文化自由贸易原则的国家）、欧盟（有针对他国文化的欧洲壁垒措施，主张文化例外原则），然后是非洲和拉美等地。但值得注意的是，中华文化不仅要"走出去"，还要"引进"国外优秀的文化，共筑共同的文化时代。如果中国与其他国家的文化贸易双向交流不足，过度强调单向输出反而会引起其他文化圈国家的反感，从而阻碍文化产业的进一步发展。韩国是个很好的例子，韩流的核心是电影和电视剧，对韩国文化的真正追捧始于2003年《冬季恋歌》，但现在播放韩剧的外国电视台正在逐渐减少，而在海外成立的电视台分社也没有取得预期业绩，如 KBS 美国分社 2007 年赤字 80 万美元。正是由于韩国太过于强调经济效益，强调单向输出引起他国的不满，即嫌韩。

2. 国内路径

依托国家对外文化贸易基地，以集聚的方式实现要素的合理流动，使要素在国内超大统一市场规模内集聚，打通国内市场与国际市场的产业链结构；基地应与当地文化产权交易所建立互利共赢的合作机制，打造我国文化产权交易第一平台，根据当地基地的发展强项、当地资源禀赋优势和发展战略，共同开发新交易品牌，共同探索新技术条件下文化产权交易方式、渠道策略和推广方式；基地应整合现有文化类国际会展品牌，形成高知名度的对外文化贸易基地品牌，改善目前中国缺乏自身品牌知名度和自有会展平台的状况；应与海内外重点高校文化产业研究机构合作，共同致力于核心问题的研究与突破；应主导设立中国文化对外贸易协会，借鉴韩国文化振兴院的运作模式，发挥政府、企业和行业协会的协同治理效应，解决复杂问题，提高创新效率。

七 京沪深三大对外文化贸易基地监管模式对比研究

京沪深三大国际文化服务贸易平台成立数年来，积累了丰富的文化贸易服务与监管经验。本部分将对此展开全面梳理，对京沪深三大国际文化服务贸易平台进行比较分析，力求总结出各自不同的文化贸易服务特色，为下一步文化贸易监管服务模式创新提供借鉴。

文化贸易监管服务模式，是指有关政府管理对外文化贸易的职能和组织体系、政府管理对外文化贸易的方式、政府与文化企业之间的关系，合理规范文化企业之间与社会其他经济组织、团体之间关系所确定的制度、准则和机制等。

（一）国际上常见的文化贸易监管模式

国际文化贸易冲突的根源在于文化产品和服务的双重属性，文化产品和服务既可以和一般商品一样具有经济属性，也可以和文化一样传递价值观和生活方式，具有文化属性。国外研究发现，国与国之间的文化贸易不仅是贸易问题，还存在偏好取代的问题，在大国与小国之间的文化贸易中，小国的偏好会受到大国的影响，甚至有被大国偏好取代的危险。因此世界各国关于文化产业是否应该对外开放的问题主要聚焦在三种政策取向：一是适度开放，二是主张自由贸易，三是实施文化例外与文化保护政策。由于各国对外开放政策取向的不同，各国对文化贸易监管模式主要集中在以下三种类型：政府主导型、市场调节型和综合服务型。

1. 政府主导型

在国际文化贸易市场上，以法国、加拿大为代表的国家坚决主张文化例外和维护文化多样性原则，认为文化产品和一般的商品不同，应该在国际贸易自由化中采取例外处理，允许文化贸易可以不遵守国民待遇和最惠国待遇的贸易准则。开展文化贸易过程中强调政府的干预作用，给予财政支持、基金项目支持，严格设定外商投资的规定，限制文化领域的外国投资和所有权，对国外的文化产品和服务采取市场准入限制。

2. 市场调节型

在国际市场上，以美国为代表的国家支持文化自由贸易政策，认为文化与一般商品相同，不存在特殊性，应采取完全开放的自由贸易策略，反对文化例外；重视市场机制对文化产业的调节作用，反对政府干预，鼓励各方资金（包括外资）按市场秩序发展文化产业。

3. 综合服务型

对外文化贸易方面，以英国、日本和韩国等为代表的国家倾向于文化适度开放政策，普遍认为文化特殊性和民族文化保护性的重要性，采取带有特点保护性的适度开放政策；政府只"管文化"而不"办文化"，中央或地方政府以执行和监督文化政策的方式管理文化事务，发挥领导和调控作用，不对文化企业和艺术机构进行直接的行政干预，形成政府和市场有效分工的格局。

（二）京沪深三大对外文化贸易基地监管模式现状

京沪深三大对外文化贸易基地是经过国家海关批准，在其海港或空港设立的允许外国货物不办理进出口手续即可连续长期储存的区域，虽与自贸区一样具有诸多相同或相似的特点和功能，但与之相比在管理体制、功能设计以及监督管理等方面还存在很大的区别。自由贸易园区无论是在监管、关税、功能还是在货物存储时间和对货物管理方式方面，都比对外文化贸易基地占有优势。

京沪深三大国家对外文化贸易基地监管服务总体而言是自上而下的，主要由政府制定和实施，政策制定效率较高，执行力强，海关负责进出口业务管理；同时还包括企业行为，无论是上海、北京还是深圳对外文化贸易基地，均创立了相关的公司进行对外文化贸易实践，如上海东方汇文国际文化服务贸易有限公司、北京歌华文化发展集团和深圳报业集团成为对外文化贸易实践的运营主体，同时也是地区对外文化贸易的平台单位，肩负着管理、运营、创新的多重任务。但是目前对外文化贸易基地的建设更多是依靠"政策模式"推动前行，是政策优惠程度的竞争，是保税政策的普惠制和政策话语权的竞争。从对外文化贸易基地监管服务内容上，下面重点聚焦贸易便利、税收促进制度方面。

1. 贸易便利政策

国家对外文化贸易基地作为公共服务平台，重要功能是实现贸易便利化进而提高效率；贸易便利化主要体现在进出口开放度、通关速度和便利性、仓储物流、展览展示、贸易结算、贸易规则国家化等方面。

北京出入境检验检疫局对北京对外文化贸易基地在提高贸易便利化方面提供了政策支撑。实施"预报核放"监管模式，对其进境货物实施检验前置及核销管理制度，在风险评估和企业信用管理的基础上，允许货物在入区的第一时间进行预申请，将入境查验和入境检验的节点提前，国检部门监管全流程耗时将较一般模式普遍缩短3~4个工作日，在快速核放状态下，最快半天即可完成从入区到验放出区的整个流程；建立首次检验、登记核销管理模式，促进保税租赁、展示、拍卖业务发展，大幅度提高该类货物的通关效率；推进"风险监测、信用监管、快速检疫、快速放行"的便利化监管措施，实现了木质包装以及集装箱货到即查、查毕即放的现场查验放行工作模式，进一步促进了贸易便利化，降低了企业的营运成本；

为部分企业提供可享受集审批、报检、查验于一体的"一站式"服务模式，缩短审批流程、提高放行速度，给企业带来更大的便利；企业可提前向基地国检部门预约，可在法定工作时间之外享受报检审批及查验放行等口岸通关服务，实现 24 小时×7 天预约服务。

上海对外文化贸易基地建立与自贸区相适应的外汇管理制度，园区内企业可自由开设外汇账户和人民币账户，且外汇收入可全额留存，不实行强制结汇；物流园区内企业在非贸易项下可以自由购汇；上海基地在进出境监管制度方面也与自贸区接轨，实行"境内关外"的特殊海关监管制度。

2. 税收促进政策

京沪深三大国家对外文化贸易基地同时也是我国重要的文化保税区，基地的建设为文化保税制度的创新提供了"试验田"。三大对外文化贸易基地的文化保税实践所指向的重点行业有所差异。北京基地重视艺术品保税创新，海关政策支持开展文化保税展示交易、艺术品保税拍卖、保税修复，支持并计划将保税区政策平移到国贸大酒店，运用物联网监控技术，在保税区外提供监管服务。上海基地除了艺术品保税创新，还积极创新其他文化产品保税业务，如演艺设备、电影胶片等保税仓储、保税租赁业务；出口文化产品的文化企业实行税收优惠政策，按有关规定享受出口退税待遇；园区内进口生产性机器、设备和其他基建物资予以免税；为加工出口产品而购进的原材料、零部件、元部件、包装物件予以保税；在园区内开展的保税加工、保税仓储、保税展示没有时间限制，保税商品在园区内可自由买卖；出口加工实行零税率，区内企业间或与区外企业的保税贸易，免征贸易环节增值税等。

（三）京沪深三大对外文化贸易基地监管模式存在的问题

我国文化产业监管体系诞生于计划经济时代，具有高度的行政依附性，其特点是：条块分割，以块为主，双重领导，分级管理。这种管理体制具有政令畅通的高度行政性，但忽视了市场的作用，造成资源配置的低效率，形成各自为政、壁垒林立、职能交叉、多头执法和管理缺位等问题，严重制约文化产业科学协调发展。这样的问题同样困扰着对外文化贸易的监管服务，政府对对外文化贸易的管理过于零散化，尚未形成完善的机制；政出多门、双重领导，各行政管理部门权责尚未界定清晰，行政成本过高；投资准入方面实行"正面清单"管理模式，准入领域太狭窄，有待进一步放宽限制。

1. 文化贸易的管理机制亟待建立

我国对外文化贸易顶层设计不足，没有系统的管理机制，关于发展文化贸易的各项政策较为零散，且多是宏观指导，缺乏具体操作路径；也没有一部完整的文化贸易规划方案，导致各地发展文化贸易过程中缺乏参考与指导。不仅如此，与文化贸易的实践相比，政府颁布的管理方案显得滞后而稀少。以上海为例，《文化部关于实施中国上海自由贸易试验区文化市场管理政策的通知》、《文化领域引进外资的若干意见》、"上海公布自贸区文化服务领域扩大开放措施"等政策文件与系统的文化贸易管理机制还有一定差距。

2. 行政管理权限未清晰界定

对外文化贸易基地（文化保税区）在保税区管委会的行政主导下，驻区机构对各专项事务进行管理，保税区管理公司对基础设施和日常经营进行管理。其中，保税区管委会是保税区所在地政府派出机构，对保税区进行全面的行政管理，是各管理主体中的主体；驻区机构是保税区的另一个行政管理主体，一般包括海关、税务、外汇、工商、卫生、公安、土地管理等专业的派驻管理机构，主要负责相关专业性业务的管理，与管委会是协作与配合的关系；而管理公司是文化保税区日常运营的管理主体，一般由保税区管委会单独或与合作伙伴一起组建，公司实行市场化运作，受保税区管委会和驻区机构的监督、指导。

这种行政化的多主体管理模式在一定程度上弥补了单一化管理造成的管理官僚化，但仍存在一些不足：一是保税区管委会、驻区机构、开发公司三者之间职能边界不清，存在职责重叠、权责不一等问题，导致管委会职能的"无限扩张"，开发公司的管理权限不断被压缩，驻区机构"特立独行"，并且增加了管理主体之间的沟通协调难度，容易引发管理的内耗；二是行政化的管理模式往往形成管理上的消极和被动，而且管委会作为当地政府的派出机构或特设机构，很容易受到当地政府的不正当干预，同时，开发公司作为管委会的下设公司，容易受到管委会的过多管制，导致政企不分，难以真正实现市场化运作。

3. 投资准入制度有待放宽

国家对外文化贸易基地应该选择多元合理的产业进入，促进附加值高的业务实现产业联动，加快文化与金融、科技、投资、制造、现代服务业和教育等产业行业交融交互发展，提高基地整体竞争力。针对当前情况，应有一套科学的分类管理机制，建立新的准入标准，放宽入驻主体的准入限制，特别是要引入高附加值、知识密集型以及新型文化业态的文化企业，并在租金、税收、服务等方面和价值增值环节给予扶持；对外资的管理方案实行"负面清单"，列出对外资的鼓励类、限制类、禁止类行业，在多领域多行业取消投资者的资质、投资所占股比限额、经营范围限制等准入限制措施，给外资的进入带来便利。

八　促进国家对外文化贸易基地进一步发展的对策建议

基地运行多年以来仍处于初步探索阶段中，还存在着很多问题，主要体现在公共服务和市场运行平台能级需要进一步提升、文化保税不足、文化贸易金融创新欠缺、专业人才紧缺、缺乏相关法律和政策框架等几个方面。从尚待解决的问题看来，下面重点聚焦于政策保障、资金保障、制度保障、人才培养与利用、监管机制创新等方面，提出推进基地进一步发展的对策与建议。

（一）政策保障

第一，以试点的方式，推动商务部、文化部、国家广电总局、新闻出版总署在基地先后分设行政许可审批办理点或代理机构，将行政许可审批和监管功能延伸至基地。目前，外商投资、网络、动漫、电子游戏、游艺（戏）机机型机种、营业性演出活动、音像制品经营、出版物及电子出版物进出口、出口商品配额等，均涉及行政许可审批，可在基地试点设立现场审批点或代理机构。

第二，与外汇管理局等相关政府部门积极协调，适时突破国内目前外汇政策科目设置上的局限，为文化企业寻求文化与资本相融合的投资方式，为文化产业项目的对外合作便捷顺畅地"走出去"和"引进来"寻求外汇政策配套和创新突破。特别是解决中国企业在对国外的影视项目投资过程中，投资资金与盈利收益的资金无法顺利进出的问题；解决外国优秀演出剧目引进中国，参与投资演出后投资收益及投资资本的汇出存在的局限性问题。

第三，协商解决艺术品营业税差额征收，艺术品的监管、商检，保税仓储中的艺术品所有权归属，艺术品保税展示的事先核价、归类，艺术品展示现场完成征税问题等政策设计和突破。

第四，寻求文化无形产品出口退税途径。建议由基地提供服务的文化企业的产品出口，或经由入驻基地的经纪机构代理也可以通过国内其他海关出口，可以享受出口退税政策优惠。

第五，与海关、商检、外汇管理等政府职能部门协调，解决文化设备的通关运输难题，降低文化项目实施企业的前期运作成本。

第六，优化文化产品贸易的行政流程。如对艺术品、演艺设备道具等简化商检程序，提高商检效率。在海关方面，梳理多种文化产品的归类问题，进行有关文化产品的通关程序优化。在文化企业资产入境过程中，提供保税区在估价、海关申报、查验、缴税、设备仓储和自用等环节的特别功能服务和帮助。

（二）资金保障

政府对文化贸易发展提供财政扶持，首先，国家财政资助文化贸易符合相关国际文化公约的具体要求，并不违反 WTO 反补贴协议；其次，国家资助文化贸易出于保护本国文化独立性、多样性，保障公民文化权益等的考虑。

争取国家（或部委）文化发展基金或专项资金和其他文化产业投资基金落地，专门用于基地的功能建设、公益性服务项目、海外营销基地建设以及文化"走出去"扶持和奖励工作。在条件成熟时，由中央与地方合作设立"文化走出去专项资金"，支持、扶持或投资文化产品和服务出口发展，重点奖励产品出口业绩十分突出的文化企业。除了资金保障，还需加强转型资金的运行，构建对外文化贸易专项资金常态化、制度化的资金供给和运用机制，保证年度资金有效用于推进对外文化贸易活动的开展；还需加强资金使用的后评估，可委托第三方机构对每年使用资金的情况进行后评估，找出资金使用过程中的问题，不断加以完善，以提高资金的使用效率和效益。

（三）制度保障

第一，建立符合我国实际的指标体系。建议在文化部、商务部、国家发展改革委等部门的牵头下，由基地具体承接对外文化贸易的统计指标体系研究，发挥现有优势，构建出能够反映我国对外文化贸易特点的指标体系，及时反映对外文化贸易发展趋势，为文化贸易企业提供市场信息服务。

第二，放松管制，降低文化创意产业市场准入门槛。突破基地进行先行先试，一是争取开展外国文化经纪人注册试点，在基地内先期进行外国文化经纪人注册试点，允许外籍人士通过一定的条件取得在国内从事文化经纪活动的资格，从而提高我国文化经纪行业的水平。二是争取开展文化企业"离岸账户"设置试点，由于跨国经营的文化企业需要对不同国家的下属企业开展资金的集中管理、跨国收付，离岸账户可以为境外业务提供结算便利，因而要积极争取文化部、国家外汇管理局、银监会等部门的支持，研究确立相关标准，允许符合条件且注册在基地内的对外文化贸易企业开设离岸账户。

（四）人才培养与利用

基地首先需要针对不同文化产业类别文化企业的特征和特殊需求，研究制定专项培训计划，如艺术品、演艺和影视等不同行业对人才的培养方向是不同的。其次，基地需要与国内外高等院校、专业机构进行战略合作，一方面可以为高校提供实践的平台，共同探索科学培育和使用人才的机制，运用产学研一体化模式培养国际化、应用型、创新型国际文化贸易专门人才，并通过战略协作的方式鼓励高等院校设立文化贸易相关科目；另一方面，对基地而言，有助于引进一批文化产业智囊团队，有针对性地开展不同文化产业类别文化贸易项目培训，培养一批符合文化"走出去"需求的，具有金融、贸易、文化、管理等多层次知识结构的文化产业复合型人才，为文化企业开展对外贸易输送专业经营管理精英。最后，基地可以选拔有实践经验的文化企业的优秀管理者、经营者出国研修，学习国际先进的文化产业运作经验，培养具有国际水准的专业人才。

基地除了从外部引进专业复合型人才，还可设立专职研究机构，从事基地发展战略规划的研究、国外文化贸易最新趋势的研判分析、国内文化贸易政策的创新突破以及与当地文化产权交易所、当地及周边文化创意产业园区和全国文化机构联动发展的可行性研究等，为对外文化贸易领域实现率先突破提供强大的政策储备和方案准备。

（五）监管机制创新

政府在对外文化贸易基地监管服务方面，需要转变职能，从全能型政府向有限政府转变，从管制型政府向服务型政府转变，行政法制从单纯依靠政策行政到依法行政，再到建设法治政府和服务型政府。国家对外文化贸易基地监管新模式可设定为"政府引领、市场主导"，其总体思想：从直接的市场准入审批转向管理竞争者的资质管理和行为监督，突出对文化产品的内容和质量进行监管，制定限定性标准、禁止性底线要求；强化对文化污染的防治，培育多种非政府性质的控制机制，包括竞争者的互相监督、行业协会的行业自律、消费者及其组织的监督、舆论监督等；充分发挥市场功能，逐步减轻政府监管市场的行政负荷，调动社会资源，提升产业素质和潜能，为文化"走出去"营造良好的外部环境。

1. 设立权威文化贸易部门

在处理文化事务的过程中，文化管理部门容易产生职责重叠、权责不一、相互推诿责任等问题；部门利益也可能阻碍文化要素的合理流动和配置，阻碍文化领域的改革。成立第三方权威部门如"对外文化贸易办公室"，作为协调部门，一是协调保税区管委会、驻区机构与开发公司之间的关系，明确三者的权责边界；二是联合邻省和文化部共同制定适合当地的"对外文化贸易促进方案"，从战略层面研究当地对外文化贸易基地未来的发展方向；作为区域行政主管部门，负责沟通长三角、环渤海和珠三角各省市以及文化部相关部门的任务，按产业管理和调控方式来指导基地的对外文化贸易工作，协调区域内资源配置与流向问题。

2. 重视社会参与，成立文化中介组织

为文化产业提供监管服务的除了政府，文化中介组织也能发挥积极的作用。中介组织作为政府与文化行业之间的纽带，能有效维护二者之间的互动关系。可由国家对外文化贸易基地牵头成立"中国对外文化贸易促进会"，如同韩国在振兴文化产业发展过程中所组织的"文化产业振兴院"所发挥的作用，主要强化产业自我治理、促进对外文化贸易的活力和企业间的合作，通过放权分权给予产业自我管理更多的空间和自主权利，充分发挥对外文化贸易企业的自主性，鼓励通过民间方式促进产业资源的聚合与流动。

3. 政府监管内容与方向的转变

政府监管内容从微观转向宏观，监管公共服务和公共安全领域。从直接的市场准入审批转向对文化产品的内容和质量进行监管，制定限定性标准、禁止性底线要求，如"负面清单"的投资准入管理，建立无良企业黑名单、企业诚信平台、投诉处理平台、质量跟踪监控、企业交易信息与政府信息共享等。

政府监管方向由事前向事中和事后转变，政府的监管重点从过去的贸易前的监管转变为在企业贸易过程中以及贸易过程后的监管，将大大简化审核程序，提高文化企业经营效率。

参考文献

1. M. E. Porter, The Competitive Advantage of Nations. New York: The Free Press, 1990, p. 173.

2. UNESCO. International Flow of Selected Cultural Good. 1994 – 2003, p. 91.

3. Sinclair, J., & Jacka, E., & Cunningham, S., New Patterns in Global Television: Peripheral Vision, Oxford University Press, 1996: 1 – 32.

4. Caves, Richard. CreativeIndustries. Cambridge, Mass: HarvardUniversity Press. 2000.

5. James Heilbrun, The Economics of Artand Culture [M]. London: Cambridge University Press, 2001.

6. Harold L. Vogel, Entertainment Industry Economics. Cambridge University press, 5th edition. 2001.

7. Marrewijk. InternationalTrade&TheWorldEconomy. Oxford: Oxford University Press, 2002.

8. Scott, A. J., The Culture Economy of Cities: Theory, Culture and Society. 2002.

9. Van Grasstek, Treatment of Cultural Goods and Services in International Trade Agreements. Oxford: Oxford University Press, 2005.

10. Katz, E., & Wedell, G., Broadcasting in the Third World: Promise and Performance Cambridge. Harvard University Press, 2007.

11. Cathy Brick Wood. Culture Policy and Employment in the "Information Society": a Critical Review of Recent Resources on Culture Industries, Culture Policy, Employment and New Media. http: //www. recap. nl/ cathy. pdy.

12. Cano, G., & Alonso, B., Culture Trade and Globalization: Question and

Answers, Unesco Publishing, 2000.

13. Francois, V., "On the Protection of Cultural Goods", *Journal of International Economics*, 2002, 56 (2): 359 – 369.

14. Havens, T., "Exhibiting Global Television: On the Business and Cultural Functions of Global Television Fairs", *Journal of Broadcasting & Electronic Media*. Washington, 2003, (47): 18 – 35.

15. Hoskins, C., & Mirus, R., "Reasons for US Dominance in the International Trade in Television Programme", *Media Cultural and Society*, 2003 (4): 499 – 505.

16. Marvasti, A., "International Trade in Cutural Goods: A Cross-Sectional Analysis." *Journal of Cultural Economies*, 2010 (18): 135 – 148.

17. Van, G., *Treatment of Cultural Goods and Services in International Trade Agreements*, Oxford University Press, 2005.

18. Hoskinsk, C., Mcfadyen, S., Finn, A., et al, "Film and television co—production: evidence from Canadian—Euro—pean experience," *European Journal of Communication*, 1995, 10 (2).

19. Throsby, "The Iniemational Cornnnercial Rules on the Exchange of Cultural Goods and Serviees", *Journal of Cultural Economies*, 1999 (10): 125 – 140.

20. 〔英〕马歇尔：《经济学原理（上卷）》，朱志泰译，商务印书馆，1964。

21. 〔美〕霍斯金斯、米卢斯：《全球电视和电影——产业经济学导论》，新华出版社，1988。

22. 杨公仆、夏大慰：《现代产业经济学》，上海财经大学出版社，1990。

23. 〔德〕霍克海默、阿多诺：《启蒙辩证法》，重庆出版社，1990。

24. 〔英〕雷蒙德·威廉姆斯：《文化与社会》，北京大学出版社，1991。

25. 〔美〕保罗·克鲁格曼：《地理和贸易》，张兆杰译，北京大学出版社、中国人民大学出版社，2000。

26. 柯可：《文化产业论》，广东经济出版社，2001。

27. 〔美〕迈克尔·波特：《国家竞争优势》，华夏出版社，2002。

28. 〔美〕柯林·霍斯金斯、斯图亚特·麦克法蒂耶、亚当·费恩：《媒介经济学—经济学在新媒介与传统媒介中的应用》，暨南大学出版社，

2005。

29. 〔英〕伊莱恩．鲍德温：《文化研究导论》，北京大学出版社，2006。

30. 强永昌：《产业内贸易论——国际贸易最新理论》，复旦大学出版社，2002。

31. 叶取源、王永章、陈昕：《中国文化产业评论》，上海人民出版社，2004。

32. 林拓：《世界文化产业发展前沿报告》，社会科学文献出版社，2004。

33. 陈柏福：《我国文化产业"走出去"发展研究——基于文化产品和服务的国际贸易视角》，厦门大学出版社，2011。

34. 胡惠林：《文化产业发展的中国道路》，上海人民出版社，2004。

35. 申维辰：《评价文化：文化资源评估与文化产业评价研究》，山西教育出版社，2004。

36. 叶取源、王永章、陈昕：《中国文化产业评论》，上海人民出版社，2004。

37. 欧阳友权：《文化产业通论》，湖南人民出版社，2006。

38. 李怀亮、闰玉刚：《当代国际文化贸易综论（上）》，《河北学刊》2005年第6期。

39. 李怀亮、闰玉刚：《当代国际文化贸易综论（下）》，《河北学刊》2006年第1期。

40. 李怀亮：《国际文化贸易格局下的中国文化出口策略》，《现代经济探讨》2008年第3期。

41. 李怀亮：《论国际文化贸易的现状、问题及对策》，《首都师范大学学报》（社会科学版）2003年第2期。

42. 李怀亮：《国际文化贸易导论》，中国传媒大学出版社，2008。

43. 李嘉珊：《破解中国对外文化贸易出口瓶颈的三个关键问题》，《国际贸易》2010年第12期。

44. 李小牧、李嘉珊：《国际文化贸易：关于概念的综述和辨析》，《国际贸易》2007年第2期。

45. 吕庆华：《文化资源的产业化开发》，经济日报出版社，2006。

46. 胡慧林：《文化产业学》，高等教育出版社，2006。

47. 吕庆华：《文化资源的产业开发》，经济日报出版社，2006。

48. 黄宇、张晓明、尹昌龙等：《国际文化产业发展报告（2007）》，社会科学文献出版社，2007。

49. 徐传谌：《产业经济学》，科学出版社，2007。

50. 李思屈：《文化产业概论》，浙江大学出版社，2007。

51. 张佑林：《区域文化与区域经济发展》，社会科学文献出版社，2007。

52. 顾乃华：《转型期中国服务生产率研究》，经济科学出版社，2008。

53. 谭崇台：《发展经济学概论（第二版）》，武汉大学出版社，2008。

54. 孙明启：《文化创意产业前沿——希望：新媒体崛起》，中国传媒大学出版社，2008。

55. 刘吉发、陈怀平：《文化产业导论》，首都经济贸易大学出版社，2010。

56. 杨均华、刘吉发：《文化国际贸易发展的意义、模式和市场战略思考》，《商业时代》2012年第35期。

57. 严荔：《四川文化资源产业化开发研究》，经济科学出版社，2010。

58. 欧阳坚：《文化产业政策与文化产业发展研究》，中国经济出版社，2011。

59. 陈柏福：《我国文化产业"走出去"发展研究——基于文化产品和服务的国际贸易视角》，厦门大学出版社，2011。

60. 李建盛：《北京文化发展报告（2010~2011）》，社会科学文献出版社，2011。

61. 张晓明：《2011年中国文化产业发展报告》，社会科学文献出版社，2011。

62. 熊澄宇：《世界文化产业研究》，清华大学出版社，2012。

63. 陈少峰：《中国文化企业报告（2013）》，华文出版社，2013。

64. 姚伟钧：《文化资源学》，清华大学出版社，2015。

65. 叶朗：《中国文化产业年度发展报告（2015）》，北京大学出版社，2015。

66. 欧阳坚：《文化产业政策与文化产业发展研究》，中国经济出版社，2011。

67. 黄维兵：《现代服务经济理论与中国服务业的发展》，西南财经大学博士学位论文，2002。

68. 刘秀英：《我国文化产业的国际竞争优势研究》，北京工业大学硕士学位论文，2004。

69. 张玉忠：《我国文化产业发展对策研究》，东北大学硕士学位论文，

2004。

70. 王帅佳：《国际文化贸易的发展和及我国的对策研究》，吉林大学硕士学位论文，2005。

71. 钱丹青：《基于文化资源开发的区域文化产业发展路径研究》，浙江财经学院硕士学位论文，2005。

72. 高洁：《从文化贸易看我国文化产业的发展》，首都经济贸易大学硕士学位论文，2005。

73. 吕佪然：《社会主义市场经济中文化资源的开发与文化产业的培育》，新疆师范大学硕士学位论文，2006。

74. 褚薇薇：《韩国文化贸易的成功对中国的启示》，东北财经大学硕士学位论文，2007。

75. 关长海：《城市现代服务业竞争力研究》，天津大学博士学位论文，2007。

76. 连金秀：《我国服务贸易结构与经济增长的关系研究》，厦门大学硕士学位论文，2008。

77. 王华强：《北京文化产业及文化贸易发展研究》，北京工业大学硕士学位论文，2008。

78. 魏雪莲：《我国文化贸易发展研究》，厦门大学硕士学位论文，2008。

79. 李琴琴：《中国对外文化贸易战略研究》，西南财经大学硕士学位论文，2009。

80. 廖敏华：《文化贸易与经济增长分析》，外交学院硕士学位论文，2009。

81. 李楠：《中美文化贸易比较研究》，吉林大学硕士学位论文，2010。

82. 陈国亮：《新经济地理学视角下的生产性服务业集聚研究》，浙江大学博士学位论文，2010。

83. 张鹏：《中国区域经济转型路径比较研究——对改革开放以来18个典型地区的实证分析》，兰州大学硕士学位论文，2010。

84. 毛向南：《中国对外文化贸易的现状与发展研究》，东北财经大学硕士学位论文，2010。

85. 梁旭：《改革开放条件下我国文化产业建设研究》，中共辽宁省委党校硕士学位论文，2011。

86. 张晔：《文化贸易与我国对外文化交往的制度创新》，上海交通大学硕士学位论文，2012。

87. 王正：《创意产业发展与区域经济转型的互动研究——以浙江为例》，浙江工商大学硕士学位论文，2012。

88. 李晓丽：《中国文化贸易发展的影响因素研究》，内蒙古大学硕士学位论文，2013。

89. 刘富英：《经济转型升级过程中我国对外贸易战略的选择》，山西财经大学硕士学位论文，2013。

90. 刘倩：《我国文化贸易的发展及其对经济增长影响研究》，首都经济贸易大学硕士学位论文，2013。

91. 姚蔓蔓：《浙江服务贸易与经济增长的关系研究》，浙江理工大学硕士学位论文，2013。

92. 崔研：《中国经济发展的文化动力探源》，吉林大学博士学位论文，2013。

93. 何森：《安徽省发展外向型经济与经济增长关系研究》，安徽大学硕士学位论文，2012。

94. 黄建锋：《服务贸易与经济增长：理论及实证研究》，上海社会科学院经济研究所博士学位论文，2007。

95. 黄维兵：《现代服务经济理论与中国服务业的发展》，西南财经大学博士学位论文，2002。

96. 张玉忠：《我国文化产业发展对策研究》，东北大学硕士学位论文，2004。

97. 毛向南：《中国对外文化贸易的现状与发展研究》，东北财经大学硕士学位论文，2010。

98. 王帅佳：《国际文化贸易的发展和及我国的对策研究》，吉林大学硕士学位论文，2005。

99. 曹岚、卢萌：《刍议中国对外文化贸易逆差的原因及对策》，《特区经济》2010年第2期。

100. 曹麦：《文化贸易文献综述——基于影响因素视角》，《中国经贸导刊》2012年第11期。

101. 陈继勇、余道先：《知识经济时代世界服务贸易发展的新趋势及中国的对策》，《世界经济研究》2009年第4期。

102. 陈宪、程大中：《服务贸易的发展与中国"入世"后的对策》，《上海经济研究》2002年第4期。

103. 戴翔：《创意产品贸易决定因素及对双边总贸易的影响》，《世界经济研究》2010 年第 6 期。

104. 范中原、刘长喜：《上海文化产业及贸易发展影响因素的灰色关联度分析》，《资源开发与市场》2012 年第 6 期。

105. 方光华：《陕西文化产业的研究与实践》，《西安财经学院学报》2006 年第 8 期。

106. 方慧、尚雅楠：《基于动态钻石模型的中国文化贸易竞争力研究》，《世界经济研究》2012 年第 1 期。

107. 冯潮华：《发展我国对外文化贸易的思考》，《中共福建省委党校学报》2005 年第 5 期。

108. 傅耀：《产业升级、贸易政策与经济转型》，《当代财经》2008 年第 4 期。

109. 顾乃华：《转型期中国服务生产率研究》，经济科学出版社，2008。

110. 管驰明、高雅娜：《我国城市服务业集聚程度及其区域差异研究》，《城市发展研究》2011 年第 2 期。

111. 何骏：《长三角区域服务业发展与集聚研究》，《上海经济研究》2011 年第 8 期。

112. 花建：《发展中国对外文化贸易的战略视野》，《探索与争鸣》2005 年第 6 期。

113. 花建：《“走出去”中国文化产业的必由之路》，《社会观察》2005 年第 4 期。

114. 赵有广：《文化贸易中重叠需求因子的分析与设计》，《郑州大学学报》（哲学社会科学版）2009 年第 2 期。

115. 赵有广：《我国对外文化贸易逆差及其原因分析》，《国际贸易》2006 年第 10 期。

116. 赵有广：《中国文化产品对外贸易结构分析》，《国际贸易》2007 年第 9 期。

117. 黄海峰、马弘毅：《区域层面经济转型的研究》，《经济社会体制比较（双月刊）》2007 年第 3 期。

118. 纪红：《我国文化贸易的发展研究》，《黑龙江对外经贸》2009 年第 3 期。

119. 姜义贸：《我国文化服务贸易发展的三步战略》，《国际贸易》2007 年第 5 期。

120. 焦斌龙：《文化产业怎样推动产业结构调整》，《思想工作》2008 年第 1 期。

121. 李敦瑞：《上海产业结构演化的特征及趋势分析——基于现代服务业发展的视角》，《生产力研究》2012 年第 2 期。

122. 李墨丝：《文化服务贸易文献综述》，《世界贸易组织动态与研究》2010 年第 2 期。

123. 李薇、靳静：《核心文化贸易与经济增长的实证分析》，《生产力研究》2010 年第 1 期。

124. 林丹虹：《浅论中国文化贸易》，《商场现代化》2010 年 9 月（中旬刊）总第 623 期。

125. 刘晨晔、宁阳：《近年来国内服务经济研究现状述评》，《教学与研究》2007 年第 6 期。

126. 刘江华：《我国文化产品贸易现状及应对》，《对外经贸实务》2005 年第 12 期。

127. 刘书瀚、刘小军：《近年国内服务经济理论与应用研究综述》，《天津商学院学报》2005 年第 2 期。

128. 刘晓旭：《论文化贸易中的比较优势》，《江西社会科学》2009 年第 2 期。

129. 刘重：《论现代服务业的理论内涵与发展环境》，《理论与现代化》2005 年第 6 期。

130. 罗能生、洪联英：《国际贸易的文化解读》，《求是学刊》2006 年第 6 期。

131. 马冉：《WTO 框架内的中国文化贸易问题》，《南京政治学院学报》2009 年第 5 期。

132. 梅新育：《文化服务贸易刍论》，《营销学苑》2001 年第 73 期。

133. 裴长洪、李程骅：《论我国城市经济转型与服务业结构升级的方向》，《南京社会科学》2010 年第 1 期。

134. 曲如晓、韩丽丽：《中国文化商品贸易影响因素的实证研究》，《中国软科学》2010 年第 11 期。

135. 商务部服务贸易司课题组：《加快文化贸易发展推动中国文化出口》，《国际贸易》2008 年第 10 期。

136. 上海市发展改革研究院课题组:《上海国家对外贸易基地加速发展的思路和举措》,《科学发展》2013 年第 9 期。

137. 沈露莹:《上海文化大都市战略与文化产业发展》,《上海经济研究》2008 年第 9 期。

138. 史瑞丽:《推动文化产业"走出去"问题研究》,《国际贸易》2007 年第 12 期。

139. 唐珏岚:《国际化大都市与生产性服务业集聚》,《世界经济与政治》2004 年第 11 期。

140. 田祖海:《西方国际文化贸易的研究进展及其对我国的启示》,《国际贸易》2012 年第 3 期。

141. 王刚、张燕林:《我国服务贸易发展存在的问题及对策》,《商场现代化》2007 年第 2 期。

142. 王海桃、田青:《"十二五"时期中国文化贸易的分析和思考——基于政府政策的视角》,《产业经济》2012 年第 8 期。

143. 王蕾:《试论我国对外文化服务贸易竞争优势》,《集团经济研究》2007 年第 1 期。

144. 王晓芳:《文化贸易理论文献综述》,《北京联合大学学报》(人文社会科学版)2012 年第 4 期。

145. 吴胜娟:《上海服务贸易发展回顾与展望》,《统计科学与实践》2012 年第 2 期。

146. 肖林:《上海经济转型与战略路径》,《上海管理科学》2012 年第 5 期。

147. 徐锋:《加入 WTO 与我国休闲服务贸易的发展》,《国际经贸探索》2003 年第 1 期。

148. 徐娟:《促进我国文化产业健康发展应采取的举措》,《学术交流》2003 年第 7 期。

149. 闫玉刚:《试论经济危机形势下的文化贸易"引领战略"》,《国际贸易》2010 年第 11 期。

150. 阳明华:《发展我国对外文化贸易的思考》,《湖北日报》2010 年 6 月 18 日。

151. 杨凤祥:《文化贸易的外部性及其补偿机理》,《江苏科技信息》2013 年第 4 期。

152. 杨立：《文化壁垒、文化扩张、文化变化——论美国企业在中国的扩张和启示》，《世界经济》2005 年第 2 期。

153. 杨亚琴：《上海现代服务业集群发展的途径与机理——以陆家嘴金融贸易区、外高桥保税区、赤峰路一条街为例的分析》，《上海经济研究》2005 年第 12 期。

154. 殷德生：《服务贸易与经济转型：理论及来自上海的经验》，《阴山学刊》2010 年第 6 期。

155. 殷凤：《世界服务贸易发展趋势与中国服务贸易竞争力研究》，《世界经济研究》2007 年第 1 期。

156. 俞国琴：《城市现代服务业的发展》，《上海经济研究》2004 年第 12 期。

157. 张斌：《论文化产业与文化贸易的关系》，《艺术探索》2011 年第 3 期。

158. 张皞：《基于 PEST 框架的中国文化贸易发展研究》，《亚太经济》2011 年第 1 期。

159. 张骞：《国际服务贸易与国际文化服务贸易之辨析》，《江南大学学报》（人文社会科学版）2011 年第 2 期。

160. 张佑林：《上海文化贸易发展的成功经验与对策研究》，《国际服务贸易评论》2013 年第 7 期。

161. 张玉国、朱筱林：《文化、贸易和全球化（上）》，《中国出版》2003 年第 1 期。

162. 张玉华：《转方式调结构推进区域经济转型发展》，《青岛农业大学学报》（社会科学版）2010 年第 3 期。

163. 赵书华、宁征：《北京市服务贸易国际竞争力分析》，《经济问题探索》2006 年第 2 期。

164. 周升起、兰珍先：《中国文化贸易研究进展述评》，《国际贸易问题》2013 年第 1 期。

165. 朱晓青、林萍：《北京现代服务业的界定与发展研究》，《北京行政学院学报》2004 年第 4 期。

166. 邹超、庞祺：《我国电影出口贸易中文化折扣的成因、影响及对策分析》，《北京城市学院学报》2013 年第 10 期。

167. 查志强：《对外文化贸易迎来"浙江时代"》，《浙江经济》2012 年第

2 期。

168. 童健：《努力探索创新出版集团"走出去"之路——浙江出版联合集团纪实》，《出版广角》2012 年第 9 期。

169. 蒙英华：《中国文化贸易的国际竞争力特征与影响因素》，《华南农业大学学报》（社会科学版）2012 年第 3 期。

170. 吴祥宇：《中国文化对外贸易逆差现状分析》，《经济前沿》2007 年第 11 期。

171. 张璇、王传刚：《中国文化贸易发展的理性思考》，《山东财政学院学报》2010 年第 1 期。

172. 李亚亚：《我国核心文化贸易竞争力研究》，《时代经贸》2012 年 5 月。

173. 康小明、向勇：《产业集群与文化产业竞争力的提升》，《北京大学学报》2005 年第 2 期。

174. 张胜冰：《产业化视角下的文化资源开发：问题及其解决方案》，《中国海洋大学学报》2008 年第 3 期。

175. 朱婷、吴建军：《经济发展对文化多样性的影响，基于音乐产品进口来源的实证研究》，《国际贸易问题》2015 年第 2 期。

后　记

　　本书是上海市教委"上海市文化贸易人才培养项目"以及首都对外文化贸易研究基地重点项目"京沪深国家对外文化贸易基地实践研究"的主要研究成果。

　　随着国际社会进入后工业化社会，人们对精神生活的追求与品位越来越高，文化产业应运而生，呈现井喷式的发展趋势，文化贸易也因之成为国际贸易新的增长点。文化贸易作为国际贸易的重要组成部分，在国际贸易中起步较晚，但发展速度较快，文化贸易由于其高附加值、低消耗、低污染等特点，也逐步成为我国经济转型的方向，符合我国大力优化对外贸易结构、发展低碳经济和推动可持续发展等经济战略目标。

　　在文化贸易发展的大背景下，学界专家从不同视角对这种新的经济现象展开了研究，并且取得了许多成果。但是，从总体上看，由于文化贸易的特殊性与复杂性，文化贸易作为一个学科体系，其理论框架的建设尚处于探讨之中。作为一个文化经济学研究学者，本人希望从文化本源的视角出发，对文化贸易形成的基础、发展路径、作用机制等问题展开深入的探讨，力求通过对文化核心层次的深入解剖，解决文化贸易长期增长与发展的动力源泉问题，为完善文化贸易理论提供一种新的研究思路，形成一种基于文化创新与开发路径的文化贸易发展理论。

　　本书是在本人主持下，课题组成员艰苦奋斗、通力合作完成的。我作为课题负责人，提出全书写作大纲，并直接负责各章的写作和修订工作。浙江财经大学的陈朝霞作为本项目的第二参与人，参与了本书的第一章、第二章、第三章、第四章、第五章、第九章写作，张晞参与了第二章、第四章写作，汪波参与了第三章写作，朱少平、申洋参与了第五章、第九章写作，郭媛、向唯进参与了第六章写作，徐乐瑶、汪诗惠参与了第七章写作，秦淑娟、冯越参与了第八章写作，彭武海参与了第二章、第六章写作，胡歆参与了第九章写作，陈家凤参与了附录部分的写作。此外，刘周霞、尹娜参与了书稿后期的订正工作。

本书在写作过程中，吸取和引用了国内外许多文化学者的相关研究成果；需要特别提到的是，在本书的写作、出版过程中，得到了北京第二外国语学院国家文化发展国际战略研究院常务副院长李嘉珊的大力支持，在此一并表示诚挚的谢意！

是以为记。

张佑林

2019 年 4 月于上海

图书在版编目（CIP）数据

文化贸易发展论／张佑林，陈朝霞著．－－北京：
社会科学文献出版社，2019.11
ISBN 978 - 7 - 5201 - 5163 - 4

Ⅰ.①文…　Ⅱ.①张…　②陈…　Ⅲ.①文化产业－国
际贸易　Ⅳ.①G114

中国版本图书馆 CIP 数据核字（2019）第 146154 号

文化贸易发展论

著　　者／张佑林　陈朝霞

出 版 人／谢寿光
组稿编辑／蔡继辉　任文武
责任编辑／连凌云
文稿编辑／李　伟

出　　版／社会科学文献出版社·城市和绿色发展分社（010）59367143
　　　　　地址：北京市北三环中路甲29号院华龙大厦　邮编：100029
　　　　　网址：www.ssap.com.cn
发　　行／市场营销中心（010）59367081　59367083
印　　装／三河市龙林印务有限公司

规　　格／开　本：787mm × 1092mm　1/16
　　　　　印　张：18　字　数：302千字
版　　次／2019 年 11 月第 1 版　2019 年 11 月第 1 次印刷
书　　号／ISBN 978 - 7 - 5201 - 5163 - 4
定　　价／88.00 元

本书如有印装质量问题，请与读者服务中心（010 - 59367028）联系